Auxiliando a humanidade a encontrar a Verdade

OS FILHOS DAS ESTRELAS

Maria Teodora Ribeiro Guimarães

OS FILHOS DAS ESTRELAS
Memórias de um capelino

© 2000
Maria Teodora Ribeiro Guimarães

OS FILHOS DAS ESTRELAS
Memórias de um capelino
Maria Teodora Ribeiro Guimarães

Todos os direitos desta edição reservados à
CONHECIMENTO EDITORIAL LTDA.
Caixa Postal 404 — CEP 13480-970 — Limeira — SP
Fone/Fax: 19 3451-0143
home page: www.edconhecimento.com.br
e-mail: conhecimento@edconhecimento.com.br

Nos termos da lei que resguarda os direitos
autorais, é proibida a reprodução total ou parcial,
de qualquer forma ou por qualquer meio —
eletrônico ou mecânico, inclusive por processos
xerográficos, de fotocópia e de gravação —
sem permissão, por escrito, do Editor.

Revisão:
Paulo Gontijo Veloso de Almeida
Projeto gráfico:
Sérgio F. Carvalho
Colaboraram nesta edição:
Mariléa de Castro
Monique Val

ISBN 978-65-5727-046-2

3ª EDIÇÃO — 2005

Dados Internacionais de Catalogação na Publicação
(Câmara Brasileira do Livro)

Guimarães, Maria Teodora Ribeiro
 Os Filhos das Estrelas — Memórias de um capelino / Maria Teodora Ribeiro Guimarães — 3ª. edição — , Limeira, SP: Editora do Conhecimento, 2020.

 ISBN 978-65-5727-046-2

 1. Reencarnação 2. Reencarnação - Terapia 3. Vidas passadas - Terapia de regressão (Psicologia) I. Título

CDD — 616.8916

Índice para catálogo sistemático:
1. Regressão : Psicoterapia : Medicina : 616.8916
2. Vidas Passadas : Psicoterapia : Medicina : 616.8916

Maria Teodora Ribeiro Guimarães

OS FILHOS DAS ESTRELAS
Memórias de um capelino

2ª edição — 2005

Editora do Conhecimento
Livros editados de Mª Teodora Ribeiro Guimarães:

- *Viajantes - Histórias que o tempo conta* – 1998
- *Tempo de Amar - A trajetória de uma alma* – 2000
- *Os Filhos das Estrelas - Memórias de um capelino* – 2002
- *Apometria Hoje* (Autores diversos) – Coletânea de artigos – 2004
- *Terra dos Ay-Mborés - A saga dos últimos atlantes na Terra das Estrelas – O Baratzil* – 2008

Outras obras

- *Terapia de Vida Passada*
Curso de terapia de terapeutas - Vol. 1
Editora Correio Regional

- *Terapia de Vida Passada*
Curso de terapia de terapeutas - Vol. 2
Departamento Editorial da SBTVP

- *Terapia de Vida Passada* (Autores diversos)
Uma abordagem profunda do inconsciente
Editora Summus

Obs: A data após o título se refere a primeira edição.

Ao meu querido afilhado Flávio Braun Fiorda, também ele médico psiquiatra e terapeuta de vida passada e, espero, futuro Bandeirante da Luz, na certeza de que agarrará firme este leme quando a hora chegar e levará adiante o sonho da desmistificação da doença mental através do entendimento da reencarnação, cujo conceito precisa ser passado à ciência dos homens.

Às minhas amigas queridas, de ontem, de hoje e de sempre, Márcia Aparecida de Oliveira e Maria da Penha de Arruda Gabrielli, cuja amizade e companheirismo, confiança e dedicação, ajudam minha alma a não perder jamais o Norte da vida espiritual.

E na celebração da continuidade da vida, que nos permite perceber a chegada de antigos membros de nossa família espiritual, lembro de minha cunhada-irmã Rita de Cássia Falsetti Guimarães, Ritinha, que trouxe tanto amor aos nossos corações.

Como viajantes do tempo, nesta nossa marcha incessante pela eternidade, vamos nos reencontrando a cada parada do caminho, a cada nova vida, qual estalagem para o repouso de nossas almas cansadas, com novos e velhos amigos. Vamos revendo antigos planos e relembrando antigos ideais. Reencontrei há algum tempo, para felicidade de meu espírito, companheiros universalistas que trabalham de forma incansável como "Bandeirantes da Luz". Almas "chegantes" ao entendimento maior do amor universal e que cedo voltarão à pátria estelar de onde viemos e para onde todos retornaremos um dia.

* * *

... "a história conta que os capelinos desceram à Terra, em levas, incrementadas aos poucos, desde os tempos do ancestral continente da Lemúria, que terminou por afundar nas águas do que hoje é o Oceano Índico, há mais de 700.000 anos, até a Atlântida.

O chamado continente perdido de Atlântida, ou a Grande Atlântida, foi berço e lar para uma civilização que durou mais de 70.000 anos e, assim como a Lemúria, afundou nas costas do continente africano, no oceano conhecido hoje como Atlântico, há mais de 15.000 anos.

A última grande ilha da Atlântida, conhecida como Poseidon, afundou mais ou menos 5.000 anos depois e foi o local da primeira vida no planeta Terra, da qual Leo se lembrou, após sua personalidade zangadahriana de Levin, o astrônomo perdido..."

Sumário

Introdução
..."*para minha surpresa, tempos depois, seu espírito lançou-o numa viagem vertiginosa através de outros muitos milênios para trás*"... 13

Prefácio
..."*Só a saudade, a funda saudade sideral dos exilados, imantava seus olhos nas estrelas e fê-los recriar a astronomia e a astrologia — as ciências do Espaço perdido para suas almas.*". 15

Capítulo 1 - Zibstiz - A grande fortaleza
..."*hordas de homens miseráveis e famintos vagaram pelo planeta após cada grande cataclismo*".. 21

Capítulo 2 - Zangadahr - A terra da luz
..."*milhares dentre os habitantes do planeta tinham, aos olhos de nosso Leo, estranhas capacidades psíquicas extra-sensoriais*"...... 33

Capítulo 3 - Randahr Shefann - O campus
..."*lendas de todos os tipos ...que mostram deuses representados como homens vindos dos céus*".. 69

Capítulo 4 - Linie - A estação orbital
..."*o fato é que o ser humano precisa aprender a pensar grande, isto é, precisa aprender a considerar a vida atual como uma continuação de outras vidas*".. 85

Capítulo 5 - Toldan - O grande mestre
..."*esquecia-se que o final das vidas não havia sido tão interessante, com mortes trágicas e muitas vezes muito sofrimento*"........ 111

Capítulo 6 - Badahn - As minas açorianas de Sinauri
..."*comemore estranho. Em breve você não terá mais nada para se preocupar, pois será apenas mais um de nós*"..................... 131

Capítulo 7 - Zibstiz - O inferno anunciado
..."*o inacreditável acontecia por todos os lados que seus olhos conseguiam se virar*".. 167

Capítulo 8 - Bahnboldor - A colônia dos degredados
... "*durante um tempo sem fim ele falou àqueles homens, em cujas almas perdidas tudo ainda estava por fazer*"................. 193

Capítulo 9 - Planeta Terra - O planeta de uma só lua
..."*isto permitiu que o planeta fosse contaminado, de forma irremediável, pela maldade e por todos os tipos de defeitos humanos*".. 229

Capítulo 10 - Atlântida - A terra das trevas
..."*você faz parte do grupo dos homens encantados pelo poder das trevas da noite, que se oculta nos milênios e faz frente aos homens da luminosidade radiante*".. 243

Capítulo 11 - A descoberta do amor
..."*milhares de milênios depois do início de sua jornada, desde Zangadahr até a Terra, o espírito de Leo reiniciava no planeta sua caminhada em direção à luz*"... 263

Introdução

Este livro relata as experiências em regressão de memória de um jovem cliente durante seu processo terapêutico em terapia de vida passada, em nossa clínica.

Meu jovem amigo já havia sido o protagonista de outra obra anterior, *Tempo de Amar - A Trajetória de uma Alma*, quando seu Inconsciente nos brindou com mais de uma dezena de vivências, onde, de forma extraordinária, nomes, lugares, épocas históricas e costumes foram relatados em detalhes comoventes, além dos dramas pelos quais passou cada personagem, num relato que englobou mais de cem de nossos séculos.

Para minha surpresa, tempos depois, seu espírito lançou-o numa viagem vertiginosa através de outros muitos milênios para trás, para os princípios da humanidade em nosso planeta, cuja história começava em outros orbes, há mais de 700.000 anos, numa estranha relação tempo-espaço daqueles mundos com a nossa Terra.

Foi para um tempo passado que mais parecia nosso futuro, da forma que o imaginamos atualmente, com naves estelares cruzando os espaços siderais.

De uma forma clara, seu relato coincidia com muitos outros, não apenas com os diversos clientes que acompanhei nestes quase 25 anos trabalhando com terapia de vida passada, mas também com os de outros pesquisadores e estudiosos da história da humanidade, religiosos e cientistas.

Relaciono algumas obras no decurso deste livro que, se consultadas pelo leitor, podem esclarecê-lo sobre alguns dos assuntos citados em diferentes momentos, as quais recomendo como complementação desta leitura.

Livros interessantes, que mesmo sem contar, a maioria, com o recurso da regressão de memória, falam dos mesmos fenômenos discorridos na história de Leo, e que comprovam, cada um à sua maneira, aquilo que gostamos de chamar de veracidade dos fatos trazidos à consciência pela terapia de vida passada.

Acredito que esta terapia se transformará, neste novo milênio que se inicia, numa arma extraordinária para a resolução das dores do homem; este homem já cansado de procurar aqui e ali, sem solução, as respostas definitivas para seu sofrimento. Cansado de mascarar suas tristezas com remédios e suas raivas com escapismos.

Um sofrimento que ele pressente só será atenuado quando puder entender quem seu espírito realmente é nesta história sofrida da humanidade e o que está fazendo aqui de fato.

O que faz aqui e por qual razão muitas vezes está vivendo em situações aparentemente injustas e dolorosamente inaceitáveis para ele no momento; por qual razão está convivendo obrigatoriamente com gente que não tolera ou tendo doenças que os médicos não curam, por exemplo.

Interpretações e sugestões já não preenchem o homem atual, que começa a voltar seus olhos para o mais além, sequioso por respostas que façam mais sentido, não só para seu intelecto, mas também para os anseios de sua alma, que procuram um sentido para a sua vida hoje e, principalmente, para o amanhã, após a mesma, pois não mais acredita que nasceu para morrer.

Uma alma que não consegue mais aceitar a finitude de seu eu sob a simples promessa da continuidade da vida em algum paraíso celeste irracional ou desconhecido.

Longe de querer levantar polêmicas religiosas ou filosóficas, a terapia de vida passada vem apenas trazer para o homem comum este novo conceito, agora introduzido à luz da ciência médica, que é a hipótese da reencarnação, na esperança de auxiliar o espírito sofrido deste homem contemporâneo, também ele um viajante das estrelas, a se descobrir para a verdadeira felicidade.

Campinas, inverno de 2002
Maria Teodora R. Guimarães

Prefácio

Este livro é único. Um marco dentro da literatura espiritualista.

Pela primeira vez na história conhecida dessa literatura — oriental e ocidental — se dispõe de uma narrativa que é o depoimento real, pessoal, de um exilado de Capela — uma descrição daqueles mundos de elevada civilização, e da trajetória de uma alma banida dali para o exílio e o recomeço na Terra.

Portanto, além da saga pessoal do personagem, representa uma parte única, inédita, da história oculta do planeta Terra.

O registro do exílio dos capelinos e sua encarnação nos primórdios da civilização terrestre vem desde as obras *A Caminho da Luz*, de Emmanuel, e o clássico *Os Exilados de Capela*, de Edgar Armond [1], que datam de meados do século vinte. São referências fundamentais, noticiando o exílio coletivo dessa multidão de espíritos provinda dos mundos orbitais de Capela, um dos sóis da constelação do Cocheiro (estes são os nomes que lhes damos).

Desde então ficou desvendada para a consciência dos terráqueos essa página antiquíssima e real — a chegada dos capelinos — que subjaz nos alicerces das civilizações lemuriana e atlante, e através delas, alimentou com um poderoso impulso evolutivo as mais adiantadas culturas do planeta. Foi a origem de extraordinária mutação física e consciencial que catalisou a incipiente humanidade terrena e traçou os rumos de sua evolução, até os dias atuais.

Mas nesta obra única, temos, finalmente, algo mais tangível para preencher os contornos desse monumental painel cósmico esboçado anteriormente. Temos a descrição vívida, a experiência direta de um capelino, trazendo em pormenores, como o olho da câmera passeando ora em largos planos, ora em close, sobre a realidade de uma civilização que só se podia supor — ou recordar? —, de forma vaga, como "altamente evoluída". Temos o "como" e o "porquê" da trajetória que os levou cegamente, daqueles mundos felizes, para a inevitável descida vibratória ao submundo astral deles, e depois à amargura do degredo. Com todas as cores e formas.

O ineditismo deste relato, a sua riqueza de informações, o tornam uma peça rara, cujo valor documental dificilmente seria enfatizado demais.

Estamos obviamente falando a um universo de pessoas para as quais reencarnação, transmigração de almas, recordação de vidas passadas, constituem matéria pacífica, ou seja, sintonizadas com o nível da nova consciência planetária emergente. Que concordam ser a terapia de vidas passadas um instrumento sério e eficiente, e que seus depoimentos, quando criteriosamente obtidos por um terapeuta qualificado e idôneo, como aqui, são expressões confiáveis de realidades do passado.

Por que nunca antes se havia possibilitado a recepção de uma história semelhante? Você sabe?

Durante milênios, o raio de visão da humanidade deste planetinha azul não se estendeu muito além do próprio umbigo e de seu próprio quintal — uma coisa decorrente da outra. Presa nos limites de uma personalidade mortal, vítima de uma finitude que as religiões mal — geralmente MUITO mal — conseguiam contestar, conformada com as escassas cinco janelas da percepção física, é claro que os limites espaço-temporais do seu cosmo deveriam acompanhar os de sua consciência (Só a saudade, a funda saudade sideral dos exilados, imantava seus olhos nas estrelas e fê-los recriar a astronomia e a astrologia — as ciências do Espaço, perdido para suas almas).

Se lembrarmos que há apenas 200 voltas da Terra em torno de seu sol, ainda estávamos brincando a sério de reis e rainhas, com saias-balão e cabeleiras empoadas — enquanto os que não tinham sido convidados olhavam pela vidraça, acreditando que Deus, afinal, é quem tinha feito o mundo com vagões de 1ª e 2ª classe...

A essa miopia consciencial tinha que corresponder uma limitada esfera de referência no tempo e no espaço. Um homem atrelado mental e emocionalmente aos limites do planeta (e ocupado sistematicamente em torná-lo o pior possível) o que poderia conhecer de sua própria história sideral? Retalhos mal contados, lampejos de verdade filtrados aqui e ali pelas frestas do esquecimento. Melancólicos relances de um paraíso perdido, com maçãs e serpentes de vilãs de uma história mais que suspeita. E como explicar tanto sofrimento neste mundo extra-éden?

A nostalgia desse paraíso que um dia fora seu persegue o homem da Terra desde sempre. Lendas, mitos, alegorias — Adão e Eva sendo os arquétipos de tudo — e uma renitente e imprecisa saudade que já foi explicada e simbolizada de todas as formas. O paraíso perdido foi o estágio da inconsciência animal; é a fusão no oceano primevo do útero, que se perde com a tesoura do obstetra — a espada de Miguel Arcanjo; é a Ítaca de Ulisses; é Shangrilá; é — literalmente — o *Paraíso Perdido* de Milton. E é a raiz de todas as utopias — a de Thomas Morus, e a dos sonhadores de todos os sonhos do planeta: o sonho de voar, o sonho da eterna juventude, o sonho da imortalidade, o sonho de uma "terra de leite e mel", e o sonho, o mais belo de todos, de um mundo justo e fraterno, sem escravos nem senhores, onde tudo seria de todos e nada faltaria para ninguém, sobretudo solidariedade e amor. [*]

---

[*] — E, claro, também os mais divertidos/emocionantes, como viagens pelo Cosmo, coisas movidas a energia solar, comida definitivamente em pílulas (com exceção do sorvete), o telefone para o Além, e doses quase ilimitadas de conhecimento do Universo.

Os atlantes conheciam o laser, a energia nuclear, a eletricidade, o radar, aeronaves — e o egoísmo, o orgulho e a ambição funesta (*). Herdados de quem? De onde trouxeram a inspiração para as magníficas cidades planificadas, com saneamento, iluminação elétrica, água encanada, e a astronomia, a matemática, a arquitetura monumental, a engenharia e a medicina mais avançadas? (vide seus herdeiros diretos: egípcios, gregos, maias etc.) Tentativas de recriar um mundo perdido, com suas facilidades (Sócrates sabia das coisas: "aprender é recordar"). O que não conseguiram recriar — porque não a tinham no coração — foi a fraternidade, único ingrediente essencial do paraíso.

Hoje, incontáveis milênios e oceanos de lágrimas após, talvez uma massa crítica do grande contingente de exilados esteja atingindo o limiar da reciclagem consciencial. Talvez, como Leo, o personagem desta história, depois de incontáveis desacertos e sofrimentos — como se vê em sua história terrestre, contada de forma fascinante em *Tempo de Amar* 2 tenham despertado para poder se afinar à Grande Lei que rege o metabolismo cósmico — e finalmente esteja chegando perto o momento do regresso. Por que não? O amoroso Dirigente do planeta, quando recebeu aqui essas almas rebeldes que chegavam, vencidas e desesperançadas, anunciou — conta-nos Emmanuel (op.cit.) — que Sua vinda em matéria, um dia, sinalizaria que se encontrava próximo o final de seu longo exílio — se conseguissem reaprender. E Ele veio — e desde sua vinda, acelerou-se infinitamente o processo de expansão de consciência dessas velhas almas. Que hoje estão aí, em boa parte, obstinadas em deixar este mundo um pouco melhor, não apenas mais confortável, porém mais sábio, justo e amoroso. Portanto, talvez não esteja tão longe o dia do regresso — e assim se explicaria, talvez, que esteja sendo resgatada do olvido essa tremenda saga que se oculta na ancestralidade, ainda ignorada pela maioria, do Planeta Terra.

(*) — Vide, por exemplo as obras (entre outras) de Edgar Cayce.

E como fazer isso, senão através do mais prodigioso arquivo de registro, o incorruptível, permanente banco de dados que reside na memória extracerebral do ser humano? Ali, nessa memória central, onde todas as experiências da alma em quaisquer mundos se registram, indeléveis, a TVP, maravilhoso instrumento de cura e conscientização, pôde buscar esta fascinante revelação.

Quando começou a ouvir e registrar a história antiquíssima de Leo — e depois guiá-lo, com amor e sabedoria, pelos delicados caminhos da reconstrução de seu psiquismo — a doutora Maria Teodora talvez não pensasse em todas as dimensões desse relato. Ele é uma página reveladora, emocionante, de nosso passado como raça humana. Abre nossa ancestralidade espiritual para a dimensão cósmica, as raízes estelares. Será algo mais?

Será um sinalizador subliminar, um indicador para a consciência profunda dos exilados dispersos por aí? Finalmente dois capelinos extraordinários — o antigo astrônomo Levin, e a hoje médica-com-ar-de-ET e notável competência — recebem permissão do Cosmo (sem ela, queiramos ou não admitir, nada se faz) para contar a história de seu povo, dos caminhos do seu exílio. Quer isso dizer algo mais? Gostaríamos que assim fosse.

O sério trabalho clínico da doutora Maria Teodora Guimarães, e a divulgação da TVP, por meio de suas obras, agora se tornaram credores da gratidão de todo esse velho povo das estrelas, cuja pátria estelar adquiriu rosto e voz, e cujos descaminhos tomaram forma e encontraram um espelho na história de Leo.

Pois não é esta a própria história de inumeráveis almas que habitam a Terra hoje — os náufragos das estrelas, banidos de seu lar sideral, com nada mais que as lembranças — e a incurável saudade de seu paraíso perdido?

Mariléa de Castro

NOTAS:

[1] Xavier, Francisco Cândico / Emmanuel (psicografia), *A Caminho da Luz*, Federação Espírita Brasileira - FEB.
Armond, Edgard, *Exilados de Capela*, São Paulo, SP, Editora Aliança, 1999.
[2] Guimarães, Maria Teodora Ribeiro, *Tempo de Amar - A Trajetória de uma Alma*, Limeira, SP, **EDITORA DO CONHECIMENTO**, 2004.

Capítulo 1
Zibstiz – A grande fortaleza
... a terra dos condenados ...

"... Carma é uma palavra sânscrita que significa ação. Designa uma força ativa, significando que o resultado dos acontecimentos futuros pode ser influenciado por nossas ações. Supor que carma é uma espécie de energia independente que predestina o curso de toda a nossa vida é incorreto. Quem cria o carma? Nós mesmos. O que pensamos, dizemos, fazemos, desejamos e omitimos cria o carma. Não podemos, portanto, sacudir os ombros sempre que nos defrontamos com o sofrimento inevitável. Dizer que todo o infortúnio é mero resultado do carma equivale a dizer que somos totalmente impotentes diante da vida. Se isso fosse verdade, não haveria motivo para se ter qualquer esperança."

Dalai — Lama

Capítulo 1
Zibstiz – A grande fortaleza

Era uma vez, na história dos tempos, uma terra onde havia um povo justo e solidário, harmonizado com a natureza e brando de coração, que a duras penas havia conquistado a paz e a fraternidade entre os homens.

Guerras sangrentas se perdiam na escuridão dos tempos. O sangue havia lavado cada centímetro daquele solo sagrado, sob o jugo do ferro e do fogo, como juízes e executores das leis e também dos desmandos, geração após geração.

A prepotência e a maldade lavraram sulcos profundos nos corações daqueles homens perdidos, que se arrastaram pela lama de seus erros por milênios a fio. O poder e a vaidade, a posse e o egoísmo, o rancor e a vingança carregaram cada indivíduo, vida após vida, para sofrimentos incomensuráveis, tanto no Astral como na Terra.

Hordas de homens miseráveis e famintos vagaram pelo planeta após cada grande cataclismo, antes de iniciarem, em novos ciclos de existência, a reconstrução das coisas materiais perdidas e também de seus espíritos esfacelados.

A cada nova vida, com as esperanças renascidas, perdiam-se nos mesmos erros. Mas o tempo, no aconchego de sua eternidade generosa, oferecia sempre novas oportunidades e assim, passo a passo, dor após dor, os habitantes dessa terra foram crescendo e se aprimorando, um nada por vez. E de muitos pequeninos nadas construíram o paraíso.

Esse aprimoramento se deu primeiro na evolução das artes e da filosofia, das ciências e da tecnologia, quando a magnífica centelha criativa do homem se espraiou por todos os continentes como um rastro de pólvora, espalhando fagulhas e queimando as mãos de tantos quantos se colocavam no seu caminho.

No entanto, as comodidades da vida, o lazer e as facilidades não tardaram a turvar a memória de muitos desses homens, que cedo se esqueceram dos penosos caminhos percorridos por cada um para chegar ali.

Esqueceram-se das lágrimas derramadas e, arrependidos, das promessas feitas aos céus, repetidas vezes, em troca apenas de novas oportunidades de reparação dos muitos enganos e de crescimento de suas almas perdidas.

Esqueceram-se também que já haviam realmente tido todas as oportunidades imploradas, no suceder das reencarnações. Por último também se esqueceram que as oportunidades concedidas tinham sido condicionadas ao fato de que o deveria ser direcionado para a Luz.

Luz do amor e da fraternidade; da brandura e da resignação; Luz que poderia levar cada uma daquelas almas ao encontro da verdadeira felicidade.

Muito haviam sofrido em reencarnações dolorosas, em batalhas sangrentas pelas posses provisórias dos bens materiais, em mortes terríveis e nos longos períodos passados perdidos nos lamaçais fétidos no Astral, perseguidos por todos os demônios que a imaginação de cada um pudesse dar vida.

Aquele lodo reparador que, minimamente absorvia as impurezas adquiridas nos desmandos das encarnações, funcionando como uma espécie de adstringente curativo, que permitia uma próxima reencarnação no corpo físico sem tantas marcas do passado; marcas que poderiam tornar a vida inviável.

Leo, meu jovem cliente, falava como um especialista

durante suas sessões de regressão e eu pensava na fantástica recuperação de informações à disposição do ser humano por meio da terapia de vida passada.

Continuávamos nossa incrível jornada no tempo, voltando agora, depois de termos conhecido algumas de suas vivências aqui no planeta(*), a tempos imemoriais no passado do homem na Terra, numa época em que nossos espíritos ainda vagavam pelas estrelas.

Mas naquele povo, o orgulho, meio primeiro de cultura para todos os defeitos e toda sorte de sentimentos menos nobres, falou mais alto e milhares de seres não conseguiram compartilhar as bonanças dos novos tempos.

Delas desdenhavam, prisioneiros de um sistema de crenças ultrapassado onde cada indivíduo deveria ser o centro de suas próprias atenções, distraídos do bem comum e de eventuais mazelas ao seu redor.

Nessa época, há milênios do nosso tempo, há milhares de anos-luz de distância, numa constelação distante, em outro sistema solar, no grande planeta das estrelas gêmeas, vivia o personagem de Leo, que entre tantas outras coisas contou de sua vida quando estava encarnado.

"Sou Levin. Tinha 50 anos e era astrônomo. Trabalhava num grande observatório na província de Mahji. Gostava de observar as estrelas e também acompanhar a construção das grandes naves nas docas espaciais", estranhamente falava em um tempo de verbo no passado, como se contasse sua própria história e por mais que eu insistisse, seu tipo de discurso não mudava.

Curiosamente referia-se a si mesmo, à sua própria identidade — Levin, no presente. Pedi que me explicasse a razão para tal posição e a resposta veio direta e seca:

"Estou morto! Não vê?", perguntou irritado.

(*) Em *Tempo de Amar - A Trajetória e uma Alma*,[1] são contadas as 16 vidas de Leo no planeta Terra, que vieram antes de sua aventura pelas estrelas, onde, após cada uma delas, o espírito sofre na espiritualidade.

Bem, eu não via, mas tinha condições de entender o que estava acontecendo. O personagem de Leo me contava sua vivência do Astral, após aquela vida no planeta distante.

Era surpreendente o relato e embora tivesse meios de simplesmente fazê-lo fixar-se naquela vida e voltar do Astral para antes de sua morte, resolvi deixá-lo lá ante sua insistência e observar o que aconteceria.

Como psiquiatra e terapeuta de vida passada estava acostumada a ter clientes passando de alguma forma pelo astral ou pela espiritualidade, como se queira chamar o lugar para onde vão os espíritos ou almas após o desencarne da matéria, uma vez que todas as regressões passam pelo momento da morte.

Algumas vezes relatos significativos dessas passagens por essas paragens se dão depois de vidas onde o personagem foi um algoz sem arrependimento e participou, por exemplo, de mortes coletivas e de situações de muita crueldade.

Outras vezes é o próprio Inconsciente do cliente, isto é, o espírito, que bem poderia ser considerado como a memória extracerebral do indivíduo, que o leva para o astral após uma vivência porque sabe que ele não está utilizando o personagem como poderia, isto é, não está reprogramando.

E o espírito sabe o que cada ser humano precisa saber e mudar para poder evoluir.

Entenda-se aqui como Inconsciente a alma da individualidade em sua concepção superior, nossa mente espiritual, digamos assim, essa essência que nos move através das vidas e funciona como uma espécie de repositório de informações, como um banco de dados, onde são armazenados todos os acontecimentos das diversas vivências, independente de nossa personalidade atual.

Não estar reprogramando significa não estar se beneficiando das informações que recebe do passado porque simplesmente não as usa no dia-a-dia.

E não as usa porque, no fundo, não quer abrir mão de determinados aspectos de sua personalidade atual. Aspectos tão comuns como impaciência, rancor, mágoa, raiva, falsas tristezas, por exemplo.

Mas tudo isso nada mais representa que a tendência de todos nós de querer que tudo seja do nosso jeito, sentindo-nos no direito então de ficarmos irritados, magoados, deprimidos quando a vida traz as contrariedades costumeiras, pois ela, obviamente, não está aí para atender aos nossos caprichos. E muito menos as pessoas não estão aí para atender nossas expectativas. Cada espírito por trás de cada pessoa tem sua própria história e seu próprio aprendizado para fazer e tem pouco tempo para perder com as idiossincrasias dos outros.

Mas como ninguém quer abrir mão de nada, continuamos sofrendo já que, felicidade e irritação, por exemplo, não compartilham o mesmo espaço.

No caso do espírito ser lançado para o astral depois de determinadas vivências, parece algumas vezes ser sábia medida do Inconsciente para que ele perceba o que pode lhe acontecer após a morte se continuar sem promover mudanças verdadeiras no seu Eu; mudanças especialmente no seu temperamento, que como para todos nós, precisa ser abrandado, como bem mostram os relatos dessa vivência distante de Leo.

Geralmente o indivíduo cai em situações difíceis, nas mãos de suas vítimas ávidas de vingança ou então nos infernos astrais criados pelas vibrações de milhões de almas na mesma sintonia negativa.

Voltando a Levin, ele se mostrava rancoroso com aqueles que o haviam traído, inconformado com sua situação e ao mesmo tempo temeroso quanto a seu futuro. Num primeiro instante parecia ter sido vítima de cruel emboscada do destino.

Habitava um lugar estranho, sem céu e sem terra, sem luz e sem escuridão; uma espécie de salão gigantesco sustentado por formidáveis colunas negras, de muitos metros de diâmetro e de altura, cheias de um visgo esverdeado e nojento, que se erguiam da névoa onde colocava seus pés até o alto, onde seus olhos não conseguiam mais divisar.

Os Filhos das Estrelas 27

Para onde quer que se olhasse não era possível ver as fronteiras do lugar. O que se via eram seres rastejantes e assustados se esgueirando por entre as colunas e que, rapidamente, desapareciam pelos milhares de becos criados pela estranha arquitetura do local.

Alguns pareciam poder subir, literalmente, por aquilo que pareciam blocos de pedra que formavam as colunas, como insetos. Outros apenas se deixavam ficar nos buracos criados por toda parte pela decadência da estrutura, que parecia ter sido atingida por um terremoto.

Uma estranha poeira amarelada cobria o local, dificultando a respiração e impedindo uma idéia mais clara do que se passava por ali de fato.

Havia sido arrancado do corpo físico após a morte e lançado naquele lugar antes que pudesse pensar no que poderia estar acontecendo.

Durante muito tempo, se é que podia falar dessa forma, havia ficado ali caído, sem ajuda e sem poder se mover, com os olhos pregados no alto, inalando aquela poeira incompreensível e tendo, de tempos em tempos, que tolerar a aproximação de seres aparentemente curiosos, que quase encostavam suas cabeças na sua, malcheirosos e cobertos alguns de chagas abertas e purulentas, que o apavoravam.

"Estou perdido!", pensou após um tempo, quando começou a desconfiar que estava num momento após a morte.

Paralisado e ofegante lembrou-se das aulas na Escola de Grann, onde estudara na juventude. Muitos mestres haviam contado a história da Grande Fortaleza de Zibstiz, para onde eram levados, ou melhor, caíam, os espíritos empedernidos no mal; os teimosos que fingiam não se lembrar do passado e loucamente julgavam poder enganar o futuro.

Parecia que naquelas bandas da galáxia existiam planetas onde os habitantes já tinham claros lampejos espontâneos de suas vidas passadas e, portanto, sabiam dos sofrimentos antigos, dos planos do presente e das recompensas pacíficas do futuro, que, no entanto, não seduziam uma parcela daquela gente.

A paz e o amor ainda não haviam encontrado eco no coração de milhares daquelas criaturas, que desdenhavam com escárnio da boa vontade do povo, de seus pequenos sacrifícios, da solidariedade para o bem comum e dos demais valores já introjetados no seio da sociedade.

Como todos em Zangadahr, seu planeta natal, Levin também acreditava na sucessão de vidas. Havia tanto tempo que todos acreditavam, que aquilo já era como que atávico naquele povo.

E se acreditavam pensei, que razão poderia levar aquelas pessoas a imaginar que fabricariam o futuro de acordo com suas próprias vontades, independente do que haviam feito no presente.

Seres inteligentes e evoluídos, que de forma alguma poderiam reivindicar a ignorância de seus atos, e que, todavia, não temiam o resgate dos desatinos cometidos, talvez pela própria prepotência de seus espíritos.

Certamente, como muitos de nós, se colocavam acima do bem e do mal e alimentavam o pensamento ingênuo de que "comigo isso jamais vai acontecer".

Senti um certo pesar ao imaginar que, se estávamos mesmo cogitando naquela vivência de Leo de vidas em outros planetas, era, no mínimo, constrangedor saber que em toda parte muitos seres humanos, independentes de sua evolução tecnológica, exercitavam os mesmos defeitos tão conhecidos por nós, habitantes atuais do planeta Terra.

O único consolo era notar que a maioria das pessoas, como se podia observar pelo próprio relato, já pensava de forma diferente daqueles que terminavam por cair na grande Fortaleza Astral de Zibstiz, uma espécie de prisão temporária para os espíritos que não acompanhavam a boa vontade de seu tempo.

Milhões habitavam a fortaleza. Homens transformados em seres de todos os tipos que se possa imaginar, tendo a maioria perdido, há muito, as belas formas perispirituais dos habitantes de Zangadahr, o grande e importante planeta do sistema solar das estrelas gêmeas, situado no fim da trilha de estrelas que o

ligam, de alguma forma, à nossa Terra.(*)
Voltamos ao início da narrativa e Levin nos contou sua história.
A história que terminou por condená-lo a Zibstiz.

(*) Em *Exilados de Capela* Edgard Armond conta detalhado relato sobre a saga dos capelinos e das suas intensas pesquisas históricas para comprovação dessa teoria.

NOTAS:

[1] Guimarães, Maria Teodora Ribeiro, *Tempo de Amar - A Trajetória de uma Alma*, Limeira, SP, **EDITORA DO CONHECIMENTO**, 2004.

[2] Armond, Edgard, *Exilados de Capela*, São Paulo, SP, Editora Aliança, 1999.

Capítulo 2
Zangadahr – A terra da Luz
...o princípio da eternidade...

"... Nos mapas zodiacais, que os astrônomos terrestres compulsam em seus estudos, observa-se, desenhada, uma grande estrela na Constelação do Cocheiro que recebeu, na Terra, o nome de Cabra ou Capela. Magnífico sol entre os astros que nos são mais vizinhos, ela, na sua trajetória pelo Infinito faz-se acompanhar, igualmente, da sua família de mundos, cantando as glórias divinas do Ilimitado.

... Quase todos os mundos que lhe são dependentes já se purificaram física e moralmente, examinadas as condições de atraso moral da Terra, onde o homem se reconforta com as vísceras dos seus irmãos inferiores, como nas eras pré-históricas de sua existência, marcham uns contra os outros ao som de hinos guerreiros, desconhecendo os mais comezinhos princípios de fraternidade e pouco realizando em favor da extinção do egoísmo, da vaidade e do seu infeliz orgulho."

Emmanuel

Capítulo 2
Zangadahr – A terra da Luz

Tinha 50 anos e a astronomia era só um pano de fundo para suas reais atividades. Antes dessa época, enquanto caçava estrelas pelos céus, como gostava dizer que fazia, sem grande sucesso, aliás, passou anos de sua vida metido em negociatas e contravenções, digamos assim, absolutamente descuidado dos acontecimentos em torno de si.

Mais ou menos alienado dos eventos de sua província e de seu planeta, seu único interesse real parecia ser as estrelas. Tinha uma vocação verdadeira, mas muito menos talento do que gostaria, o que o direcionava a ter que trabalhar e se esforçar mais do que gostaria também.

Era orgulhoso e havia, com o tempo, se tornado preguiçoso. A preguiça fazia com que largasse o trabalho cedo e ficasse longo período do dia assistindo um sem número de programas científicos, até certo ponto inúteis para um homem de sua posição, numa espécie de aparelho portátil que carregava para toda parte.

O orgulho o colocava contra a parede, pois ao mesmo tempo em que não podia admitir que seus colegas tinham mais sucesso e reconhecimento, não ousava se expor e conquistar mais espaço, pois temia dar um vexame.

Não era a sumidade que precisaria ser para satisfazer seu próprio ego. Menos créditos eram também depositados em seu nome, o que muito o aborrecia.

Em Zangadahr, embora nada faltasse a ninguém e todos tivessem conforto e os bens necessários, os cargos eram distribuídos de acordo exclusivamente com o mérito de cada um.

Levin não havia construído uma família, pois achava, na juventude, que isso seria muito trabalhoso e além do mais tiraria espaço de seu precioso tempo no laboratório.

Era sem dúvida egoísta e individualista e isso o afastou da comunidade em que vivia; pessoas diferentes dele, que estimavam a vida gregária, cujos condomínios patrocinavam agradáveis encontros onde se reuniam todos os vizinhos e parentes.

Pessoas que não só gostavam, como se esforçavam por estar com seus afetos, desfrutando de sua companhia todo cair de tarde na volta do trabalho. Pessoas que faziam de suas pequenas famílias e dos muitos amigos uma fonte de alegria e prazer.

Achava tudo isso uma grande bobagem e não tardou a encontrar seus pares. Pessoas como ele, solitárias e que desdenhavam do estilo de vida da comunidade em que viviam.

Achavam tudo uma grande idiotice e julgavam os homens, especialmente, ridículos em suas preocupações pequenas, aos seus olhos, como família, trabalho e o bem-estar de todo o planeta, onde todos pensavam em todos.

"Que tolice", costumava resmungar para si próprio cada vez que se detinha a observar as alegres festividades que aconteciam com frequência na quadra onde morava.

Não havia criminosos nas ruas nem tampouco preocupações com dinheiro ou com formas de subsistência; também não existiam leis que privilegiassem este ou aquele. A relação patrão e empregado há muito havia desaparecido e as pessoas tinham trabalhos e não empregos.

Desempenhavam suas funções profissionais em atividades de sua preferência e talento individual. Seus proventos, acumulados na forma de créditos, ficavam armazenados nos computadores centrais dos ministérios de proventos e deles se valiam livremente através de senhas implantadas em pequeninos cartões eletrônicos.

Cada qual estabelecia o tempo que deveria se dedicar ao trabalho, não havendo normas que regulassem tais coisas, pois cada indivíduo era plenamente consciente de suas obrigações, não necessitando de papéis ou chefes autoritários que lhe dissessem o que fazer.

De qualquer forma o trabalho já era naqueles tempos, para aquele povo, um prazer e motivo de orgulho.

Levin e seus afins riam-se disso tudo e pareciam não perceber como a vida era boa naquele lugar privilegiado e nada faltava a ninguém de fato, inclusive a eles próprios. Havia muito tempo para o lazer e talvez esse fator contribuísse para o seu desequilíbrio.

Sem afetos verdadeiros para dividir o tempo, deixavam-se ficar em grupos mais ou menos desajustados, magoados no fundo com a própria solidão e envenenados pela inveja das vidas daqueles que criticavam.

Espíritos ainda afinados com coisas como a preguiça, alguns, com a inveja, outros, com o hábito de emitir críticas e julgamentos ao comportamento alheio, com a má querença e principalmente com o egoísmo e a insensibilidade ante o sofrimento alheio, se uniam em grupos mais ou menos rancorosos contra o bem-estar geral, cheios de vícios e de atividades menos nobres, fabricando um submundo que já não mais encontrava espaço naqueles tempos.

Parecia a estes homens e mulheres, que formavam por toda parte pequenos bandos ou quadrilhas, a maioria escondida sob a aparência de bons cidadãos, que o futuro não existia, embora todos soubessem do contrário, exercitando um confuso sistema de crenças onde cada qual só corria atrás de satisfazer as próprias vontades; viviam como se nunca fosse haver uma punição pelos desatinos cometidos.

Aos 35 anos, mais ou menos, morava numa bonita casa numa quadra arborizada, cujo quintal se comunicava com os quintais das outras também belas casas da mesma quadra; o que se para uns era motivo de alegria, pois podiam se visitar sem o estorvo de muros e cercas, a ele muito aborrecia, sentindo-se invadido em sua privacidade pelos vizinhos chatos que à época ainda se esforçavam por serem simpáticos com ele, além de tratar de trazer um pouco de companhia à sua óbvia solidão.

"Levin! Levin!... Está em casa?", chamou certa tarde Izar, seu alegre vizinho do lado.

Izar tinha mais ou menos sua idade e trabalhava como professor na Escola de Projetos Arquitetônicos Residenciais.

As casas eram construídas visando a maior integração possível com a natureza, tirando o maior proveito possível do ameno sol de Zangadahr, que brilhava o tempo todo, apenas com diminuições de intensidade naquilo que poderia se chamar de noite.

Discretos comandos computadorizados controlavam todas as facilidades tecnológicas das casas, promovendo maior conforto aos moradores.

Avançada forma de limpeza através de ondas magnéticas limpava a casa das impurezas da atmosfera e dos resíduos, tornando as pequenas tarefas domésticas quase que insignificantes.

Levin estava assistindo pelo monitor cósmico notícias das explorações avançadas que estavam sendo realizadas por colegas seus em planetas distantes da classe 3, sob a possibilidade de se montar novos observatórios astronômicos em zonas de intensa interferência de radiação nos delicados aparelhos usados para tais fins.

O chamado de Izar o aborreceu, mas não conseguiu ignorá-lo fingindo que não estava em casa, pois ele insistia, embora com suavidade, a chamá-lo.

Caminhou de má vontade até a entrada da frente e a porta deslizou automaticamente. Não havia ninguém. Ele o chamava pelos fundos, o que fez sua irritação crescer ainda mais, pois aquilo o lembrava dos quintais abertos.

"Vou me mudar para a lua de Quion", pensou lembrando-se da atmosfera pesada daquele lugar, o que impedia as pessoas de andarem livremente pelas ruas, como ali.

"Talvez cada um ficasse na sua casa e me deixassem sossegado", ía caminhando e remoendo seus pensamentos inúteis.

Nada de fato justificaria seu mau humor, pois até mesmo o programa que estava assistindo, e que lhe parecia tão importante naquele momento, não passava de uma reprise, a qual já havia acompanhado inclusive pela manhã, no trabalho.

A segunda porta deslizou suavemente e um sorridente Izar estendeu-lhe os braços oferecendo um bonito pacote. Izar era alto, claro e bonito, como quase todos por ali. Tinha uma beleza delicada que parecia refletir o brilho interior de sua alma.

Ele próprio também tinha um porte físico diferenciado diante dos tipos mais comuns aqui da Terra, mas parecia apagado perto dos demais. Era pálido, tinha olheiras e os cabelos começavam a cair, o que era extremamente raro naquela gente.

Olhou para o vizinho entre desconfiado e entediado. Fazendo um esforço supremo para não chutá-lo porta a fora falou simplesmente:

"Sim?".

Parecendo não notar a frieza da recepção Izar foi logo contando:

"Ivy e eu estamos recordando formas artesanais de fazer doces e como algumas receitas ficaram deliciosas pensamos que talvez nossos amigos gostassem de prová-las também. Você sabe como essas coisas são difíceis de serem encontradas hoje em dia". Fez uma pequena pausa enquanto arrumava o pacote em suas mãos e continuou:

"Íamos levá-las na festa de boas vindas para Liny e Zonar, que estão voltando ao planeta, mas terminamos achando que não teríamos bolos para tantas pessoas e, afinal, não somos tão bons assim, não é? E olhe que apesar de termos queimado uma meia dúzia antes destes darem certo, já estamos pensando em nos inscrever no concurso de receitas antigas do senhor Owe. O que você

Os Filhos das Estrelas 39

acha?", perguntou, rindo-se da própria piada, pois o tal senhor Owe era apenas uma lenda nos livros de histórias infantis.

Levin simplesmente olhava para ele, mudo e querendo saber quando iria parar de tagarelar e simplesmente dar o fora dali.

"Será que este idiota não vê que não estou interessado nessas bobagens? Bolos, festas de boas vindas... tenho mais o que fazer", pensava consigo mesmo.

"Se você gostar temos mais em casa, está bem?", tornava Izar, sem se incomodar com o silêncio de Levin, que o olhava meio alienado.

Um pensamento rápido passou pela sua mente, ante à insistência do vizinho:

"O que será que ele quer de verdade?".

Preocupava-se se Izar estaria ali por outras razões, como a de bisbilhotar se haveria alguém na casa consigo. Temia que soubesse talvez das reuniões que às vezes faziam, ele e os comparsas, digamos assim, na casa. Arriscou:

"É muito o que você trouxe. Nunca tem ninguém aqui além de mim, como você bem sabe", olhou-o fixamente como que procurando descobrir alguma coisa em seu semblante.

Não era capaz de perceber que as intenções de boa vizinhança de Izar eram genuínas, assim como nunca havia percebido que todos seus vizinhos se preocupavam com sua solidão e seu distanciamento da vida da comunidade.

Não havia absolutamente ninguém suspeitando de coisa alguma a seu respeito. Aliás, esse tipo de pensamento era raro, na medida que a maioria das pessoas já nem acreditavam mais que coisas como essas pudessem acontecer.

O amor ao próximo, a consideração, a amizade e o respeito fraterno eram quase que atávicos àquele povo naquela altura dos acontecimentos.

Levin, no entanto era diferente. Não conversava, não sorria, não frequentava a casa de ninguém, não tinha amigos. Do alto de sua prepotência não notava o quanto seu jeito de viver chamava a atenção das pessoas que não estavam, no entanto, querendo investigar sua vida.

Não era mais do feitio da maioria dos moradores daquele mundo este tipo de ilação. Talvez devessem. Ninguém desconfiava de nada sobre qualquer ação ilegal, embora esse conceito, naquele lugar, já diferisse muito do que pensamos hoje em dia.

Eventuais criminosos ou contraventores eram encaminhados a centros de recuperação psicológica, onde recebiam toda assistência, inclusive espiritual. Espiritual no sentido de se detectar qualquer influência de entidades do astral, que pudessem estar interferindo no pensamento daquelas pessoas, enlouquecendo-as.

Eram considerados como doentes da alma, pois qualquer atitude que viesse a lesar quem quer que fosse, era inconcebível em suas mentes e quem as praticava só poderia ser uma pessoa necessitada de ajuda.

É relativamente comum se notar, em terapia, como muitas pessoas realmente alternam esse interessante comportamento.

Há certo tipo de indivíduo que numa hora se preocupa muitíssimo com o que os outros vão pensar de si, com o que faz, com sua aparência e principalmente com o que fala. Noutra hora parece simplesmente não notar as próprias esquisitices.

"Vai que vem alguém visitá-lo", brincou Izar. "Aí você já tem o lanche e não precisa se preocupar".

A brincadeira foi o bastante para Levin se irritar de vez. Resolveu acabar com a visita de uma vez.

"Era só isso? Estou muito ocupado".

"Ah! Claro! Não quero incomodá-lo. Mas não deixe de provar, está bem?", tornou Izar, com sinceridade, sem parecer ofendido.

"Está bem então", retrucou apressado. Recebeu ainda um sorriso e um tapinha amistoso no ombro e a missão de dar sua opinião sobre os doces posteriormente, o que o fez pensar maldosamente:

"Por que você não morre?".

Izar se foi, assobiando feliz, não sem antes apanhar dos degraus alguns outros belos pacotes que, com certeza, iria levar para os outros vizinhos.

Levin participava à época de um pequeno grupo que fazia uma espécie de contrabando das minas de Canenm, planeta gêmeo com Sonah; ambos pequenos astros habitados por indivíduos ainda rústicos no sentido de uma moral duvidosa.

Segundo Leo era impossível descrever o material saído dessas minas e mesmo sua importância. Havia muitas coisas no relato que não tinham comparação com objetos ou materiais aqui da Terra, tornando às vezes difícil o entendimento da situação.

Leo relatava, saindo um pouco do personagem, surpreso ele mesmo com o suceder dos estranhos e inusitados acontecimentos:

"Parece que as tais minas fornecem matéria prima para a construção de algum tipo de motor, essencial na construção de algum tipo de máquina. Muitos planetas ainda não têm livre acesso ao mercado, na medida que seus valores morais, suas crenças e principalmente suas intenções sobre o que fazer com o que pode ser comprado não corresponde ao senso comum. Os planetas gêmeos de Canenm e Sonah pareciam estar nesse grupo", parava um pouco como que para tomar fôlego e depois continuava:

"As transações comerciais não envolvem mais o uso de valores ou dinheiro, como conhecemos hoje. Transferem-se créditos de alguma forma, na quantidade apenas das necessidades de cada povo, terra, província ou até mesmo planeta".

Não existiam paradigmas como "meu produto vale mais que o seu" ou coisas do gênero. Assim como os homens, os lugares seguiam suas vocações comerciais, produtivas, tecnológicas, por exemplo, pensando no bem comum, mesmo que esse comum fosse povos de terras distantes na galáxia.

Uma matéria prima para a confecção de roupas podia valer tantos créditos e sementes para produção de alimentos, outros tantos. Os créditos eram trocados entre os produtores em grandes câmaras de comércio interligadas por transmissores cósmicos que cobriam muitos planetas e os produtos enviados.

Os mesmos créditos podiam servir para se obter outros produtos em lugares diferentes, em quantidades diversas. A quantidade de créditos que cada coisa valia estava mais ligada à sinceridade de objetivos, tempo despendido por cada grupo para se conseguir isto ou aquilo e não o valor material implícito do objeto.

Ouvindo o que Leo falava dava para concluir que, hoje na Terra, obviamente não se dá a um computador o mesmo valor de uma saca de farinha, mas talvez nas terras do planeta de Zangadahr e de muitos outros, isso fosse possível.

Isto é, se um povo só sabia e conseguia produzir isto ou aquilo, muito bem, ele recebia tudo o que necessitava na medida da necessidade real de sua população, mediante créditos eletrônicos comercializados com os que produziam outras coisas.

Sorri comigo mesma e pensei que gostaria muito de viver num lugar assim e tentando imaginar o porquê de sentir um certo aperto de saudade no coração.

Provavelmente também já tive vidas em outros planetas, como a maioria das pessoas que gostam de coisas como astronomia ou ficção científica, por exemplo, embora acredite que a maioria de nós já esteve por lá, em algum tempo.

Voltando a Levin o objetivo de seu grupo era vender o que conseguiam nas minas em lugares onde os créditos ainda não eram usados largamente ou então, simplesmente, não existia esse tipo de negociação.

Queriam coisas que haviam sido banidas há séculos e que fugiam à compreensão da maioria, como o poder, mesmo que passageiro, na exploração de mais fracos, além de alguns vícios.

De sua parte Levin tinha tentado justificar para si mesmo tais ações usando como bandeira o falso ideal de financiar

Os Filhos das Estrelas

pesquisas proibidas em planetas classes 3 e 4, que apesar de proibidas seriam essenciais à ciência.

O problema é que para se obter tais coisas, mesmo tendo em mãos a mercadoria da troca, tinham que se bater contra outros grupos com interesses semelhantes.

Levin achava isso interessante. Gostava do desafio, intelectual no seu caso, pois não arredava pé de seu laboratório, de vencer tais opositores com artimanhas e estratégias inteligentes.

Quase não participava das "missões", que era como chamavam as pequenas incursões de seu grupo aos territórios onde estavam os compradores.

Essas vendas se davam quase sempre pessoalmente, pois o sofisticado sistema de rastreamento de comunicações existente não permitia que se realizassem tais tipos de negociatas partindo de um ponto fixo nos planetas federados.

Eu imaginava cenas que havia visto em filmes de ficção científica onde estranhos seres faziam negócios irregulares em lugares que mais pareciam cabarés de terceira qualidade em nosso jovem planeta. Porões esfumaçados onde estranhos seres femininos dançavam. Mas não era exatamente assim que as coisas aconteciam.

Encontrava-se geralmente em lugares que se poderiam chamar de escritórios e os negócios eram resolvidos de forma simples. Não tão simples eram as compras e mesmo as entregas das mercadorias, assim como o recebimento do pagamento.

Havia também disputas ferrenhas, muitas vezes, pela posse daquilo que talvez não devesse pertencer a ninguém. Se a tecnologia permitia até viagens espaciais, não é difícil imaginar o quão fácil era matarem-se uns aos outros. E é exatamente o que acontecia. Pessoas simplesmente sumiam e certos lugares eram famosos naquele meio por isso.

O povo de Zangadahr, de quando em quando, recebia notícias desses massacres. Lamentava os acontecimentos, mas nada podia fazer. Não estavam exatamente preparados e muito menos interessados para intervir nesses tipos de disputa. Especialmente quando as disputas eram do tipo bandidos contra bandidos.

O livre-arbítrio de cada povo, naquela multidão de planetas espalhados pelas galáxias conhecidas, era simplesmente respeitado.

Havia uma espécie de Federação de Planetas, que ditava as regras de convivência entre os povos, e uma delas era a da não interferência no desenvolvimento dos povos. Não de uma forma egoísta, mas com o objetivo de permitir que as almas ali encarnadas pudessem evoluir no seu próprio ritmo.

O problema é que algumas vezes os respingos desses massacres sobravam para cidadãos comuns, que inadvertidamente se colocavam no caminho dos bandidos. Muitos eram mortos sem piedade se estivessem, de alguma forma, atrapalhando os negócios, onde quer que fosse.

Quando esses criminosos eram apanhados nos setores federados das galáxias, eram então encaminhados aos centros de recuperação espiritual.

Levin não se importava muito com as estatísticas de desaparecimentos e assassinatos. Que diferença podia fazer se um ou dois trouxas morressem de vez em quando.

"Não vão reencarnar mesmo?", pensava, justificando para si mesmo as crueldades cometidas, usando o argumento da vida para justificar a morte.

Em última análise, mesmo que disfarçado sob a pele de inocente cientista, Levin não passava de um bandido como os outros; desanimado e meio deprimido, mas ainda assim um bandido, embora a visão daquele piedoso povo fosse diferente da nossa sociedade em relação a essa definição.

Muitos eram sistematicamente encaminhados aos centros de recuperação, mas muitos também, egressos deles, voltavam com o tempo ao crime, para o pesar de todos. As notícias chegavam de tempos em tempos veiculadas pelos sistemas de informações dos monitores cósmicos domésticos.

As pessoas tinham compaixão, irmanados num senso

comum de humanidade, que aproximava até mesmo os infratores dos cidadãos comuns, da mesma forma que hoje nos lamentamos ao ver cenas de crianças roubando para não passar fome ou criaturas animalizadas matando-se umas às outras em rituais primitivos em certos lugares de nosso planeta. Nós os consideramos inocentes ou loucos, que não sabem o que fazem.

Pois da mesma forma eram aqueles homens e mulheres vistos naquele lugar. Espíritos infelizes com muito a aprender e que necessitavam de ajuda, pois o que ainda faziam era fruto apenas de sua ignorância.

Vemos até hoje que quando o espírito de um indivíduo está preso, há milênios, a um tipo de caráter onde a prepotência e o egoísmo falam muito alto, sua recuperação só costuma acontecer com a roda dolorosa das existências, pois o exemplo, o conselho, a ajuda e até mesmo eventuais punições são consideradas com escárnio.

Sua posição existencial quando desmascarado é a de ser uma vítima que ninguém pode ajudar, falsa é claro, ou então de não poder jamais permitir que alguém mande nele, como se enquadrar-se na ordem estabelecida significasse se submeter a um jugo qualquer.

Ou se torna um deprimido mal-humorado quando contrariado e, às vezes, até mesmo vingativo ou então se torna uma espécie de rebelde sem causa. Ou as duas coisas.

Esses traços de caráter são mais bem compreendidos hoje quando falamos, por exemplo, em depressivos e psicopatas.

Os quadros depressivos, em todas suas variações de intensidade, vão desde aqueles em que as pessoas ficam sentidas ou melindradas quando alguém faz uma pequena desfeita ou uma pequena injustiça é cometida, até o suicida em potencial.

São típicos de pessoas que não toleram ser contrariadas, e que têm a doce ilusão que tudo sempre acontecerá do jeito e na hora que determinarem, embora tenham dificuldade para admitir isso. Falaremos disso muitas vezes neste relato, pois este também era um dos problemas de nosso Leo.

É interessante como as pessoas costumam ver os suicidas. Geralmente são vistos como se fossem uns coitados; se observassem bem, no entanto, notariam que nas entrelinhas está escrito algo mais ou menos assim: "Parem o mundo que eu vou descer. Não aceito as coisas do jeito que são". E esta é uma atitude extremamente prepotente, do tipo: "Não brinco mais". Não se importando se alguém vai ou não, está ou não, sofrendo por sua causa. E por suas atitudes.

Psicopatas são aqueles que não se importam com os sentimentos e principalmente com as dores alheias, não medindo obstáculos para conseguirem o que querem, mesmo que muitos sofram por sua causa.

Têm explicações para tudo, isto é, racionalizam seu comportamento e sua autocrítica costuma ser precária. São os usuários de drogas, alcoólatras, ladrões ou assassinos, por exemplo.

Levin tinha um pouco de cada coisa. Tinha pleno entendimento da situação, mas preferia se sentir vitimado pelo destino que não o havia aquinhoado com uma inteligência superior, esquecido de sua preguiça e também, por outro lado, não se importava em nada com ninguém, nem mesmo se alguém morresse por sua causa, desde que conseguisse um pouco de aventura e notoriedade entre os seus.

Gostava imensamente de se vangloriar de seus planos infalíveis junto aos companheiros.

A verdade é que roubavam, contrabandeavam e matavam por nada. Não havia sequer problemas sociais que pudessem colocar, mesmo que longinquamente para a maioria deles, em debate tais atos.

Para os espíritos atrasados dos planetas classe 3 ou 4 tudo poderia até ser mais bem compreendido, pois eram ainda lugares onde os homens ainda viviam sob a égide das paixões, apesar do desenvolvimento tecnológico relativo. Muito diferente de lugares como Zangadahr.

O tempo passou rápido e Levin trocou várias vezes de comparsas. Uns morriam, outros desistiam daquele tipo de "missão", outros eram recolhidos em centros de recuperação, outros ainda fugiam para lugares distantes. Por alguma razão nunca ninguém descobriu nada sobre ele.

A vida era um completo tédio. Havia se afastado de vez do convívio das pessoas de sua comunidade e era tido como uma pessoa infeliz. Uma ilha no meio de tanta felicidade. Ninguém conseguia entender seu isolamento, mas terminaram por desistir de ajudá-lo, até mesmo em respeito à sua vontade.

Perto dos 50 anos solicitou transferência para trabalhar apenas em casa e seus superiores, compadecidos de sua situação de isolamento, concederam.

As minas de Canenm haviam fechado e havia pouca atividade de tráfico ao alcance do conhecimento de Levin. As autoridades da federação dos planetas fechavam sistematicamente o cerco a esse tipo de crime em suas zonas de atuação, assim como a muitos outros, pois ainda havia muitos desajustados à solta por toda parte.

Havia ainda planetas miseráveis, em todos os sentidos, que serviam de refúgio para essa gente e onde a federação não podia intervir. Poucos lugares poderiam receber o rótulo de paz absoluta como Zangadahr.

Existiam outros tipos de materiais, no entanto que podiam ser comercializados fora das fronteiras das grandes bolsas.

Levin e seus amigos voltaram suas atenções para determinado tipo de cristais produzidos num planetoide da segunda lua de Sinauri, num quadrante distante na galáxia, muito úteis na fabricação de componentes dos reatores de naves espaciais.

Em vão tentaram se organizar para entrar nos negócios, mas as enormes distâncias, a federação, o desânimo ante as enormes dificuldades fizeram com que se afastassem, cansados c apáticos.

Antigamente Levin podia sentar e planejar com liberdade, dando largas à imaginação. Era quase um passatempo. Simples como ir às compras. Agora as coisas estavam mudando para pior e ele não sabia mais o que fazer, o que punha em cheque sua competência de estrategista.

Em sua loucura sentia-se desafiado pela situação e passou a querer o impossível. Simplesmente não existiam naves de carreira que pudessem chegar a Sinauri. Somente os grandes cargueiros passavam por aqueles lados.

"Quem se interessaria em conhecer aquelas luazinhas sem importância, a não ser as grandes companhias de mineração espacial?", pensava nosso desanimado Levin.

Nessa altura da vida seus comparsas já eram pessoas de fora do ambiente científico, que não se preocupavam em viver sob uma falsa identidade e que se compraziam em desafiar as autoridades estabelecidas; debochavam das famosas prisões da federação, muito diferentes dos centros de recuperação do planeta e de onde era praticamente impossível fugir e para onde eram enviados aqueles renitentes e com os quais já se havia tentado de tudo, em matéria de compreensão e ajuda emocional e espiritual.

Zombavam mesmo sabendo que muitos de seus conhecidos lá estavam a mofar, há tempos. Era como se fossem cegos e acreditassem, como a maioria das pessoas de nossos tempos, que aquilo jamais lhes aconteceria.

Guardadas as devidas proporções muitos de nós carregamos as mesmas crenças. Falamos em perdão, paciência, resignação, por exemplo, em longos e comovidos discursos, para os outros.

Quando chega a nossa vez, no entanto, nos indignamos, choramos e esperneamos, porque, no fundo, nunca achamos que merecemos sofrer isto ou aquilo e alimentamos o sonho fantasioso de que a adversidade da vida jamais nos alcançará.

A dor é algo muito normal sim, mas apenas na vida dos outros.

Caminhava um dia, aborrecido, pelo bonito calçamento que rodeava as casas da quadra onde morava, sem se aperceber da beleza que o rodeava. Pássaros de cores maravilhosas pousavam nas muitas árvores dos jardins das casas e das pequenas alamedas que as separavam, cantando sem parar.

As crianças brincavam pelo parque observadas pelos olhares atentos dos adultos, que se refrescavam em pequenas tendas armadas no meio da vegetação, em animadas conversas de fim de tarde.

Alguns jovens improvisavam jogos com pequenas bolas coloridas que atiravam alegres uns nos outros e finalmente numa espécie de alvo imantado.

Outros ensaiavam passos de dança, aos pares e aos trios, animados pelo som que saía de alto-falantes embutidos nas árvores e controlados por pequenos dispositivos que carregavam nos bolsos, de onde selecionavam os canais desejados.

Erravam, se empurravam, dançavam também em rodas e riam muito dos próprios desacertos na coreografia.

Havia ainda quem lesse, deitados em espécie de espreguiçadeiras espalhadas entre as árvores, curtindo a leve brisa vespertina, através de pequenos aparelhos portáteis, de tamanho menor que a palma de uma mão, que projetavam no ar uma tela virtual com o texto escolhido.

Leo contava os detalhes tecnológicos, fazendo ele mesmo expressões e gestos de espanto.

Levin sentia-se velho e cansado. Uma das bolas terminou por acertá-lo, como que o despertando para a vida que corria ao seu redor. Olhou para as pessoas e sentiu, de repente, o peso de toda uma vida jogada fora.

Uma ponta de inveja rancorosa percorreu todo seu ser. As pessoas pareciam felizes e despreocupadas.

Um rapazinho vestindo uma espécie de bata colorida se aproximou sem medo e pediu-lhe desculpas pela bolada. Sorriu para ele e ficou esperando uma resposta, enquanto se abaixava e apanhava a bolinha.

As pessoas em Zangadahr não conheciam mais o medo da forma que nós o conhecemos. Não havia violência ou mau humor, nem mesmo no seio das famílias. O entendimento e o amor norteavam o relacionamento das pessoas e a educação dos filhos.

Olhou um instante para o garoto e finalmente respondeu entre dentes:

"Cai fora!".

O menino ficou olhando, estranhando sua reação e sem entender direito o que estava acontecendo, pois não o conhecia e nem a sua fama, uma vez que as pessoas não eram dadas a comentários. Sorriu de novo, desta vez timidamente e perguntou, preocupado:

"O senhor se machucou? Quer que chame meu pai para ajudá-lo", parecia aflito para ajudar. Nunca ninguém havia falado com ele naquele tom. Simplesmente não sabia o que estava acontecendo.

Não se deu ao trabalho de responder. Apenas virou-lhe as costas e continuou seu caminho em direção à sua casa.

Outros jovens já haviam também se aproximado e o observavam, como que paralisados.

Parou de repente e olhou para o grupinho silencioso que havia se formado; todos com expressões de curiosidade e espanto estampados nos rostos juvenis, contrastando com a alegria tranquila ao redor das outras crianças, que passavam correndo. Continuou a andar, pensativo.

"Estou cansado...", pensou. "Muito cansado...", e continuou:

"De que adiantou tudo isso? Ninguém mais me procura para fazer planos. Ninguém mais parece precisar de mim. Mas também, de que adiantaria? Viro noites pensando e não encontro mais soluções. Acho que estas coisas estão acabando".

De certa forma seu pensamento final era mais ou menos sábio, pois aquelas coisas estavam mesmo acabando; aqueles tempos de desmandos estavam acabando para os nativos do grande planeta das estrelas gêmeas.

Como veríamos mais à frente, os tempos estavam mesmo

Os Filhos das Estrelas   51

chegando para os homens renitentes no erro e na maldade.

Os tempos chegavam para todos aqueles espíritos que, através dos milênios da história de Zangadahr, não haviam conseguido aprender nada das muitas oportunidades obtidas pelas sucessivas encarnações na face do planeta, e ainda teimavam em passar por cima dos direitos dos outros, alheios à dor e ao sofrimento que espalhavam, esquecidos de valores morais e espirituais superiores e verdadeiros.

Pobres criaturas. Não sabiam o que o futuro lhes reservava.

Milhares dentre os habitantes do planeta possuíam aos olhos de nosso Leo, estranhas capacidades psíquicas extrasensoriais. Tinham habilidades paranormais ou mediúnicas semelhantes àquelas que encontramos hoje.

Viam espíritos e com eles se comunicavam, além de altíssimo grau de outras sensibilidades, se diferenciando dos homens dos nossos tempos por serem, não só a maioria absoluta, como contarem com a aceitação e reconhecimento dessas capacidades como algo absolutamente normal.

Nada a ser criticado, mas nada tampouco para o envaidecimento de quem quer que fosse. Simplesmente como enxergar bem ou ser míope nos dias de hoje.

Com Levin não era diferente. Vivia rodeado de sombras escuras que, de tempos em tempos, tomavam formas humanas ou semi-humanas. Apareciam às vezes seres deformados ou animalizados.

Alguns exibindo enormes feridas abertas de onde saíam vermes ou escorria um sangue escuro e esverdeado. Outros rastejavam e exalavam um odor fétido. Grunhiam palavras sem sentido e faziam gestos ameaçadores.

Muitos pareciam cansados e se arrastavam pelo ambiente até simplesmente se deixarem ficar pelos cantos, amontoados, parecendo esperar que algo acontecesse, profundamente sofridos e desesperançados.

"Que se danem!", pensava, na medida que as tais criaturas não iam mesmo embora. No decorrer da vida já havia gritado, xingado e esperneado com elas ou por causa delas. Já havia tentado de tudo para que o deixassem em paz. Terminou por se acostumar. Trocava com elas olhares rancorosos. Inimigos de longo tempo alguns; outros apenas transeuntes atraídos pelas baixas vibrações de sua casa, coisa também rara naquele lugar.

Sabemos que o ser humano vibra, ou em ondas curtas ou em ondas médias, como ondas de rádio, e que dependendo de seu estado de espírito, atrai para si "presenças" da mesma faixa vibratória. Isto é, quando estamos bem, vibramos em ondas curtas e quando estamos nervosos ou irritados, vibramos em ondas médias, mesma frequência onde se encontram nossos inimigos espirituais.

Outros hóspedes de Levin, ao contrário, se mostravam bem vestidos, com modos finos e olhar sarcástico. Pareciam seus próprios companheiros das "missões" e tentavam estabelecer um diálogo inteligente; suas atitudes eram ora ameaçadoras ora provocadoras e outras vezes ainda de cumplicidade, com sugestões e críticas aos planos elaborados. Vez por outra trocavam insultos com ele.

Já não tinha mais medo, embora muitas vezes se assustasse quando era acordado no meio da noite por empurrões nas costas, risadas e barulhos. Ouvia também, de quando em quando, gemidos, palavrões e gritos desesperados.

Desde a infância era atormentado por esse tipo de espíritos. Tinha sido uma criança difícil, retraída, invejosa e rancorosa. Parecia pertencer a outro lugar. Nada ali era de conformidade com seus desejos e suas idéias.

Ao contrário das demais crianças de sua quadra odiava a escola, os professores e os colegas, aos quais ridicularizava entre dentes em suas brincadeiras e jogos inocentes. Achava tudo uma grande besteira.

Olhava e balançava a cabeça negativamente, de forma a deixar perceber seu desagrado. Mas não passava muito disso, pois não era dado a grandes arroubos de atitude, até mesmo por falta de coragem.

Como muitos de nós Levin parecia debochar daquilo que não tinha coragem para fazer ou curtir. Fingia-se de forte e desdenhava das uvas verdes que não conseguia alcançar. Tinha no fundo inveja da felicidade das demais crianças; felicidade que seu espírito, infelizmente, não conseguia compreender.

Era também vaidoso e essas qualidades negativas formavam em volta de si uma aura vibracional que permitia que seus desafetos do passado cedo o encontrassem e o afastassem cada vez mais dos amigos, da família, da alegria de viver.

Achava-se esperto e embora soubesse não ser o mais inteligente, com certeza não precisava de professores para ensiná-lo.

Pensava que poderia obter todo o conhecimento que desejava de astronomia, matéria pela qual se apaixonara à primeira vista, pelo monitor cósmico.

Sofria de um desconforto inexplicável, por assim dizer, que não chegava a ser uma dor, no peito, na garganta e na cabeça e que muito havia preocupado seus pais, desacostumados, naquele mundo sem doenças, a essa situação.[*]

Depois de um tempo parou de se queixar, até mesmo para não ser considerado diferente. Acostumou-se com o tal desconforto, que o acompanharia a vida toda.

Ignorava a doce irmã, Nídia, que muito se esforçava por ser gentil e conquistar sua amizade. Nídia era um pouco mais velha e não conseguia compreender o porquê daquele comportamento de Levin, tão diferente de todas as outras crianças que ela conhecia, excluindo os gêmeos Klini e Kaao, cujo caso já havia sido objeto de largos debates na comunidade.

Eram indisciplinados, potencialmente agressivos e preguiçosos. Promoviam pequenas arruaças na escola interrompendo as aulas, escondendo o material dos colegas, zombando dos

---

[*] Uma descrição dos efeitos do ectoplama em nosso organismo foi feito pelo professor da Universidade Estadual de Campinas, Matthieu Tubino, na obra *Um Fluido Vital Chamado Ectoplasma*.[1] O livro é resultado de duas décadas de pesquisas sobre as relações da ciência com o espírito.

pequenos que ficavam confusos e sem entender o que acontecia.

Causavam admiração e espanto nos professores recusando-se sistematicamente a cumprir suas tarefas, absolutamente desinteressados de qualquer tipo de aprendizado, em qualquer área, mesmo esportiva ou de artes e recreação.

O espanto era causado, principalmente, porque todas as atividades para crianças e jovens nos grandes centros educacionais das províncias eram conduzidas por mestres que adoravam o que faziam, pautando toda sua conduta pelo amor e carinho.

Os programas tinham sido cuidadosamente preparados durante décadas objetivando dar a cada estudante não só o mínimo necessário para ser um cidadão atualizado e integrado nas facilidades do planeta, mas também atender seus talentos e tendências. Em suma, ir à escola havia, há muito, se tornado um prazer do qual ninguém abria mão.

Espíritos naturalmente evoluídos, se comparados aos habitantes atuais da Terra, a maioria dos estudantes trazia já em si um desejo nato e instintivo de aprender, refletir e desenvolver-se mental e espiritualmente.

As escolas ficavam em enormes construções de um só andar em meio a bosques e jardins floridos, sem muros ou impedimentos de ir e vir. As crianças e os adolescentes tinham escolas separadas de acordo com suas faixas etárias e com orientadores individuais.

Os pais e os orientadores assessoravam os jovens estudantes na formação de suas grades escolares, de acordo com as necessidades básicas da vida, mas também de acordo com os talentos e desejos de cada um.

A maioria das aulas era dada em pequenos grupos, quase como uma supervisão, sendo a ênfase maior dada à vida prática, aos experimentos, às artes e à vida ao ar livre.

Todas as salas de aulas tinham tetos retráteis, por onde entravam o sol e a brisa suave do planeta.

Klini e Kaao por sua vez não gostavam de nada que não

fosse azucrinar a vida dos outros. Armavam até mesmo pequenos roubos, jogando tudo fora depois, pois não era a posse das coisas que lhes interessava, mesmo porque tinham tudo o que necessitavam, como todas as crianças, aliás.

Seu interesse era o desafio e o confronto. Destoavam tanto da maioria que professores da escola, especialmente designados para acompanhá-los passaram a se reunir com os representantes do Conselho Provincial para a Alegria da Infância, do qual seu bondoso pai fazia parte.

A mãe de Levin, também chamada Nídia, de quem a pequena Nídia muito se orgulhava, até mesmo de ter o mesmo nome, pessoa boníssima, calma e dedicada, era a monitora voluntária chefe de recreação infantil da quadra e como os gêmeos eram dali, também se envolveu no comitê de assistência que se formou em torno deles.

Mães e pais se revezavam nessas monitorias, mas Nídia tinha um cargo quase que vitalício, sendo seguidamente reeleita por aclamação, nas alegres festividades periódicas para comemorar as trocas das turmas de voluntários.

Trabalhava no setor de recuperação permanente da atmosfera, prioridade número um em Zangadahr, mesmo que há séculos a poluição houvesse desaparecido, as autoridades preocupavam-se em manter a qualidade ambiental cem por cento livre de microorganismos nocivos, de qualquer forma, à saúde de animais, pessoas e vegetação, assim como de qualquer tipo de substância tóxica liberada por eventuais centros industriais ou mesmo docas espaciais.

Tudo era rigorosamente acompanhado. Adorava o que fazia, mas como quase todos não dispensava as atividades para o bem comum. Seu interesse natural eram as crianças e, dessa forma, foi natural envolver-se também no caso dos gêmeos, quando eles se mudaram para sua quadra.

As cidades eram organizadas em grandes quadras rodeando grandes jardins cheios de árvores frondosas, onde se encontravam facilidades esportivas, artísticas e sociais, às quais todos podiam dispor. As casas eram em sua maioria térreas e os pátios davam para dentro da quadra, o que facilitava o trânsito das pessoas e, especialmente, das crianças.

Nesta altura do relato Leo mostrava-se um pouco entediado e aborrecido.

"Você não acha essa gente meio tonta demais?", perguntava, referindo-se ao estilo de vida dos habitantes do planeta distante por onde seu personagem havia passado. E continuava, sem esperar pela resposta:

"São bonzinhos demais, tolerantezinhos demais, amam demais, não acha?", argumentava, usando o diminutivo e criando neologismos com uma ponta de sarcasmo, como se bondade, tolerância e amor fossem qualidades quantitativas.

Ri comigo mesma pensando em alguém dizendo ao outro: "Só vou amar você um pouquinho", e nas entrelinhas: "O resto vou dar para outra pessoa", como se o amor fosse um produto finito e estivesse preste a acabar. Ou então:

"Vou ser tolerante só hoje!..." "... amanhã você vai ver como eu sou impaciente", como se tolerância fosse uma qualidade que num dia você tem e no outro não, conforme seu humor ou as situações apresentadas, assim como a bondade, por exemplo.

"Não vou ajudar você a consertar seu telhado...""...porque tenho que ficar aqui sentado sem fazer nada".

Mas Leo não era muito diferente da maioria das pessoas do nosso tempo. Costumamos achar que pessoas com essas qualidades, de forma muito explícita, são bobas ou piegas.

Gostamos de ver segundas intenções em tudo. Achamos que tais pessoas são fingidas. Costumamos de fato pensar muito mais em nós que em nossos semelhantes.

Nos lamentamos até quando vemos um noticiário com fatos tristes e chegamos mesmo a chorar certas vezes. Mas nada que a entrada dos comerciais na programação não nos faça esquecer de pronto.

É verdade que muitas pessoas não se omitem diante da dor

geral e participam de entidades assistenciais ou filantrópicas.

Mas é verdade também que muitas vezes o filantropo, não apenas se envaidece de suas atividades, como necessita do miserável gravitando em torno de si para se sentir "bonzinho". Aqui na Terra costumamos ver isso com facilidade em entidades assistenciais e mesmo em grupos que dizem lidar com a espiritualidade, por exemplo.

Nos sentimos ótimos quando atiramos uma moeda pela janela ao pedinte, mesmo quando nos lamentamos de sua pobre sorte, do descaso das autoridades etc., mas o discurso da bondade verdadeira costuma nos irritar.

Talvez porque fisgue em nossos espíritos as lembranças do paraíso perdido e as razões que nos fizeram perdê-lo, além do difícil caminho da volta, como veríamos em breve pelo relato de nosso Leo.

E por falar nele, que ouvia o tal discurso, ironicamente dito por ele mesmo, estava apenas esperneando, talvez zangado consigo mesmo, imaginei.

Era de certa forma divertido ouvir certas reclamações, pois as pessoas não tinham muito do que se queixar, pois as informações vinham de seus próprios personagens do passado.

Outra reclamação de Leo, nos intervalos de suas sessões de regressão, e que soava mais como uma curiosidade, era de que quando se falava de passado não haveria o pressuposto de se encontrar civilizações mais avançadas tecnologicamente lá atrás e sim o contrário, como as outras que havia conhecido. [2]

Além do mais, se a proposta do personagem era falar de uma civilização mais avançada, onde estariam os homenzinhos verdes, ou os seres com grandes olhos arredondados, braços compridos e esguios com três grandes dedos em cada mão, além de uma forma desengonçada no andar?

De onde estariam saindo aqueles homens e mulheres altos, bonitos, com peles alvas e feições delicadas?

Como se vê, a terapia de vida passada muitas e muitas vezes põe por terra nossos mais profundos arquétipos, o que não deixa de ser muito interessante para o pensamento científico, que deveria ser desprovido de preconceitos ao analisar a possibilidade das vivências pretéritas.

A tumultuada trajetória de Levin, estranhamente, foi contada em capítulos, que permitimos não só pelo inusitado da situação, mas também para checar com outros relatos semelhantes do passado longínquo de nossa humanidade, feito por outros clientes.

Voltando à sua infância soubemos que havia ficado muito interessado no assunto dos gêmeos, nas vezes que seus pais, bastante envolvidos com a situação, tristemente comentavam o problema em casa e pediam aos filhos que tivessem bons pensamentos em relação a eles.

Os habitantes de Zangadahr acreditavam que o pensamento era poderoso condutor de vibrações amorosas curativas, de todas as formas, e as pessoas costumavam se reunir para esse tipo de atividade.

Essas emanações de amor eram geralmente encaminhadas para os centros de recuperação onde os internos recebiam assistência continuada ou então para os rincões distantes da galáxia, onde sabidamente havia planetas cujos habitantes ainda passavam por todo tipo de sofrimento.

Levin passou a seguir os gêmeos e observar suas atividades, mesmo que eles estivessem sempre discretamente acompanhados por um monitor do CPAI.

Muitos jovens de apenas 15 ou 16 anos também participavam das atividades de monitoria da quadra, especialmente nos jogos e brincadeiras mais agitadas e também colaboravam com esse atendimento especial, penalizados com a situação daqueles meninos.

Era como se Kaao e Klini exercessem uma espécie de magia sobre Levin. Não conseguia pensar outra coisa. Passava horas fantasiando que era grande amigo deles e que juntos participavam de grandes aventuras pelos quatro cantos da galáxia.

No fundo invejava sua coragem de falar e fazer abertamente tudo o que queriam, mesmo que aquele comportamento fosse absolutamente ultrapassado, negativo e causasse estranheza em todos, até nele mesmo, apesar de seus poucos 10 anos de vida.

"Levin! Levin!", chamava, excitada, Nídia, tentando tirá-lo daquela espécie de torpor ao qual costumava se entregar quando não estava grudado no monitor cósmico.

"Vai começar a transmissão das entrevistas dos astrônomos que visitaram a escola. Você não queria ver de novo comigo?"

Nídia tentava auxiliá-lo em vão, pois ele não se dignava sequer a responder. Mas também não desistia fácil.

"Levin! Venha! Quero que explique umas coisas!", pedia, tentando chamá-lo para seu quarto. Nídia tinha apenas 12 anos, mas já era responsável e muito estudiosa. Amava o irmão, que infelizmente não se apercebia disso.

Sua tendência era pelas artes e, de fato, pintava e dançava muito bem. Gostaria muito que Levin a ajudasse com as ciências exatas, matérias nas quais ele tinha uma facilidade nata, mas ele simplesmente a ignorava.

Ouvindo os apelos da menina seu pai foi até a varanda onde ele se encontrava deitado numa espécie de divã. Esse móvel emitia uma espécie de radiação colorida que envolvia seu usuário numa espécie de luz colorida, que se podia ajustar de um pequeno controle no assento e que propiciava agradável sensação de bem-estar.

Edis falou mansamente:

"Não ouve sua irmã, meu filho?".

Olhou para o pai e meneou afirmativamente a cabeça.

"Não gostaria então de ajudá-la com sua astronomia?"

Sentou-se com má vontade. Seus sentimentos eram divididos. Gostava sinceramente do pai, mas não gostava de ser obrigado a fazer o que não queria.

Tudo o que lhe era pedido soava aos seus ouvidos, comprometidos com as intuições negativas dos espíritos, como uma ordem desagradável a ser cumprida penosamente. Aliás, como muitos de nós, que também não toleramos ter que fazer coisas que não sejam do nosso jeito.

"Já vi esta entrevista com ela em outra oportunidade", tentou para esquivar-se.

"Sim, eu sei", tornou o pai paciencioso. "Poderia, no entanto, fazer isso uma vez mais? Parece que ela gosta de suas explicações".

Os pais haviam decidido ajudá-lo a se socializar, não só pelos conselhos e palestras domésticas diuturnas, mas principalmente pelo exemplo.

Leo, no entanto achava que não eram bem sucedidos, pois um pensamento rápido, vindo de Levin e não verbalizado para o pai veio à tona:

"Mas que menina burra!", levantou-se afinal e foi acudir a irmã. O pai bem sabia que Nídia se sacrificava fazendo o papel de ignorante diante do irmão apenas para atraí-lo para fora de seus próprios pensamentos.

Lançou à filha um pensamento de agradecimento e foi procurar a esposa para contar o pequeno episódio.

Edis e Nídia já haviam perdido a conta de quantas e quantas vezes a menina colaborava, espontânea e sinceramente na recuperação amorosa de Levin, sem nunca se queixar.

Quando ela parecia cansada e desesperançada Edis lhe falava que o tempo, apesar de ser bem precioso quando bem usado, também o era quando não usado, pois ficava à nossa disposição para, em vidas futuras, quantas fossem necessárias, recuperarmos os ensinamentos deixados à beira do caminho.

Edis falava, no fundo, da brandura e da resignação que um dia deveria nortear as ações de nossos espíritos; ações que o espírito de Levin estava longe de entender. Para ele, naqueles tempos, e incrivelmente ainda hoje, para muitos indivíduos, brandura é uma coisa que tem cheiro de fraqueza e resignação, de fracasso.

Leo testemunharia a verdade absoluta dessas palavras no suceder de suas outras vidas, onde teve todo o tempo do mundo para sofrer e aprender as mesmas coisas que Edis e as duas Nídias tentavam lhe ensinar de forma tão suave e amorosa naqueles tempos distantes.

Assim como em nossas escolas tradicionais, para onde podemos voltar muitas vezes nas mesmas séries, até que tenhamos aprendido nossas lições, parece que o mesmo se dá com nossas almas, às quais são oferecidas oportunidades sem conta de entender o significado maior da vida.

"Às vezes parece que ele fala diretamente para mim, hoje!", surpreendia-se nosso jovem Leo.

E falava mesmo. Levin, Leo e todos os outros eram apenas partes da mesma individualidade, da mesma pessoa, da mesma alma eterna em busca de sua evolução maior.

De qualquer forma, com o tempo Levin terminou por se envolver com os gêmeos e se tornou uma espécie de escravo deles. Fingiam que o respeitavam como companheiro para usá-lo como uma espécie de infantaria nas encrencas que arrumavam.

Levin era sempre aquele boboca que ia à frente, levava os recados, fazia as reclamações, praticava os pequenos roubos. Era, enfim, aquele que se expunha e por conta disso era sempre também aquele que se encrencava.

Durante muito tempo as pessoas tentaram demovê-lo de tais bobagens sem grande sucesso. Seu caso nunca foi parar nos programas do CPAI, até porque era muito bom aluno e também porque era considerado mesmo uma espécie de espírito conduzido, sem vontade própria e que dificilmente causaria, em longo prazo, danos maiores para si mesmo ou para outros.

Havia também a atenuante de seus pais estarem engajados nos centros de proteção à infância, o que propiciou que todos achassem que nenhuma medida mais contundente, como acompanhamento pessoal monitorizado, fosse necessária.

Os próprios pais de Levin concordavam com isso e piedosamente achavam que tudo passaria. O tempo, aliado imprescindível na solução de todos os males e os exemplos de amor que se espargiam por todos os lugares, se encarregariam de conduzi-lo ao caminho da socialização e da alegria.

Bem, estavam todos, de alguma forma, enganados. Parece que, além do amor e da boa vontade das pessoas conosco, é preciso que o impulso do bem já esteja impregnando nosso espírito para que mudanças verdadeiras possam ocorrer em nosso modo de ser. Impulso que seja capaz de transformar nosso sistema de crenças.

O esforço de Edis, das duas Nídias, dos professores e de muitos outros, que simplesmente desfilaram em sua vida no anonimato, naquela multidão de seres bondosos que o rodeavam por todos os lados, nunca o comoveram demasiadamente.

O tempo passou rápido. Klini e Kaao se mudaram na adolescência para um planeta da classe 3, não muito distante de Zangadahr, acompanhando a família. Os pais eram espíritos missionários que se propuseram a dar aulas num centro de estudos avançados para a juventude, o que corresponderia, mais ou menos, às nossas universidades.

Planetas da classe 3 ainda necessitavam importar, por assim dizer, professores para matérias de tecnologia avançada e os mesmos eram gentilmente cedidos pelos planetas de classe 1.

A generosidade das pessoas as faziam candidatar-se, em grande escala para essas empreitadas, além de muitas outras, de outros tipos não acadêmicos, mesmo que a vida nesses planetas não oferecesse as mesmas comodidades de Zangadahr e seus habitantes ainda não conhecessem todas as benesses da solidariedade sem limites.

Nunca mais Levin, ouviu deles, embora os tivesse procurado por algum tempo nos registros dos monitores cósmicos. Talvez até os tivesse encontrado caso fosse mais persistente.

Mas o deslumbramento já havia passado há muito tempo e com mais ou menos 16 anos já tinha outros interesses. Os gêmeos nada representavam em termos de amizade verdadeira.

O ser humano não lhe importava muito, fosse ele qual fosse, de uma forma geral. Além do mais, se os meninos o haviam usado para ser linha de frente nas bobagens que arquitetavam, Levin havia feito o mesmo com eles, pois durante anos eles serviram para ocupar seu tempo com fantasias, que não só preencheram seu tempo livre, como também o livraram da solidão à qual se condenara inconscientemente.

A companhia dos gêmeos também impediu que desse muita atenção aos espíritos que habitavam sua vida. Incomodava-se a princípio com o fato dos "seus" espíritos serem feios e deformados e a associação com os pequenos malfeitores também serviu para a chegada dos espíritos elegantes e bem falantes, com muitas idéias a dividir.

Saiu, de alguma forma, da vibração daqueles outros, achando simplesmente que os recém-chegados os haviam espantado. Riu-se disso durante muito tempo. Doce ilusão.

As muitas reuniões de aconselhamento, as atividades socializantes às quais foi sistematicamente submetido eram vistas com descaso ou como apenas mais um desafio a ser vencido com desdém e superioridade.

Não enfrentava nada realmente. Esgueirava-se apenas, dissimulado, no contato com as pessoas.

Nos muitos retornos dessas situações, o contar aos companheiros as formas inteligentes com as quais enganara, ou pensara ter enganado a monitores, professores, pais e conselheiros, era de fato o único momento em que era olhado com admiração verdadeira, o que o encantava.

Havia uma certa disputa nas narrativas, pois os outros dois eram sempre identificados também, mais cedo ou mais tarde, como co-autores das bobagens realizadas.

Além disso, o comportamento de Klini e Kaao era mais escrachado e não resistiam a uma pequena maldade no meio do caminho, o que terminava por expô-los ainda mais, embora achassem que estavam fazendo apenas Levin de bode expiatório.

Os dois eram o exemplo típico do aprendiz de bandido desajeitado e prepotente que se acha mais esperto que todo mundo e termina sempre se dando mal.

Muitos de nós, hoje em dia, guardando as devidas proporções entre o mal proposital e o simples exercício do caráter, reflexo de um comportamento turrão de nossos espíritos, fazemos exatamente as mesmas coisas e nos achamos mais espertos que os demais, o que geralmente nos coloca em situações ridículas e de sofrimento.

Achamos que somos mais inteligentes ou mais sabidos e que isso nos credencia a fazer coisas que absolutamente não dominamos de verdade, além de nos pavonear a respeito de nossos falsos conhecimentos, como se os outros fossem todos uns ignorantes que não se apercebessem de nossas falhas e de nossa arrogância.

Seus pais certamente não se enquadravam em certa categoria de pais que existem hoje em dia e que preferem ser enganados para não encarar a realidade dos fatos, como de resto a maioria dos pais daquele lugar.

Sentiam tristeza a cada novo episódio protagonizado pelo filho, mas confiavam que a roda das existências colocaria as coisas nos devidos lugares e que, infelizmente, Levin era uma daquelas raras pessoas, naqueles tempos, se comparados proporcionalmente à maioria, que ainda necessitavam aprender através do sofrimento. Sofrimento que o tempo, inexorável, proporcionava.

As repetidas oportunidades de renascimento, tão claras na mente daquele povo reencarnacionista por princípio, poderiam até ser desperdiçadas aqui ou ali, até que um dia a dor doesse tanto, que o espírito se voltasse para uma reflexão mais demorada sobre as vantagens de uma mudança mais radical.

Sim, porque as pequenas mudanças eram obtidas quase que por osmose, isto é, por inércia, através das repetições dos códigos de ética, do certo e do errado, outra e outra vez mais, estampados que estavam a cada minuto, na manifestação humana da maioria da época.

Pensando sobre isso dá até para concluir que as mesmas premissas éticas permanecem até hoje, na medida que são atávicas ao espírito e diretamente proporcionais à nossa inteligência. Parece que o que muda mesmo são os preceitos morais de povo para povo, de época para época.

Todos sabemos, por exemplo, que matar não é correto, mas em determinadas sociedades, até mesmo as aparentemente avançadas, em determinadas circunstâncias isso passa a ser moral e penas de morte são aplicadas.

É muito engraçado, pois seria como dizer que as mulheres pudessem estar mais ou menos grávidas. A verdade depende apenas de para quem ela interessa no momento.

A impressão que se dá é que andamos devagar através dos milênios e que nossa moral muda radicalmente de acordo com as necessidades de cada povo em cada época desta longa história da humanidade, da qual Leo nos contava um pedacinho.

Voltando a Levin, sem as muletas que sustentavam sua frágil coragem, passou a viver de forma mais introspectiva e alienada. Os antigos espíritos deformados e rastejantes também não tardaram a retornar, para seu desagrado.

O pai, que também os via, já havia isolado-os do restante da casa, muito tempo atrás. De tempos em tempos mandava-os embora simplesmente, com toda autoridade moral que possuía sobre aqueles seres menos felizes. Nada podia fazer por eles, pois nada lhe haviam pedido e também nada aceitariam.

Poderia simplesmente solicitar aos conselhos superiores que intercedessem e que todos fossem levados, mas bem sabia que retirar as pedras do caminho do filho, por ele, de nada adiantaria e que aqueles espíritos eram as poucas pedras que Levin realmente admitia e qualificava, mesmo que veladamente, como sendo um problema a ser resolvido.

Mas Levin, por sua vez, não pedia auxílio ao pai. Seu orgulho não permitia. Às vezes, por demais incomodado com o cheiro que emanava deles e que o atingia em cheio, se exasperava:

"Vou acabar com vocês todos, seus malditos!", falava com eles pelo pensamento, como se gritasse. Sabia usar muito bem suas faculdades paranormais, mas só não sabia como se livrar delas e muito menos de seus acompanhantes.

Alguns olhavam indiferentes, acostumados àqueles pequenos e tolos escândalos e simplesmente se deixavam ficar pelos cantos; outros pareciam nem mesmo ouvi-lo, anestesiados de forma autista em seus mundos e outros pareciam ainda mais amorfos, pois suas estruturas auditivas perispirituais já não mais existiam, destruídas pela ignorância dos muitos defeitos daquelas almas distraídas e perdidas nos astrais inferiores.

Conseguiam furar as ondas vibratórias de amor que envolvia o planeta e se achegarem a algumas das casas de Zangadahr quando havia uma espécie de permissão dos conselhos maiores, que faziam vistas grossas à sua presença, até porque havia algum habitante teimoso, como nosso jovem astrônomo, necessitando de sua companhia para aprender alguma coisa.

Não existiam mais doenças em Zangadahr, assim como num expressivo número de planetas e uma das poucas formas de propiciar sofrimento reparador era dessa forma, isto é, permitindo a convivência de afins.

Mas havia também quem ouvisse muito bem e aparecesse hora ou outra para uma boa discussão. Eram os tais esguios e bonitos, de olhares malévolos e postura altiva. Com estes até que Levin se afinava de fato, apesar dos momentos de discussão.

NOTAS:

[1] Tubino, Matthieu, *Um Fluido Vital Chamado Ectoplasma*, Niteroi, Editora Lachatre, 2002.

[2] Guimarães, Maria Teodora Ribeiro, *Tempo de Amar - A Trajetória de uma Alma*, Limeira, SP, **EDITORA DO CONHECIMENTO**, 2004.

Capítulo 3
Randahr Shefann
O campus

... os estudos avançados ...

"O homem de hoje tendo alcançado o intelecto pelo desenvolvimento de seu raciocínio, está em busca de novos campos perceptivos na ânsia de absorver novas qualidades para o seu próprio espírito. Com seu limitado intelecto o homem está buscando, sem cessar, até mesmo pelo impulso da zona inconsciente, novas asas para um vôo mais expressivo.

A razão intelectual, como atributo de nosso atual psiquismo, vem demonstrando certa fragilidade diante do impulso evolutivo para a mecânica da vida; o espírito está a exigir novos sedimentos e novas conquistas; é de sua natureza caminhar sempre. O homem sente em sua alma uma necessidade de expansão. As imposições da matéria, excluindo suas necessidades básicas, são o evento da vida. A nova era é a do Espírito".

Dr. Jorge Andréa dos Santos

Capítulo 3
Randahr Shefann
O Campus

Entregou-se de vez aos estudos da astronomia e das ciências que gravitavam em torno dela. Decidiu então frequentar um dos muitos Centros de Estudos Avançados para Jovens. Escolheu uma escola de prestígio, pois seus créditos escolares o habilitavam para isso.

De certa forma sua escolha criou novas esperanças no coração de seus pais e orientadores, preocupados nesta altura de sua vida com seu recolhimento, pois não participava de qualquer atividade de lazer concernente à sua idade.

Aliás, não participava de atividade alguma que não fosse relacionada a seus interesses científicos. Nem mesmo aquelas no seio da família.

Passava os dias numa rota monótona entre os institutos de ciências e pesquisas espaciais e seu quarto, onde permanecia grudado em seu monitor cósmico ou então deitado em seu sofá de radiação colorida, pensando sabe-se lá em quê.

Sem a presença de Klini e Kaao não se envolvia mais nas pequenas encrencas habituais e, portanto passou a ser visto apenas como um jovem inteligente, mas anti-social.

A escola escolhida era em outra localidade, distante daquela onde morava, o que não representava qualquer obstáculo, uma vez que o transporte era extremamente simples, rápido e seguro.

Grandes transportes assemelhados a vagões gigantescos de forma ovalada e com paredes laterais feitas de um material de transparência translúcida, como se fossem vidros. O veículo transportava-se no ar como um helicóptero sem hélices, silenciosamente, movido por uma tecnologia ignorada por nosso jovem Leo.

"Isso parece um filme de ficção científica", brincava, encantado com o próprio relato.

Realmente é muito interessante pensar no passado da humanidade, ou parte dela, constatando ser ela oriunda de um lugar tão desenvolvido, em todos os sentidos.

Na maioria das vezes o que vemos nas regressões são as vivências que tivemos aqui mesmo em nosso planeta, o que, a princípio, nos parece mais lógico, pois a maioria de nossos personagens era formada de indivíduos bastante primitivos, se comparados ao nosso tempo.

Habitações, transportes, meios de comunicações, hábitos, tipos de relacionamento e tudo mais não nos são tão estranhos, pois deles temos notícias desde sempre, seja através de nossas lições acadêmicas, seja através das artes cênicas ou literárias e até mesmo dos achados históricos que a mídia nos apresenta de tempos em tempos.

Tudo o que vemos em regressão nos parece plausível até o momento que as informações chegam de um tempo tão remoto e de lugares tão longínquos, que fogem daquilo que interiorizamos como nosso sistema de crença universal.

Tecnologia avançada só pode fazer parte de nossos sonhos de futuro. Amor e compreensão fraternal disseminados entre todas as criaturas são coisas que devem fazer parte de nossos céus espirituais dogmáticos. Como tudo isso pode fazer parte de nosso passado?

Se pudermos pensar de forma mais criteriosa e menos preconceituosa, o que é bastante difícil, na medida que ainda tem gente hoje em dia que acha que a chegada do homem ao espaço "foi truque", poderemos comparar relatos deste tipo obtidos em regressões a vidas passadas com outros relatos.

Um sem número de livros psicografados, por exemplo, falam das origens do homem como um ser vindo de "outras moradas na casa do Pai" (*) que podemos muito bem entender como outros planetas. E assim sendo, por que não poderiam ser planetas mais adiantados?

Por outro lado, cientistas em todos os tempos têm se maravilhado com o estudo das fantásticas construções do mundo antigo que jamais poderiam ter sido construídas apenas com o conhecimento tecnológico de suas respectivas épocas.

Não somente na elaboração arquitetônica, matemática, astronômica dos projetos, como também em suas magníficas execuções físicas.

Construções como as pirâmides do Egito, algumas das cidades e templos andinos ou ainda os Moais da ilha de Páscoa, que coabitam com muros incas supostamente erigidos a milhares de quilômetros do outro lado do oceano Pacífico.

Lendas de todos os tipos, alicerçadas por descobertas de objetos, desenhos e marcas arqueológicas nos mais diversos lugares do planeta que mostram deuses representados, por exemplo, como homens vindos dos céus.

Obras extraordinárias como: *A Caminho da Luz*,[2] Os *Exilados de Capela*[3] e *Baratzil - A terra das estrelas*,[4] falam desse assunto, mostrando as possibilidades da civilização em nosso planeta ter sido incrementada por homens vindos dos céus. (**)

De qualquer forma o relato de Leo coincidia com o de muitos outros clientes que não se conheciam absolutamente,

---

(*) Encontramos em *O Evangelho Segundo o Espiritismo*,[1] obra da Codificação Espírita onde se discorre sobre a parte moral da doutrina e onde são citados os mundos de reencarnação do espírito humano.

(**) Em *A Caminho da Luz*, temos uma fantástica noção da história do espírito humano sobre o planeta Terra, sob o ponto de vista de Cristo.
Em *Exilados de Capela* temos o relato da saga dos capelinos e das intensas pesquisas históricas do autor para comprovação dessa teoria.
No *Baratzil - A Terra das Estrelas*, o autor conta a chegada de seres de outros planetas que edificaram fantástica civilização nos Andes e na Amazônia.

Os Filhos das Estrelas

não eram peritos de forma alguma em ficção científica nem tampouco partidários ou estudiosos de doutrinas que cultuam tais premissas.

Os grandes transportes moviam-se silenciosamente e mal se ouvia a vibração de sua chegada. Pousavam suavemente, como que carregados por uma brisa e da mesma forma alçavam vôo. Dependendo de sua destinação moviam-se em maior ou menor velocidade.

Os habitantes de Zangadahr apreciavam observar suas cidades, a beleza dos campos e das águas e por causa dessa característica, havia linhas de transportes, que voavam a baixa altitude e em velocidade reduzida.

Linhas rápidas transportavam os passageiros em minutos entre duas cidades, o que deveria acontecer com Levin. Poderia vir para casa sempre que quisesse, mesmo que fosse apenas num fim de tarde para uma refeição com a família.

Mas Levin, naturalmente, nunca fez uso dessa comodidade. Não se importava em desfrutar a companhia de seus pais e de sua adorável irmã.

Estava muito satisfeito de estar se mudando para a habitação coletiva dos estudantes de Randahr Shefann. Esse era o nome de sua nova escola, na localidade de Zinahr, a sudoeste de sua cidade natal.

O nome da escola era uma homenagem da comunidade científica ao maior astrônomo que Zangadahr já tivera. O enorme campus, por onde transitavam jovens estudantes de várias partes da galáxia, era totalmente voltado ao estudo e pesquisa das ciências ligadas ao espaço e ao cosmo e Levin já se deliciava com as maravilhosas oportunidades que teria de ampliar seus conhecimentos.

Aliás, este parecia ser seu único sentimento verdadeiro próximo da alegria.

Cada estudante elaborava sua própria grade escolar, escolhendo as matérias de acordo com sua predileção, dentro de uma gama gigantesca de oportunidades oferecidas pelo CEAJ e dependendo da atividade profissional que pretendesse exercer no futuro.

Havia sido exaustivamente orientado e preparado por seus professores anteriores a fazer as escolhas corretas conforme suas aptidões, de forma que todos ficavam felizes e os estudos avançados estavam longe de serem cansativos. Ao contrário, a excitação e a alegria transbordavam por todo o campus.

As habilitações não eram estanques e restritas como as que conhecemos hoje, como, por exemplo, engenharia elétrica.

Os diplomas estavam mais próximos do que existe hoje, por exemplo, com a mecatrônica, onde cada indivíduo pode se especializar num campo mais vasto do conhecimento, embora esta ainda seja uma pálida imagem do que acontecia por lá.

Havia um alegre corre-corre naquela manhã ensolarada na casa de Levin. Edis e Nídia haviam preparado guloseimas e convidado os amigos queridos e parentes para comemorar a ida do filho para a nova escola, a contragosto da estrela da festa.

Aborrecido ele se deixava ficar no quarto, largado em seu sofá, olhando o parque através da enorme janela de seu quarto, cuja iluminação havia modulado para a penumbra.

O transmissor cósmico transmitia notícias dos planetóides do planeta Avon, que haviam sido atingidos por uma espécie de explosão de meteoritos de segunda grandeza.

Ele ouvia o ruído ao longe da reportagem sem se interessar por ela de fato, pensando com seus botões sobre a idéia boba da mãe em chamar aquela gente toda para se despedir e comemorar.

"Como se todos não fossem um dia para os CEAJ", desdenhava, tentando achar um jeito de não ter que ir confraternizar-se com aquele povo todo. Os poucos primos estavam todos nas escolas avançadas e ninguém tinha feito tanta arruaça por causa disso.

Reclamava e reclamava para si mesmo, pois sabia que não adiantaria reclamar para o pai; ele apenas sorriria e diria

Os Filhos das Estrelas

qualquer tolice do tipo:
"Você merece mais que isso meu filho!", tinha vontade de vomitar, esquecido dos problemas e preocupações que já havia causado. Esta sua pequena vitória, que embora fosse corriqueira para os habitantes do lugar, ele tinha bem razão, era vista com simpatia, amor e esperança por todos e por esta razão era tão comemorada.

Seu primo Kaao, que tinha, coincidentemente, o mesmo nome do antigo companheiro, não tardou a sinalizar em sua porta, que deslizou suavemente.

"Como é? A festa não é sua?", brincou, tentando animá-lo, ao vê-lo largado ali no sofá.

"Pois não se preocupe. Eu dou a festa para você", respondeu, azedo.

Kaao era um jovem e talentoso músico de 17 anos. Desde pequenino havia se interessado por instrumentos musicais e hoje já tocava muito bem vários deles e compunha músicas regionais. Estudava em outro planeta classe 1 num centro de estudos avançados especializado em artes de todos os tipos.

Fingiu não notar a malcriação do primo e tornou:
"Vamos lá preguiçoso que seu transporte não tarda e você nem vai ter tempo de provar os doces".

Edis entrou sorridente e apanhou Levin pelo braço.

"Pegue pelo outro braço Kaao. A emoção deve ter enfraquecido seu priminho. Ele não tem forças nem para sair do quarto", apontou para a porta e piscou para Kaao, que não tardou a entrar na brincadeira, levantando os dois Levin no ar, uma vez que ambos eram mais fortes e altos.

"Está bem!", bradou Levin tentando esconder sua irritação. "Eu me rendo".

Sob risadas foi deixado cair abruptamente sobre o sofá. Resmungou mais um pouco ajeitando as roupas e se levantou afinal. Tendas armadas no jardim davam um ar ainda mais festivo ao acontecimento.

Um discreto alarido de vozes que conversavam animadamente era ouvido por toda parte por onde passava, sendo festejado com beijos e abraços. A mãe o olhava comovida e orgulhosa.

Esforçava-se por manter um sorriso amarelo, mas quase mudo. Agradecia entre dentes as pequenas lembranças que lhe eram ofertadas, passando-as rapidamente para as mãos de Nídia, a irmã que o seguia como fiel escudeira, sorrindo encantadora para todos.

"Veja que lindo Levin!", disse graciosa a jovem Nídia, uma linda moça nos seus 18 anos, ao examinar uma pequena réplica de antigo telescópio que o avô, que tinha sido capitão de cargueiros da frota estelar, guardara para o neto durante muitos anos, aguardando por aquele dia.

Havia conseguido o raro objeto do outro lado da galáxia em suas andanças pelo espaço.

Nídia era alta, tinha pele e olhos claros, o que contrastava com seus cabelos castanhos de forma harmoniosa.

Queria ser historiadora e no momento estudava no mesmo CEAJ que Kaao, pois se dedicava a história da música e das artes. Eram muito amigos e não se desgrudavam. Já se ressentiam, pois na próxima temporada ela iria para outro campus completar os estudos e ele permaneceria lá, ainda na sua terceira temporada.

Cada jovem podia estudar quantos anos quisesse, pois seu conhecimento não era mensurado por exames e sim por ele mesmo, num exercício de honestidade e responsabilidade.

Não havia provas finais ou coisas parecidas. O jovem simplesmente encerrava o estudo de cada matéria quando achava que já a havia esgotado, podendo tornar ou não a ela em outros estágios a qualquer momento, dependendo de suas necessidades acadêmicas e de seus interesses.

"Eu adoraria estudar num lugar assim", comentou Leo, suspirando e certamente pensando nos pesados estudos que ainda tinha pela frente na universidade que cursava.

— "Eu também", respondi com um sorriso que brotou

Os Filhos das Estrelas 77

espontâneo ao me lembrar de um de meus professores de cirurgia ortopédica, cujo passatempo predileto era aterrorizar os jovens acadêmicos de medicina que caíam em suas mãos, a maioria absolutamente desinteressados de sua cadeira. Olhávamos abobados para o enorme compêndio que ele nos fez comprar pensando que talvez servisse como peso para papéis um dia.

Na época era tudo muito engraçado e a turma se dividia para estudar a matéria e depois trocar as informações durante as provas. Quase uma aventura por um mundo desconhecido e desinteressante.

Estudei psiquiatria largamente durante meu curso de graduação em medicina pelas mãos carinhosas e dedicadas do catedrático da cadeira, que viu num pequeno grupo de estudantes interessados na matéria, um meio ideal de formar seu círculo de pupilos queridos, a quem dedicou muito de seu tempo.

Fomos, de certa forma, privilegiados com a boa vontade de nosso mestre, que nos colocou em estudos, experiências e debates muitíssimo mais avançados que os curriculares, assim como nos recebia quando dispúnhamos de tempo sobrando na grade curricular, para longas conversas sobre a vida e o espírito humano, da mesma forma como aconteceria em Randahr Shefann em larga escala.

Nosso interesse nos gerou dividendos inimagináveis, mas precisamos contar com a colaboração amorosa de nosso querido e inesquecível mestre, o que ainda não parece ser um procedimento regular nos meios acadêmicos de graduação hoje.

Divaguei por uns instantes divertidos pensando no que um psiquiatra como eu faria com um bisturi nas mãos. Na época aprendemos o que determinadas cadeiras, para nós inúteis, determinavam que aprendêssemos, para tratarmos de esquecer a seguir.

Como todos os jovens internos estudamos coisas que jamais usamos em nossas vidas profissionais, cada um por seu turno e de acordo com suas aptidões. Não tínhamos muitas escolhas. Parece que em Zangadahr não era bem assim.

No campus, onde a estrutura física e organizacional era muito semelhante àquela da escola de Grann e de todas as outras, muitos cursavam paralelamente matérias distantes de seus estudos profissionalizantes apenas por gosto, como idiomas, filosofia, religiões, artes ou esportes, entre muitas outras oferecidas de forma padronizada em todos os campi, uma vez que os jovens sempre tinham interesses variados além dos de suas futuras profissões.

Era possível intercambiar entre os campi dependendo das matérias escolhidas, de temporada para temporada. Iam para outro centro e geralmente voltavam para o de origem. Ninguém tinha pressa em terminar rapidamente os estudos.

Podiam também estudar sem sair de casa, através de programas interativos especializados vindos pelos monitores cósmicos. Mas a maioria apreciava a vida em comunidade, a confraternização com os companheiros e com os professores e, portanto não dispensavam a mudança para os CEAJ.

É bem verdade que Levin ficou tentado em estudar dessa forma, mas desistiu; primeiro porque os pais não permitiriam, ávidos por socializá-lo e segundo porque queria ficar sozinho e longe de casa.

E Levin se foi para Randahr Shefann.

Os alojamentos eram grandes quartos individuais, com toda comodidade que cada estudante precisava para desenvolver seus estudos. Como quase todas as instalações que se relacionavam com educação, eram construções térreas.

No caso de Randahr Shefann os prédios dos alojamentos eram circulares, com grandes áreas verdes ao centro, onde também se achavam os refeitórios, geralmente abertos para o ar livre, onde todos podiam se socializar com mais facilidade.

Naturalmente nada mudou com sua saída de casa e sua vida simplesmente continuou de casa para os estudos e deles para casa, apartado da vida agitada e alegre do campus, o que não tardou a chamar a atenção dos colegas, que bondosamente tentaram integrá-lo.

Havia uma dupla inseparável nos alojamentos ao lado do seu. Dois jovens nativos do planeta Zondihr, de classe 1 como Zangadahr e bem próximo na cadeia de planetas da constelação. Eram bonitos e educados. Como ele, também se dedicavam ao estudo da astronomia de forma apaixonada, frequentando as mesmas classes.

O rapaz chamava-se Askar e a moça Aine. Tinham a mesma idade de Levin e logo fizeram muitos amigos no campus. Risonhos, inteligentes e populares, não tardaram a provocar nele uma fisgada de inveja.

Ao contrário do que se poderia supor eles não eram afetados ou esnobes e tentaram, de todas as formas, se aproximar de Levin, assim como outros jovens. Quando as atividades em grupo começaram, tempos depois do período de adaptação, os colegas que cursavam as mesmas matérias trataram logo de formar uma animada turma.

Aos poucos foram solicitando transferências de suas habitações e cedo moravam todos bastante próximos. Formavam um grupo de 12 jovens novatos e faziam quase tudo juntos.

Levin era sistematicamente convidado para todas as atividades e somente aceitava uma ou outra coisa por receio de parecer alienado e criar um estigma como o que tinha na sua escola anterior, o que ele julgava que o prejudicaria futuramente.

Passou a participar de alguns grupos de reflexão com Askar, Aine e outros mais, em algumas poucas matérias e todos ficaram imediatamente impressionados com partes de seu conhecimento, tecendo elogios sinceros, aos quais respondia com um bocejo velado.

Na verdade tudo aquilo o cansava e não via a hora de trancar-se em seu alojamento e mergulhar no monitor cósmico, esquecido do mundo e dos chatos que queriam modificá-lo.

"Que idiotas", pensava, rindo-se deles, cada vez que o comunicador tocava e um rosto alegre e sorridente aparecia com um convite qualquer.

"Não tenho tempo para essas bobagens", resmungava. Esquivava-se da maioria das atividades paralelas alegando falta de tempo e outros interesses, o que não deixava de ser verdade.

Criou em torno de si uma atmosfera de estudioso com um toque de estranheza, embora fosse nítido que não era uma pessoa feliz, o que entristecia os colegas, que gastavam horas imaginando o que poderiam fazer para ajudá-lo.

Mas Levin era impenetrável e com o tempo todos foram se acostumando e desistindo, por assim dizer, com exceção dos amigos de Zondihr.

"Vai haver uma grande festa em nossa cidade Levin. Queremos que vá conosco para conhecer nossos pais e nossos amigos. Além do mais a cidade toda estará em festa e não faltará o que conhecer e fazer. É muito divertido. Vamos todos e não vamos deixar você para trás de forma alguma", era Askar no comunicador, sorrindo excitado e falando sem parar.

Levin o ouvia, entediado com aquela insistência, descabida a seu modo de ver.

Estavam já terminando sua segunda temporada em Randahr Shefann e todos já se preparavam para cursos em outros campi, com promessas de um reencontro na quarta temporada.

Os garotos de Zondihr seguiriam alegremente para um campus em sua cidade natal, atraídos por um convite irresistível de cursar algumas matérias de sua predileção em casa, saudosos que estavam de suas famílias.

Os demais amigos seguiriam para outros campi, a maioria menores, em outros lugares de Zangadahr ou em planetas próximos, para estudos específicos.

Alguns preferiram inclusive atividades paralelas, para uma temporada de reflexão, autoconhecimento e cultura geral. Um dos amigos optou pela carreira na frota e por isso se transferiria para a academia, na capital de Zangadahr, justamente de onde viera Levin.

Os Filhos das Estrelas 81

Todos estavam muito felizes. Todos iriam trocar de ares por uns tempos, o que era sempre altamente recomendável pelos honoráveis instrutores pessoais. Voltariam revigorados para os estudos aprofundados da quarta temporada.

Tinha quase 18 anos nessa altura e não pretendia perder a oportunidade de livrar-se de todos eles de forma alguma. Iria ficar e desfrutar de sua liberdade. Havia inúmeras teorias que pretendia explorar e detalhes que pensava em compreender melhor em seus estudos e agora finalmente poderia fazer tudo isso em paz.

Deliciava-se com a perspectiva, tentando enganar a si mesmo.

Na verdade, conhecera em suas viagens ao observatório de Linie, situado na segunda estação orbital da frota estelar, com o mesmo nome, algumas coisas que o haviam fascinado.

Tinha estado várias vezes na estação de Linie convidado inicialmente por um professor e depois, quando conseguiu integrar o observatório em sua grade de estudos, com segundas intenções. Tentaria passar a terceira temporada toda na estação.

NOTAS:

[1] Kardec, Allan, *O Evangelho Segundo o Espiritismo*, Araras, SP, Instituto de Difusão Espírita, 2003.

[2] Xavier, Francisco Cândico / Emmanuel (psicografia), *A Caminho da Luz*, Rio de Janeiro, RJ, Federação Espírita Brasileira - FEB, 2000.

[3] Armond, Edgard, *Exilados de Capela*, São Paulo, SP, Editora Aliança, 1999.

[4] Feraudy, Roger, *Baratzil - A Terra das Estrelas*, Limeira, SP, **EDITORA DO CONHECIMENTO**, 2003.

Capítulo 4
Linie: A estação orbital
... o encontro com o mestre Toldan ...

"Nossa responsabilidade uns para com os outros é que nos leva para tão longe de nossos lares; a solidariedade que mora em nossos corações nos traz a este mundo que precisa de amparo e apoio para libertar-se do ciclo evolutivo que vai se encerrando e galgar seu novo posicionamento sidéreo, mais espiritualizado e, portanto, em melhores condições gerais para a convivência de seus tutelados.

Participamos de um grande esforço empreendido por inumeráveis companheiros oriundos dos mais distantes quadrantes do Universo, que levados pelo sentimento de dever inerente aos degraus conquistados no decorrer das eras, vêm trazer a sua colaboração, neste instante de definições por que passa este globo.

Chegamos com nossas naves e formamos um cinturão protetor em torno do planeta Terra, como denominais esta esfera de Deus que vos abriga e, com aparelhamentos inacessíveis à vossa compreensão atual, empreendemos ao balanceamento energético planetário, dando nossa colaboração no sentido de atenuar os efeitos da vivência equivocada da maioria dos seres humanos de vosso mundo.

Nosso papel principal tem sido aliviar o campo energético do planeta das energias primárias e perniciosas que poderiam afetar enormemente o equilíbrio ecológico, desencadeando catástrofes como ocorreu outrora na Atlântida, caso não recebesse o orbe a ação minimizadora dos efeitos de tais energias".

Ashtar Sheran

Capítulo 4
Linie: A estação orbital

A grande estação era foco de admiração de todos, por sua imponência e também pelas dimensões extraordinárias. Mais de 20.000 pessoas podiam se alojar ao mesmo tempo em suas instalações.

Funcionava também como um entreposto para naves cargueiras de diferentes planetas da federação, assim como base para algumas das grandes naves da frota, que não podiam simplesmente aterrissar devido à força de gravidade dos planetas. Naves menores levavam os passageiros dessas grandes naves a outros destinos.

Era uma verdadeira cidade no espaço e Levin simplesmente adorava essas estadias no grande complexo, que flutuava silencioso numa das extremidades do quadrante onde estava a constelação da qual Zangadahr fazia parte.

Milhares de luzes amareladas vindas da estação iluminavam a noite eterna no espaço. Dezenas de docas, onde uma centena de naves estava estacionada, jogavam fachos de luzes coloridas em todas as direções, numa dança organizada e que servia como sinalização para procedimentos de atracação, deliciavam os olhos do mais experiente navegador.

De dentro da nave científica que o conduzia, Levin a tudo admirava, hipnotizado com tanta beleza. Uma beleza que ao mesmo tempo assustava, com suas formas propositadamente arrojadas e agressivas, que impunham respeito a quem quer que se aproximasse.

A estação era circular, com muitos andares em cada volta que se sobrepunha. Pontas onde se situavam as docas saíam para os lados, como a formar uma coroa simétrica.

A pequena nave bateu com certo estrondo na área de acoplamento e um completo silêncio se fez a seguir.

Jovens estudantes de vários CEAJ por todo o quadrante se entreolharam, silenciando as conversas excitadas pela emoção da chegada a Linie, aguardando uma ordem para o desembarque. Tinham interesses acadêmicos diferentes, mas a maioria faria também cursos no observatório.

Reuniram-se todos no convés principal e esperaram que o comandante desembarcasse primeiro para as formalidades diplomáticas de praxe.

Por uma tela instalada no alto de uma das paredes observavam a descida do comandante e a recepção, que era feita por uma comitiva de quatro oficiais e dois civis.

Os civis eram cientistas que aguardavam a chegada dos colegas para troca de turno, após os quase cinquenta dias de plantão na estação e os oficiais eram da frota, uma vez que Linie, assim como a maioria das estações orbitais, era dirigida pela própria frota estelar, pois serviam também como um posto avançado de defesa e observação.

Embora as guerras estelares tivessem terminado há muito tempo, havia ainda planetas não alinhados de rincões distantes da galáxia que tinham desenvolvido tecnologia suficiente para as viagens estelares e ainda se comprazíam em construir grandes naves de guerra, com a desculpa de que eram apenas naves exploradoras.

Tais atitudes obrigavam a federação dos planetas a enviar naves e oficiais para as estações que margeavam todos os quadrantes, formando formidável e impenetrável rede de defesa, ou de limite, como gostavam de chamar seu rosário de postos avançados.

Ninguém ousava, naturalmente, atacar uma estação ou uma nave da frota, mesmo porque o acesso à maioria dos quadrantes era restrito às naves da federação, havendo um rígido esquema de patrulhamento através de sofisticados sistemas de varredura instalados nas estações orbitais, nos planetas e mesmo nas naves.

Assim todos podiam viajar tranquilos entre os planetas e estações, porque essa movimentação ocorria em um dos lados da galáxia, sendo seu limite setentrional coberto de planetas e planetóides desabitados por nativos, existindo somente bases de pesquisas e observação, além de mineração e outras extrações instalados aqui e ali, sendo grande o tráfego de cargueiros naquelas bandas.

Nos pequenos planetas mineradores, especialmente, trabalhadores vindos de todos os quadrantes viviam numa espécie de torre de Babel, onde apesar das regras de coabitação pacífica, das normas de convivência e leis civis, além das boas condições de vida, esses lugares acabavam, às vezes, servindo de porto para bandidos, que longe dos grandes centros, tentavam ali impetrar seus crimes. Crimes como contrabando, falsificações, queima de arquivo.

"Queima de arquivo...?", perguntei, questionando a expressão, comumente usada nos dias de hoje.

"É o que me vem à cabeça", respondeu Leo, também surpreso.

Na verdade, na medida em que não estamos hipnotizados de uma forma que nos torne inconscientes durante a regressão, continuamos a ser nós mesmos, com todo nosso sistema de crenças e com toda a bagagem de informações que acumulamos nesta vida.

As informações vindas do passado apenas se superpõem àquelas, causando, às vezes, um conflito difícil de ser superado.

Quantas vezes nossos clientes estão em épocas antigas, como a Roma dos imperadores, mas imaginam seus personagens usando, por exemplo, tênis de marcas famosas ou ainda roupas que não combinam com a época.

Uma moça que nos procurou tempos atrás insistia que sua personagem, ambientada na época da colonização americana, usava jeans colantes e camiseta de malha tipo anos 60. Não faz diferença de fato para o sucesso da regressão e de todo o processo terapêutico esse tipo de detalhe.

O terapeuta apenas questiona e tenta levar o personagem a se vestir e falar da forma habitual correspondente à época em que se passa a vivência, numa tentativa de facilitar o processo para o cliente, criando uma atmosfera mais intimista e também de curiosidade pelos fatos que se sucederão, fazendo-o vivenciar, mais do que contar a história simplesmente.

E é obvio que um viking dançando rock numa festa tribal não é muito convincente. Mas as pessoas usam esses dispositivos para ficarem, de alguma forma, presas à vida presente, como um mecanismo de defesa.

Usar tênis, ouvir músicas modernas, usar roupas inapropriadas para a época do personagem ou mesmo usar termos de gíria e expressões populares dos dias de hoje, fazem com que o indivíduo sinta que está aqui, preso ao presente, e que nada vai roubá-lo daqui e fazer com que fique preso ao passado e não retorne da regressão, por exemplo, o que muitas vezes é um medo inconsciente.

"Isso não parece um absurdo? Bandidos espaciais!", tornou Leo, com certo sarcasmo sobre o que ele mesmo dissera.

"Não avalie, apenas descreva o que você percebe", pedi, tentando levá-lo de volta ao personagem. Como veríamos mais tarde, bandidos espaciais não só existiam naquele lugar, como também nosso personagem se tornaria um deles, o que, aliás, estava prestes a acontecer.

Levin já havia estado ali várias vezes, mas a emoção da chegada era sempre a mesma. Entre os jovens aquilo tudo tinha gosto de aventura, embora todos fizessem viagens mais ou menos constantes.

Ainda mais porque não era todo dia que se ia a uma estação orbital. Era preciso uma série de autorizações e motivos convincentes.

As estações não eram, definitivamente, lugares destinados a turismo. Eram lugares de trabalho e pouso breve para viajantes credenciados, que aproveitavam para se confraternizar com pessoas de outras raças.

Sim, havia uma certa quantidade de tipos diferentes de pessoas, tanto quanto à sua anatomia, quanto aos costumes e credos. Todos eram humanoides e diferenciavam-se apenas em detalhes de cor e espessura de pele, em características de expressão facial e também em tamanho, sendo mais ou menos rústicos ou graciosos.

A maioria era formada de pessoas altas e esguias, com pele, cabelos e olhos claros, lembrando um pouco os anglo-saxões do nosso tempo.

O povo originário de Zangadahr e de Zondihr, por exemplo, eram pessoas desta raça. Mas raças não se misturavam apenas nas estações espaciais.

Embora as pessoas preferissem viver nos seus planetas de origem por alguma razão desconhecida até o momento por nós, muitos residiam, até mesmo por força de trabalho ou estudos, em outros planetas da federação.

Esta, por sua vez, vinha tentando, desde sempre, promover uma maior miscigenação dos povos, com algum sucesso.

A maioria absoluta dos povos mantinha relações estreitas de cordialidade, não havendo qualquer tipo de preconceito. De qualquer forma, aconteciam uniões entre raças diferentes, uma vez que eram todos humanóides.

No grande convés de atracação em Linie o movimento era intenso. Grupos passavam conversando animadamente saídos de suas naves; trabalhadores movimentavam estruturas robotizadas que exerciam os mais diversos serviços.

Mecânicos se amontoavam em volta de alguns transportes menores estacionados dentro do convés, fazendo uma espécie de manutenção.

Os Filhos das Estrelas

Mercadorias de todos os tipos eram transportadas em pequenas esteiras flutuantes comandadas por um controle remoto manual. A esteira flutuava na frente de seu condutor carregando pesados volumes e se movia silenciosamente com um toque de botões, como se fosse um carrinho de supermercado mecanizado.

Tais esteiras pareciam ser muito populares por ali, pois existiam de todos os tipos e tamanhos, fazendo com que o esforço físico das pessoas fosse mínimo.

Um jovial oficial da frota se aproximou do grupo de jovens convidando-os a um pouco de silêncio.

Os professores e cientistas já haviam sido conduzidos para alguma parte da estação, tendo ficado apenas os estudantes e suas bagagens coloridas empilhadas num canto ao lado de uma das colunas de sustentação do convés, que devia ter uns 30 metros de altura.

"Sejam bem-vindos", falou em tom alto para ser ouvido no meio do discreto alarido que o grupo fazia.

Eram cerca de 50 jovens, rapazes e moças prestes a iniciar sua terceira temporada de estudos avançados. Todos cuidadosamente escolhidos pelos professores nas áreas de interesse de cada um.

Também estagiava em Linie um grupo de alunos da academia da frota, que passou pelo convés ao se dirigir a um transporte que o esperava para uma excursão ao lado de fora do complexo, onde iria examinar as estruturas do casco.

Os jovens passaram exibindo seus vistosos uniformes de trabalho e abanando as mãos para o grupo dos CEAJ. Alguns se conheciam e pararam por uns instantes para se confraternizarem, entre abraços e sorrisos.

Os cadetes se sentiam donos das instalações comandadas pela frota e não tardaram a se oferecer como guias para os recém-chegados.

Vários encontros foram marcados, assistidos de forma pacienciosa pelo oficial que deveria escolher os estudantes da nave científica, ele também um jovem de uns 22 anos em seu primeiro posto avançado. Bateu palmas chamando atenção de todos. Seu nome era Laars.

"Muito bem. Trabalho primeiro e diversão depois minha gente!", falou, bem-humorado, de forma a provocar risos generalizados. E continuou:

"Vamos nos reunir no salão de recepção onde passaremos imagens de todo o complexo para vocês se localizarem. Todos receberão cartões com todas as informações necessárias para sobreviverem aqui, porque se se perderem nunca mais os encontraremos". Novos risos. Estavam todos felizes.

E com os grupos de jovens seguindo direções opostas, todos se despediram. O grupo de Levin tratou de apanhar as bagagens e seguir o instrutor. Ninguém recebeu esteiras flutuantes, mas também ninguém pareceu se aperceber disso.

"Vou dar um posto militar a ele", avisou Leo. "Só para facilitar, no meio dessa gente toda. Tem muita gente de uniforme e uns parecem mais graduados que outros, está bem?".

"A vida é sua. Faça como quiser. Eu não estava lá", brinquei, apenas para incentivá-lo a se aproximar cada vez mais de seu personagem.

"Mas pode ser que lá os postos tivessem outros nomes, você sabe", retrucou precavido.

"Sim, eu sei. Não se preocupe", tentei acalmá-lo, mesmo porque nomenclaturas não fariam qualquer diferença na trama que se desenrolava. E ademais, era natural a relação de patentes com a dos militares de nosso tempo, se bem que não estava claro que se o termo "militar" tinha o mesmo sentido daquele que usamos aqui.

"O que vem a seguir de importante e que você precisa saber agora?", falei levando-o para frente naquela aventura.

Todos, sem exceção, carregavam à cintura um pequeno dispositivo parecido com um pequeno rádio transmissor.

Nesse aparelho, chamado simplesmente de processador, os minúsculos cartões mencionados pelo oficial podiam ser inseridos, assim como qualquer outro e as informações podiam ser passadas, por uma maneira desconhecida por nós, sem o uso de conectores, para telas e para os monitores cósmicos.

Também se podia ter acesso aos bancos de dados dos cartões com uma espécie de viva voz ou ainda de forma privada, encostando-o ao ouvido simplesmente.

Dependendo do cartão também se criavam imagens dentro de uma espécie de funil virtual que se levantava sobre o processador, onde as imagens apareciam semelhantes a um sistema de 3D.

O mesmo aparelho também funcionava como uma espécie de comunicador e monitorizador de funções vitais, que podiam ser enviadas a distância em caso de emergências, ou ainda um localizador, pois enviava sinais permanentes para uma central da posição do usuário dentro do enorme complexo.

Não funcionava porém para grandes distâncias, como, por exemplo, aquelas que existiam entre os planetas e a estação. Quem quisesse falar com a família ou a escola teria que fazer uso dos monitores cósmicos localizados nos alojamentos e nas áreas de lazer.

O salão era em forma de um anfiteatro circular, com uma espécie de palco redondo no centro, onde ficava uma poltrona e um painel de controle. Largas e confortáveis poltronas acomodaram todo o grupo, que logo silenciou.

Levin tratou de sentar-se na parte de cima, ao fundo, de onde podia ter uma visão global de tudo. Detestava gente sentada às suas costas.

Laars fez descer no meio do anfiteatro uma tela virtual circular com visão para todos os lados, muito comuns nas escolas. Uma música suave precedeu e serviu como pano de fundo para as imagens da grande estação que não tardaram a aparecer na tela.

Cada deck foi mostrado, suas funções explicadas e a forma de se comportar em cada um deles, tendo em vista que muitas vezes alguns acessos seriam negados pela complexidade da atividade desenvolvida naquele determinado lugar, que poderia ser vital para a manutenção da estação ou ainda que oferecesse qualquer risco ao visitante.

Convidou então que cada jovem fizesse sua própria exploração através dos comandos localizados nos braços e ao lado de suas poltronas, tratando de usar sua própria máscara direcional, também localizada ao lado da poltrona.

Havia enormes áreas de lazer, com jogos, lugares com música e comida e até mesmo pequenas lojas para eventuais compras de última hora.

Em outros decks estavam a ponte de comando, os alojamentos e os salões de convenções interplanetárias, onde embaixadores frequentemente se encontravam em solo neutro; a engenharia com toda a parte operacional da estação e outros anfiteatros, de diversos tamanhos, que serviam como salas de aulas; também as estações de estudo, com toda sua parafernália de equipamentos para o uso dos estudantes, desde simples monitores cósmicos até pequenos laboratórios individuais para experiências de todos os tipos de estudos desenvolvidos ali, pelos inúmeros cientistas residentes.

No deck superior estava o observatório e os grandes laboratórios de pesquisas espaciais, de genética, microbiologia cósmica e transporte de átomos, que eram os pontos fortes daquele centro de estudos.

Outros laboratórios menores também se espalhavam pelo deck, desenvolvendo outras pesquisas, muitas financiadas por planetas interessados em assuntos específicos de sua área no quadrante, como artigos diversos de indústria ou mineração, por exemplo.

Levin não se interessou por nada disso, mesmo porque já conhecia muito bem a estação; tratou de localizar o professor Toldan, o mestre que o havia convidado anteriormente.

Passou o registro do mestre ao computador que não tardou a encontrar suas coordenadas. Ele estava no observatório, naturalmente. Levin o admirava profundamente e, como todo mundo, o considerava o maior astrônomo em atividade na federação.

Toldan era um tipo estranho, tido como um excêntrico talvez e esse detalhe imediatamente criou entre eles uma empatia imediata, desde a primeira vez que haviam se encontrado, ainda na primeira temporada de Levin em Randahr Shefann, quando da visita do grande mestre ao campus.

Na época ele tinha pouco mais de 16 anos e já havia ficado muito impressionado com a forma que Toldan o olhava.

A princípio achou que não era para ele aquele olhar que parecia perscrutar sua alma. Toldan era de poucas palavras e, na verdade, soube mais tarde, havia percebido nele, através de sua paranormalidade, as tendências que procurava para formar um jovem pupilo.

Um pupilo que não fosse dado a cumprir ordens sociais rígidas, que não tivesse que perder tempo com bobagens como a família ou com encontros sociais, pois não se importava com essas coisas e cujos valores éticos fossem diferentes da maioria. Havia que se fazer sacrifícios éticos em nome da ciência, diria Toldan mais tarde a Levin.

Nem mesmo Levin havia se apercebido disso tudo na época de uma forma clara. Tudo o que sabia de si é que adorava ficar sozinho, de preferência longe do olhar preocupado e melosamente reprovador do pai; odiava confraternizações e tapinhas nas costas, conversinhas tolas sem objetivos definidos e passar o tempo inutilmente como faziam seus colegas, entretidos em jogos, festas, visitas e tudo o mais que todos os jovens partilhavam.

Frequentou avidamente as aulas do mestre e não tardou a ser convidado para sua primeira excursão a Linie. Exultou de felicidade.

Foi muito felicitado pelos colegas, que também não tardaram a perceber as semelhanças entre eles. Ambos eram decididamente diferentes da maioria, mas seu modo de ser não chegava a ser criticado; apenas não era muito bem compreendido.

Com a chegada de Toldan os jovens amigos viram que Levin não era o único e que talvez aquele jeito exageradamente introspectivo não lhe trouxesse afinal tanta infelicidade. Toldan não parecia infeliz. Eram jovens e essas compreensões eram difíceis.

Sonhava em conhecer o grande observatório quando foi convidado a visitar os aposentos do professor num jantar, em Randahr Shefann, com outros professores e possíveis pupilos.

Ele nunca havia lhe dirigido a palavra, mas sua simples presença o inebriava e certamente deitaria sobre a lama para que ele passasse sobre si. Frequentar uma reunião tão privada o deixava em estado de êxtase absoluto.

Embora Toldan continuasse, aparentemente, a ignorá-lo, foi convidado nessa ocasião, através de um de seus assistentes, a fazer visitas regulares à estação, passando a trabalhar diretamente sob a orientação do mestre; desenvolveria pesquisas nos laboratórios do campus, complementando outras que eram realizadas em Linie.

Sua vida se transformou num mar de inebriada felicidade. Não tinha olhos para mais nada, além de cumprir as ordens do amado professor. Esforçou-se ao máximo. Passou três curtos períodos em Linie, mas à seus olhos, estava definitivamente alçado às esferas dos grandes cientistas da época.

Terminou por conseguir créditos suficientes para passar a terceira temporada inteira de seus estudos na estação e chegar, desta vez para ficar, era emocionante. Sentia-se adulto e dono de seu nariz.

As perspectivas com as quais Toldan lhe acenara de fazer viagens a outros quadrantes em "missões" científicas eram, no mínimo, extraordinárias. Fazer parte daquele grupo seleto de "missionários" era fantástico.

E foi assim que Levin iniciou, na prática, sua trajetória no mal, já ensaiada anteriormente pelas mãos de Kaao e Klini, nas aventuras despretensiosas da adolescência.

Os alojamentos eram minúsculos, mas confortáveis. Levin

tinha esperanças de estarem sobrando vagas e não ter, portanto, de dividir seu espaço com ninguém.

Mas o problema é que os instrutores já o conheciam de longa data e fosse ele favorito ou não de Toldan, era tido como problemático e anti-social e os conselheiros superiores, informados disto, trataram de providenciar um colega de quarto para ele.

Em todos os lugares onde atividades estudantis se realizavam havia sempre equipes cuidando do bem-estar dos alunos, de seu desenvolvimento pessoal e afetivo, além da formação acadêmica.

Por todos os lugares onde passava Levin destoava do grupo, por mais que se esforçasse em disfarçar seu desconforto em atividades sociais.

Os conselheiros de Randahr Shefann já haviam mandado relatórios aos colegas da estação orbital, preocupados com Levin e recomendando atenção e cuidados especiais com ele.

De tempos em tempos ele acabava sempre tendo as atenções voltadas para si e sendo mais ou menos obrigado a participar de discretos encontros com instrutores e conselheiros, o que muito o aborrecia.

Edis e Nídia eram informados desses encontros, mas eram convidados a se manter fora deles, numa tentativa de criar responsabilidades em Levin ante a vida e suas necessidades afetivas para poder sobreviver numa sociedade tão gregária como aquela.

Por sua vez ele jamais havia voltado a visitar a casa dos pais de boa vontade. Só ia às comemorações familiares das quais não podia fugir e, assim mesmo, resmungando.

Um rapaz oriundo de Zangadahr e estudante também de Randahr Shefann foi escolhido para dividir o alojamento com ele. Seu nome era Illyan e, coincidentemente, era muito parecido com Levin. Ambos tinham a pele clara, eram altos e magros e tinham os cabelos e olhos igualmente claros.

Além disso, suas expressões eram semelhantes, meio infantis, com as bochechas rosadas e o cabelo curtinho e espetado, diferente da maioria dos rapazes, que usavam geralmente cabelos mais compridos, na altura do pescoço.

Illyan havia inclusive procurado o instrutor Laars e se oferecido para ajudar Levin quando soube que ele seria seu companheiro de quarto. Ele já o conhecia desde os tempos de adolescência, na escola de Grann e sentia um legítimo sentimento de amor fraternal por ele. Sabia de suas dificuldades e de seu relacionamento com os gêmeos.

Illyan havia escolhido a carreira de instrutor de relações humanas movido muito por um coração bondoso onde havia lugar para todos aqueles que necessitavam de sua atenção. Sua carreira era muito parecida com a psicologia nos dias de hoje.

Tinha solicitado uma temporada na estação para estudar o comportamento das pessoas longe de seu habitat natural, obrigados a conviver em espaços mais ou menos reduzidos, o que diminuía a privacidade de cada um visando o bem comum.

Queria pesquisar também, a partir daí, maneiras de aprimorar esses espaços para tornar a vida mais agradável para todos dentro desse tipo de complexo espacial. Para tanto estudava também cadeiras nos cursos de arquitetura aeroespacial e se esforçava bastante, embora não fosse muito chegado a ciências exatas.

Sabia que estava se "condenando", por assim dizer, a passar longos períodos longe da família e dos amigos que tanto amava, mas havia uma grandeza ímpar em sua alma e os pequenos sacrifícios eram levados com alegria e bom humor.

Ele sim era o verdadeiro missionário, que viajaria pelos quatro cantos da galáxia tentando melhorar a vida daqueles que precisavam se ausentar de casa por longos períodos, doando seu tempo e seus esforços para o bem comum.

Quando falo em alegria hoje em dia para nossos clientes, costumo ser mal interpretada, pois as pessoas, de forma geral têm dificuldade em aceitar que as dificuldades da vida devem ser levadas dessa forma.

"Como estar alegre diante de uma vicissitude?", certamente perguntaria a maioria.

Sei que é difícil esse entendimento, mas para que possa ser compreendido é preciso que tenhamos uma visão mais clara do que a alegria significa. A meu ver a alegria é uma combinação de fé e resignação, como já falei em outras oportunidades.

A resignação é o ato de se compreender que nem tudo pode ser do jeito que gostaríamos que fosse, isto é, as pessoas não têm que pensar pela nossa cabeça; não têm que usar o mesmo sistema de crenças que usamos e a vida geralmente não está aí para atender as nossas expectativas.

E a fé, que absolutamente não é um conceito apenas religioso, é o ato de se compreender que aquilo que nos acontece é, provavelmente, o melhor para nós naquele momento.

"Como assim?", perguntariam, um tanto indignados, na medida que todos nós adoramos nos queixar e reclamar da vida.

"Como não conseguir aquele cargo de chefe pode ser melhor, por exemplo?", continuariam.

Bem, o fato é que o ser humano precisa aprender a pensar grande, isto é, precisa aprender a considerar a vida atual como uma continuação de outras vidas. A hipótese da reencarnação liberta o homem de muitas de suas dores ou daquilo que ele acha serem as suas dores.

Se somos seres eternos estamos, naturalmente, nessa sucessão de vidas, buscando um aprimoramento que nos leve a sermos cada vez mais felizes. E se estamos então aprendendo, é óbvio que não aprendemos ainda tudo aquilo que tínhamos para aprender.

Diante das dificuldades da vida neste nosso planeta, no estágio de transição em que ele se encontra, costumo brincar com as pessoas e dizer que se já tivéssemos aprendido tudo, provavelmente não precisaríamos mais estar aqui e talvez estivéssemos no céu tocando uma harpinha dourada, vestindo um camisolão e deitados numa nuvem, olhando os outros aqui embaixo sofrerem.

Mas como ainda estamos aqui, tenho observado no decorrer dos anos, que cada indivíduo veio para aprender uma coisa específica.

Uns vieram para serem menos egoístas, outros para serem mais generosos, outros menos vaidosos, outros ainda menos preguiçosos, por exemplo. Mas a maioria de nós veio com certeza para aprender a ser menos prepotente, pois todos queremos que tudo seja do nosso jeito, ou não?

Duvido que exista alguém que possa dizer em sã consciência que não se importa em abrir mão do seu jeito de pensar ou agir sem sofrer de alguma forma, mesmo que não demonstre. E o sofrimento habitual nesses casos geralmente é a irritação, com suas diversas facetas.

Ah! Sim, porque muitos dizem que não se irritam e que são muito calmos. Quando confrontados percebem que são muito calmos quando tudo está saindo do jeito que esperavam, isto é, o verdadeiro temperamento só aparece no momento em que o indivíduo é contrariado.

Dizer que fulano é calmo quando tudo está bem não tem qualquer significado. Quero ver o tal fulano continuar calminho e feliz quando suas expectativas não forem consumadas; quando a esposa bater o carro, quando o filho tirar nota baixa na escola ou quando for preterido num cargo na empresa.

É preciso também compreender que a irritação pode se apresentar disfarçada, digamos assim, de tristeza ou então da hoje, tão popular, depressão. As pessoas que têm tendência à depressão são pessoas que, no fundo, querem mesmo que tudo seja do seu jeito e que não toleram ser contrariadas.

Todas, sem exceção, relatam o início de suas tristezas ou de sua depressão após alguma pequena ou grande contrariedade na vida. Algumas foram abandonadas pelo ser amado, perderam um ente querido ou passaram por dificuldades econômicas, por exemplo.

Outras simplesmente não tiveram seus desejos realizados, foram preteridas ou passadas para trás. Ou acham que estas coisas aconteceram.

Num primeiro momento diante dessas vicissitudes, o sentimento é sempre a irritação, a mágoa, o ressentimento ou a raiva, como se dissessem:

"Como a vida fez isso comigo?".

Até compreenderíamos a tristeza que se seguiria a esse tipo de impacto emocional, pois não importa muito se uma coisa importante aconteceu de fato, mas se a pessoa acha que a tal coisa aconteceu, ou a versão pessoal que ela dá a um acontecimento.

O problema é que o tal sentimento de tristeza, que deveria ser rápido, como todo sentimento verdadeiro, acaba se tornando uma espécie de sentimento favorito, cuja causa vai se perdendo no tempo.

Num segundo momento, na medida que a vida não se importa absolutamente com seu sofrimento e continua simplesmente seguindo em frente, vem o abatimento e começa a depressão.

Nesse estágio a pessoa pode então expressar o sentimento favorito, que é a tristeza, ou a falsa tristeza, como ficaria melhor dizer, e pode também desenvolver mecanismos para chamar a atenção das pessoas com suas queixas de como a vida é ruim e de como ninguém faz nada para ajudá-las, além de não serem amadas.

As pessoas já não compreendem mais essa tristeza e com o tempo passam a não dar mais as respostas esperadas pelo depressivo ou atenção àquele queixume sem fim.

Na verdade, aquelas queixas crônicas que são geralmente seguidas de movimentos histéricos, isto é, não dirigidos à solução do problema, terminam por causar irritação e constrangimento nas pessoas que circulam à volta dela, que então se fecha e passa a pensar até mesmo em morrer. É como se dissessem:

"Parem o mundo que eu quero descer". E muitas vezes conseguem mesmo, exagerando a dose do remédio ou perdendo o equilíbrio na janela, no seu teatro inconsciente para ter a atenção das pessoas.

Se tivessem, desde o princípio, parado para pensar o que aquelas perdas, por exemplo, queriam dizer em relação àquilo que ainda tinham que aprender compreenderiam melhor os acontecimentos da vida.

Muitas vezes precisamos aprender a nos resignar com as perdas, ou aprender a viver com menos, ou sermos menos implicantes ou possessivos com as pessoas, por exemplo.

Outras vezes, ante nossos problemas de nascimento, como um defeito físico ou a cor ou o sexo que não queríamos ter, ou até mesmo a família que desprezamos, sempre poderíamos parar e pensar:

"O que eu tenho para aprender tendo nascido nesta ou naquela circunstância?".

Muitas vezes precisamos aprender a ser menos orgulhosos, mais solidários, menos despóticos e daí para frente.

É só cada um olhar para os lados e para sua própria vida, lembrando o lugar e a família na qual nasceu, a condição social em que vive e tudo o mais, para ter uma clara noção das lições que ainda faltam aprender para que possa ser mais feliz.

E, naturalmente, só conseguirá fazer isso no momento em que parar de se queixar.

Nesse momento então poderá transformar a dor, o sofrimento e aquilo que chama de problema, numa oportunidade de aprendizado. Estará, por consequência, deixando de ter um problema para ter novas oportunidades. A isso damos o nome de fé.

Juntando essa fé, que só mesmo a vida pode ensinar, na medida que ainda não conseguimos nascer com ela pronta e operante na maioria das vezes, à resignação de que tudo não pode mesmo ser do nosso jeito, teremos então a alegria em nossas mãos.

Aquela alegria serena que dá tranquilidade ao espírito e afasta dele os momentos de desesperança e dor prolongada.

Como nenhum de nós faz muito nada disso, sofremos. Assim como Leo e assim como Levin. Assim também como os muitos outros personagens nesta longa trajetória de nosso jovem cliente pela história da humanidade, neste ou em outros planetas.

Levin teve a oportunidade de encerrar esse ciclo de sofrimento muito cedo, o que talvez tivesse poupado Leo de um sem número de reencarnações dolorosas.[*]

Teve a oportunidade, pois viveu, como a maioria de nós, num lugar onde a média das pessoas já tinha aprendido a ser feliz. Viveu na doce Zangadahr, o belo planeta das estrelas gêmeas, onde as pessoas eram brandas e amorosas. Nada aprendeu.

Não aproveitou e condenou a si próprio a uma longa e dolorosa jornada de recuperação por outros mundos, numa decadência impiedosa, até chegar aos dias de hoje, quando ainda não tinha aprendido totalmente suas lições, mas já se esforçava por ser um bom aluno.

Voltando a Illyan, ele armou seu coração de toda a bondade e sua mente de toda a paciência possível para ajudar o companheiro, cumprimentando-o efusivamente quando o instrutor separou os aposentos entre a turma.

Abraçou-o e falou, sinceramente comovido:

"Veja só Levin. Estamos a milhares de quilômetros de casa e vamos ficar juntos de novo. Como a vida é boa, não?", e continuou: "Minha mãe nem vai acreditar quando eu contar a ela que encontrei você aqui e que dividiremos o mesmo espaço".

"Nem eu", pensou Levin, aborrecido com a situação inusitada. Preferiria, sem dúvida, ter conseguido um alojamento só para si.

"Estive na estação da lua de Quion e lá fiquei com um rapaz de Sentuir; mas seus hábitos eram tão diferentes que tivemos

---

[*] Na obra, *Tempo de Amar — A Trajetória de uma Alma*,[1] são narradas as 16 vidas de Leo no planeta Terra, que vieram antes de sua aventura pelas estrelas, onde, após cada uma delas, o espírito sofre na espiritualidade.

que trocar de quarto. Você conhece aquele povo. Ele dormia de dia e trabalhava à noite. Além disso comia coisas estranhas. Não conhecia a nossa música nem nossos costumes".

Levin o olhava em silêncio, evidentemente constrangido com aquele abraço, mas Illyan parecia não se importar e continuava:

"Até que nós gostávamos, mas estávamos atrapalhando um ao outro e aí decidimos ficar com alguém de uma raça mais parecida com a nossa. No fim deu tudo certo e até ficamos amigos. Aprendi uma porção de coisas sobre os planetas de classe 2 daquele quadrante com ele. Ainda nos falamos pelo monitor cósmico de vez em quando".

Levin o afastou com a delicadeza que pôde encontrar.

"Que interessante", falou, na tentativa desajeitada de ser simpático. Até tentou sorrir.

Virou-se, apanhou suas coisas e saiu à procura do alojamento. O jovem Illyan sorriu pensando como aquilo seria difícil. Decidiu que faria tudo o que pudesse. Pegou suas coisas e o seguiu. Não tinha nem idéia do que viria pela frente.

Tiveram alguma dificuldade de achar o deck dos novos alojamentos porque, na confusão, se esqueceram de ligar o processador e usar o cartão que Laars lhes tinha dado.

Illyan carregava uma porção de maletas, ao contrário de Levin, que levava apenas uma mala de tamanho médio. Levin terminou por ajudá-lo, já que não lhes foi emprestada nenhuma das esteiras deslizantes.

"Por que você carrega tanta coisa?", perguntou irritado com a atrapalhação do amigo.

"Ah! Tantas coisas. Tem até um pacote de doces que minha mãe mandou. Ela comprou numa feira de culinária antiga, em Zangadahr. Daqui vou fazer umas excursões a alguns planetas de classe 3, onde a atmosfera é pesada e o frio intenso. Então vim preparado para isso também. Botas e roupas climatizadas, essas coisas. Faz parte da minha pesquisa o estudo mais aprofundado sobre esses povos para tentar acolhê-los mais

Os Filhos das Estrelas 105

apropriadamente nas grandes estações. Justamente para não acontecer o que aconteceu com meu amigo na estação da lua de Quion. Ele estava mal adaptado com os costumes. Você sabe como é."

"Eu sei como é", respondeu, desinteressado daquele assunto e arrependido de ter perguntado. Pelo visto Illyan era um tagarela.

"Era só o que me faltava", pensou. Nem mesmo se lembrava dele dos tempos de Grann. Naqueles tempos só tinha olhos para Klini e Kaao.

Passaram por incontáveis corredores. Subiram e desceram de rapidíssimos elevadores que funcionavam acionados pela voz de seu ocupante.

Illyan estava achando tudo muito divertido; aquele se arrastar para lá e para cá da estação carregando uma porção de malas. Ia cumprimentando as pessoas e distribuindo sorrisos. As pessoas sorriam muitas vezes de volta, divertidas com a situação dos dois rapazes, evidentemente perdidos.

Finalmente conseguiram chegar aos alojamentos do pessoal permanente, que ficava numa ala desconhecida da estação para Levin, pois nunca se interessara em explorá-la, ao contrário dos outros estudantes, e que não passava de um quartinho apertado com grandes camas tipo prateleira.

Sob cada cama havia uma estação completa de trabalho e estudo, com monitor cósmico individual e tudo o mais que fosse necessário, dando bastante conforto nesse sentido aos estudantes.

De sua estação particular cada um desfrutava de ampla janela que dava para o lado de fora da estação, aberta para o espaço e de onde se podia observar as estrelas e o movimento das naves em seu ir e vir.

Illyan exultou.

"Olhe Levin", chamou, sentando-se na confortável poltrona sob sua estação de trabalho.

"Que sorte que nós demos. Nossos aposentos têm janelas

externas. E olhe que instalações para estudo. Temos tudo o que precisamos. Até parece que estamos em casa", falava enquanto examinava aquele sem número de dispositivos e comandos à sua frente e nos braços de sua poltrona. "Temos até um pequeno processador de alimentos. Veja só! Podemos tomar uma bebida quente sem sair daqui. Venha, vamos experimentar", estava encantado com o pequeno aposento que lhe serviria de morada naquela temporada.

Levin, por sua vez, simplesmente desempacotava suas coisas quase sem sequer ouvir o alegre companheiro. Não se deu ao trabalho de olhar pela janela e não se deixou contaminar pelo entusiasmo dele.

"Que bobagem. Que infantilidade", resmungava para si mesmo, pensando nas coisas "importantes" que viera fazer.

"Será que ele não pára nunca de falar?", pensou.

Jogou tudo dentro do armário de qualquer jeito e acionou a porta, que se fechou silenciosamente. Subiu para sua cama e acionou o outro monitor individual que havia na parede aos pés de cada uma delas.

Colocou no ouvido um pequenino fone portátil, do tamanho de uma moeda, que possibilitava ouvir o monitor com exclusividade. Isso encerrava a conversa.

Illyan o olhou com um suspiro, quando se apercebeu da atitude de distanciamento.

"Isto não vai mesmo ser fácil", pensou, enquanto arrumava suas coisas com capricho e verdadeiramente feliz por estar ali. Falou com os pais em Zangadahr e pediu que eles dessem também notícias aos pais de Levin.

Decidiu esquecer Levin, que dormia, por uns momentos e se deliciar com a bebida quente que havia conseguido no processador. Conseguiu também uma espécie de bolo duro de frutas secas, muito popular naquela época entre os jovens.

"Vamos ter uma longa temporada por aqui", concluiu, enquanto mastigava o bolo, pensativo.

Toldan era um homem de estatura média, moreno claro e

já passado nos anos. Usava botas e roupas cinzas de mangas compridas, que brilhavam na luz artificial da estação e que pareciam apertá-lo, como um uniforme de tecido acolchoado. Por cima se via um colete pesado, aberto e comprido, até a altura de seus joelhos.

O cabelo cuidadosamente penteado para trás e grudado na cabeça, como se tivesse sido passado algum gel, mais a pele pálida e um começo de olheiras conferia-lhe um ar sinistro, se comparado à jovialidade e ao aspecto saudável da maioria das pessoas.

Era homem de poucas palavras e parecia não dormir nunca. Era oriundo de um planeta de classe 1, da mesma constelação de Zangadahr chamado Trorium, tido também como um dos mais importantes da federação.

Trorium era um lindo e pequeno planeta, onde predominavam as partes molhadas, como a Terra, habitadas por pessoas da mesma raça de Zangadahr e também de costumes muito semelhantes.

Apesar de pequeno, ele era responsável por grande parte do desenvolvimento de um tipo de liofilização de alimentos através de sofisticadíssimas máquinas, que propiciavam embalagens minúsculas, tipo comprimidos ou pequeninos sachês para refeições completas.

Além disso, também fornecia tecnologia de última geração para os grandes telescópios espaciais; de lá haviam surgido várias gerações de grandes astrônomos, desenvolvedores por assim dizer, desses complexos instrumentos.

Toldan fazia parte dessa história e, com o tempo, havia se tornado o melhor, fixando sua base de trabalho em Linie, embora viajasse por toda a galáxia com seu séquito de assistentes, aprendizes e admiradores, aos quais dedicava uma migalha de seu tempo.

Levin ficou dias esperando ser chamado ao observatório. Enquanto isso se debruçava nos estudos com o intuito de não fazer feio na presença do grande mestre, se este o inquirisse de alguma coisa. Comia uma coisa ou outra ali mesmo no alojamento para não perder tempo e permanecia com as luzes do quarto acesas o tempo todo, mesmo enquanto dormia, para o desgosto de Illyan, que preferia dormir no escuro.

Não que Levin fosse do tipo dado a medos ridículos. Apenas achava que detalhes, como apagar as luzes, eram uma besteira, assim como tirar o lixo para os vaporizadores espaciais ou ainda inutilizar os objetos descartáveis, como canecas e pratos, por exemplo. Ficava tudo amontoado pelo chão e por cima de sua estação de trabalho.

Nos primeiros dias o companheiro, pacientemente, fazia a limpeza, mas depois foi orientado pelos instrutores a exigir que Levin fizesse sua parte.

Criaram os instrutores, especialmente Laars, pequenas inspeções no alojamento com o intuito de fazê-lo viver de uma forma mais normal, limpa e organizada.

Levin nem se apercebia que era apenas o seu alojamento que era inspecionado e reclamava bastante ter que perder preciosos minutos de seu tempo com aquelas bobagens.

"Tudo pela ciência!", pensava resignado.

Os estudantes haviam chegado algumas semanas antes da temporada começar para um período de adaptação e, com o tempo livre, todos percorriam a grande estação para conhecer as instalações e as pessoas, assim como para verificar novas possibilidades de estudo que ainda não tivessem sido cadastradas.

Também usavam o tempo para se confraternizarem e fazer novos amigos, organizando pequenas festas e encontros esportivos, nas grandes facilidades do complexo orbital.

Por todos os lados da estação a vida fervilhava com o ir e vir de centenas de pessoas que a usavam apenas como pouso seguro entre suas viagens espaciais.

Nota:

[1] Guimarães, Maria Teodora Ribeiro, *Tempo de Amar - A Trajetória de uma Alma*, Limeira, SP, **EDITORA DO CONHECIMENTO**, 2004.

Capítulo 5

Toldan: O grande mestre

... a iniciação do mal ...

"Ora, a existência do mal tem constituído realmente difícil problema filosófico e teológico. Grandes pensadores eclesiásticos e leigos têm esgrimido com ele ao longo dos séculos. O questionamento é compreensível, se nos plantarmos dentro de um território de idéias que admitem dogmaticamente uma única existência para o ser humano.

... Deus não seria bom ao criar seres destinados ao inferno e nem justo, ao criar privilegiados, já com o céu garantido. Ou, então, ele não seria onisciente, por não saber como as criaturas iriam resolver seus conflitos para merecer uma ou outra destinação.

... O problema do mal precisa, portanto, ser colocado em outro contexto filosófico-religioso que a doutrina das vidas sucessivas (reencarnação) veio finalmente oferecer. De acordo com essa antiga crença — hoje amplamente demonstrada — o ser humano conta com a oportunidade de numerosas passagens pela matéria densa. Em ciclos alternados na dimensão espiritual ou acoplados a um corpo físico, vai realizando seu aprendizado, corrigindo desvios de comportamento e desenvolvendo seu projeto evolutivo através dos milênios, até os mais elevados patamares da perfeição".

Hermínio C. Miranda

Capítulo 5
Toldan: O grande Mestre

Toldan estava de pé, em frente a um grande painel que mostrava, naquele momento, aquela parte da galáxia, com sua imensa quantidade de astros e estrelas. Tinha um controle nas mãos de onde mudava as telas ou as aproximava para visualizar melhor algum detalhe, nos intrincados gráficos que se alternavam em velocidade.

O laboratório era de uma luz azulada e escura, provavelmente para facilitar a visão dos pesquisadores e funcionários, no meio de uma proliferação fantástica de vídeos e painéis por todos os lados. Havia uma silenciosa agitação, com as pessoas se movimentando para lá e para cá.

A maioria usava roupas também escuras; uma espécie de uniforme, com botas curtas, acolchoadas e calças justas por dentro delas.

Parecia uma roupa de uma peça só, dividida por um cinto onde havia botões digitais de controle para algum tipo de aparelho. Outros controles apareciam no lado esquerdo da blusa de mangas compridas, na altura do peito.

Como em toda a estação ali era bastante frio e as roupas eram adequadamente preparadas para a temperatura, parecendo ser confeccionadas de um tecido grosso, porém leve e flexível. Tinham bolsos nas laterais das mangas e das pernas, fechados por algum sistema imperceptível.

Levin olhou para tudo maravilhado. Estava no salão central do grande observatório. Adorava aquele lugar, mas nunca tivera acesso para trabalhar diretamente ali. Sempre havia ficado em laboratórios adjacentes, quando de suas vindas anteriores à estação.

Mal tinha podido entrar ali anteriormente e sempre havia se contentado com olhadelas de passagem ou observações de estudo quando sua senha era liberada.

Achava aqueles uniformes fantásticos e quase não acreditou quando uma mulher veio discretamente em sua direção e o convidou a trocar de roupa num vestiário próximo.

"Finalmente faço parte da equipe de Toldan" — pensou orgulhoso ao se admirar numa espécie de espelho dentro do vestiário. Passou a mão pelo peito para sentir o tecido macio do uniforme, extasiado.

Alguns técnicos, dois homens e uma mulher, que também se trocavam, olharam bondosamente para ele, compreendendo a emoção daquele momento. Sorriram e um dos homens se aproximou colocando a mão fraternalmente em suas costas.

"Bem-vindo meu jovem", falou alegre. "Espero que goste daqui".

Era Dal'shir, um tipo de engenheiro do planeta Zondihr, o mesmo de seus colegas Askar e Aine. Um sujeito simpático que com o tempo também tentaria ser uma espécie de anjo da guarda de Levin, aliando-se a Laars e Illyan na tentativa de salvá-lo.

Levin estava tão eufórico que nem notou a intimidade de Dal'shir. Simplesmente sorriu de volta. Sorriu para todos, num raro momento de felicidade genuína.

Os outros se aproximaram e se apresentaram. Zunira e Edon eram astrônomos de Zangadahr mesmo e também haviam estudado na escola de Grann. Fizeram comentários amistosos que Levin não ouviu.

Apenas meneava a cabeça como se estivesse entendendo, mas simplesmente se olhava no espelho, como que hipnotizado.

Maria Teodora Ribeiro Guimarães

Tinha a impressão que esperara por aquele momento a vida toda.

Todos riram da situação, pois parecia abobado de felicidade, achando-o um rapaz simpático, pois sorria sem parar. Mal sabiam que ele sorria era para si mesmo. Terminaram puxando-o para fora e conduzindo-o de volta para o grande salão. Pelo caminho iam apresentando-o aos demais técnicos, que sorriam e abanavam as mãos.

Edon e Zunira ficaram em seus postos pelo caminho e Dal'shir perguntou:

"Quem é seu instrutor? Precisa falar com ele para saber o que você vai fazer".

"Toldan", respondeu simplesmente.

Dal'shir riu e falou calmamente:

"Toldan é o superior, meu caro amiguinho. Poucos se dirigem a ele pessoalmente e certamente um recém-chegado não irá ser orientado diretamente por ele. É muito ocupado".

Levin olhou para ele em silêncio e repetiu:

"Toldan. Foi ele que me deu os créditos para vir para cá. Não foi designado nenhum outro instrutor nesta área para mim", insistiu.

Dal'shir percebeu que ele parecia falar sério e embora achasse estranho, apontou para Toldan, do outro lado do salão. Dava para ver que ele continuava de pé, atarefado atrás das grandes máquinas que pendiam do teto no meio do salão.

"Bem, neste caso você deve ser um predestinado, pois nunca vi isto acontecer. O melhor então é você falar com Lohar, que é o primeiro assistente dele. Boa sorte". Mostrou a ele quem era o assistente e foi cuidar de seus afazeres, sorridente.

Virou-se e avistou Lohar, que era um homem forte e atarracado. Levin reconheceu imediatamente que ele era do planeta Sinerium, de classe 3, do outro lado da galáxia.

Os habitantes de Sinerium eram conhecidos pelo mau humor, no sentido de não se interessarem por piadas, festas ou brincadeiras. Como todas as diferenças na federação eram respeitadas, eram aceitos de forma normal. Aqueles que se qualificavam para o trabalho nas instalações orbitais ou outras instalações da federação, haviam com certeza se destacado em suas áreas de atuação, especialmente nas ciências e, com o sinerianos, isso não era diferente.

Os povos dos planetas de classes 3 e 4 não haviam ainda desenvolvido a mesma maturidade espiritual dos de classe 1 e 2 e, nesses lugares, o crime e a desordem ainda eram relativamente comuns, não podendo ainda os cidadãos de bem viverem em completa paz.

"Parece a Terra", comentou Leo com um suspiro.

Nem me dei ao trabalho de responder. Apenas suspirei também.

Levin olhou atentamente para Lohar. Conversava com dois outros homens em tom confidencial, numa rodinha. Ambos igualmente sinerianos, assim como vários outros técnicos ao redor do salão e também por toda a estação.

"Acho que vou me dar bem com ele. Sei que eles também não ligam para futilidades e não ficam de risadinhas", pensou, identificando-se, enquanto caminhava em sua direção, sinceramente satisfeito.

Levin sabia de algumas de suas vidas passadas em planetas de classe 3 e 4 e nutria certo prazer com as lembranças espontâneas que tinha.

Como quase todos os habitantes de Zangadahr, tinha flashs de vivências passadas, mas ao contrário da maioria, não as usava para seu aprimoramento.

Pareciam nada mais que aventuras interessantes onde seus personagens, geralmente não muito bonzinhos, cometiam todo tipo de crime, sem ter que se submeter a regras severas de boa convivência, como hoje na sua vida atual.

Esquecia-se que na maioria das vezes o final das vidas não havia sido tão interessante, com mortes trágicas e muitas vezes com muito sofrimento. Divertia-se pensando nas alternativas que daria aos problemas que os personagens tiveram, para que eles não caíssem nas mesmas desgraças no fim daquelas vidas. Em uma delas, por exemplo, havia sido morto numa espécie de bar, no meio de uma briga entre duas quadrilhas de exploradores de escravos. Vivia num planetinha classe 4 e roubava pessoas de seu próprio planeta para vendê-las a mineradores em planetóides ainda não federados.

Em outra lembrava-se de ter sido uma mulher gananciosa que assassinara o próprio marido para tomar conta sozinha do pequeno negócio de exportação, numa doca espacial de quinta categoria; terminou sendo presa e mofou numa das prisões da federação até a morte, pois era extremamente rebelde e não se regenerava.

"Aproxime-se", era Lohar, em tom grave.

Nem havia percebido que já estava próximo e que ele o observava, assim como os outros dois. Os três o olhavam de forma séria e impessoal, mas não agressiva; bem da forma de ser dos sinerianos. Pareciam indiferentes nas relações humanas, robotizados.

Aproximou-se em silêncio e esperou.

"Você é Levin, não?", perguntou o assistente, examinando-o de cima até embaixo.

"Sim", respondeu calmamente, sem se importar e sem se mostrar nervoso. Quase nada o deixava nervoso além de gente tagarela e das obrigações sociais e familiares.

Achava normal ser examinado desta forma. Afinal, sentia-se quase uma celebridade, depois do que ouvira de Dal'shir. Não supunha que sua posição não fosse normal. Não achava que Toldan fosse homem dado a abrir exceções.

"Venha. Vamos conversar", apontou-lhe o caminho indicando que podia ir à frente e com um gesto dispensou os outros dois, que se foram sem uma palavra.

Havia muitas salas cobertas por uma bolha de um material transparente, como vidro, onde os principais técnicos trabalhavam e promoviam suas pequenas reuniões, como aquela.

Lohar confirmou as palavras de Dal'shir sobre o interesse

Os Filhos das Estrelas

de Toldan sobre ele. Achava-o, até prova em contrário, bastante adequado para ser treinado dentro da equipe, que deveria em pouco tempo começar uma renovação.

Por alguma razão desconhecida por Levin na época, muitos assistentes diretos de Toldan haviam morrido ou desaparecido em circunstâncias estranhas ou trágicas.

É verdade que quando se falava de viagens espaciais para pesquisa em lugares distantes, sempre havia um risco maior a se correr, como de resto toda atividade militar da frota estelar.

O grupo de Toldan era tido dentro da frota e da federação como heróico, pois persistia, apesar das inúmeras "desgraças" que se abatiam sobre ele.

Um observador atento talvez verificasse que a verdade não era exatamente aquela. Apesar da maioria dos habitantes dos planetas de classe 1 terem dons paranormais e poderem sentir as verdades e as mentiras que emanavam das pessoas, ninguém era dado a ficar se preocupando com coisas desse tipo.

O grupo todo era tido como um pouco excêntrico, não só em função da personalidade de seu chefe, conhecida por todos, mas também do número significativo de sinerianos que dele faziam parte, pessoas um pouco indecifráveis para a maioria.

O que ninguém questionava, todavia, era sua competência e seriedade, mesmo porque nada havia que pudesse desabonar a conduta de quem quer que fosse.

Lohar gostou dele, de seu jeito parecido com o da gente de sua terra. Estivera um pouco apreensivo sobre o rapaz que Toldan dissera ter escolhido como talhado para fazer parte da equipe.

Sabia que o chefe não era dado a escolhas erradas; admirava-o, mas não queria saber de meninos festivos e intrusos por ali.

Levin era do tipo calado e pouco dado a manifestações de afeto. Não sorriu e somente fez perguntas práticas, o que agradou a Lohar.

"Você fica sob a minha guarda por enquanto. Recebi seus

programas de estudo e sei exatamente do que você é capaz. Não estamos aqui atrás de gênios e sim de gente que se encaixe na equipe mais próxima de Toldan. Você é jovem e tem muito a aprender, mas parece que veio ao lugar certo". Ele falava e depois fazia grandes silêncios, ignorando a presença de Levin, pois ao mesmo tempo monitorava um painel em sua mesa de trabalho, preocupado com alguma coisa.

Levin também gostara dele. Sua atitude, em vez de aborrecê-lo só fez por deixá-lo ainda mais entusiasmado.

"Um verdadeiro cientista", pensou, enquanto o observava, imaginando quando estaria sentando numa poltrona como aquela.

Lohar o olhou como se lesse seus pensamentos, embora os sinerianos geralmente não tivessem essas faculdades psíquicas muito desenvolvidas.

"Não tenha pressa", falou de um jeito abafado, inclinando-se na sua direção e criando uma atmosfera de cumplicidade.

Levin sentiu-se extremamente confortável naquela presença, talvez estranha aos nossos olhos.

Leo não tardou a comentar, usando uma gíria dos nossos tempos:

"Que sujeitinho esquisito esse Lohar, não? Sinistro".

"Não avalie, apenas me descreva o que acontece", intervi, embora achasse a mesmíssima coisa.

Quando fazemos uma regressão o ideal é que o cliente não expresse seus comentários durante o processo, para que sua personalidade atual interfira o mínimo possível no personagem do passado, mas como se vê, isso é absolutamente impossível em determinados momentos, especialmente ante relatos tão inusitados.

Os sinerianos não tinham dons extra-sensoriais tão desenvolvidos como os dos zangadahrianos e de outros povos, mas uma forte empatia havia se formado entre os dois. Talvez Lohar adivinhasse seus pensamentos apenas porque pensavam de forma parecida e ele, na sua juventude tivesse pensado da mesma forma.

"O que devo fazer?", perguntou Levin, prestativo e ávido para começar a circular por ali.

O assistente se recostou na poltrona e continuou a olhá-lo friamente.

"Muito bem. Se você quer trabalho vou deixá-lo a cargo de Zidahn".

"Zidahn? Quem será essa pessoa?", pensou, imaginando que ele iria levá-lo à presença de Toldan. Ficou meio decepcionado, mas não deixou transparecer.

Lohar não pareceu ter notado, aliás, não demonstraria mesmo que o tivesse feito e simplesmente ordenou que procurasse pelo assistente. Dito isso, simplesmente se levantou e saiu, deixando-o sozinho.

Levin ficou por ali, examinando os painéis da sala, sentindo-se muito importante por ser tido como pessoa de confiança.

Não só era admitido no grupo como também era deixado só e à vontade num lugar cercado de segurança por sua função estratégica e onde poucos podiam entrar.

Jamais trairia a confiança de Lohar, com certeza, pensou enquanto se levantava e saía em busca do assistente do assistente.

Não foi difícil achá-lo. Imaginou que ele certamente também seria um sineriano, no que acertou em cheio.

Ele trabalhava inspecionando algumas estruturas no alto de uma das grandes máquinas que se situavam no meio do salão, suspenso no ar por um mecanismo atado às suas costas, que o fazia levitar, como as esteiras de transporte.

Zidahn era realmente de Sinerium e Levin já estava se acostumando com a idéia dessa convivência. Aliás, estava achando uma maravilha trabalhar com pessoas que não iam ficar dando tapinhas nas suas costas e perguntando se tinha dormido bem.

Enfim, pessoas que não iriam se intrometer na sua vida e para os quais seus hábitos não iriam interessar nunca.

Ele era o mais jovem da equipe e parecia ter uns 25 anos. Levin notou pela primeira vez que usavam insígnias de posto ou patentes, como militares.

Pequenas peças arredondadas de um metal prateado, imantadas nos punhos do uniforme, como pequeninas moedas, onde havia alguns sinais gravados. Cada pessoa usava um determinado número de peças e cada qual com sinais diferentes.

Percebeu que seria bobagem perguntar o que seriam aqueles sinais e também aquelas insígnias já que não eram militares, resolvendo investigar depois por conta própria.

Aprendia rápido o que era e o que não era importante ali. E detalhes positivamente não eram importantes para aquela gente.

Cada vez gostava mais e sentiu-se até envergonhado de sua curiosidade, que, imediatamente, classificou de infantil.

Buscaria informações, mas apenas para se integrar melhor e compreender as propostas do grupo, pensou, mentindo para si mesmo.

Zidahn desceu e o cumprimentou:

"Venha Levin, eu já esperava por você", falou simplesmente enquanto se desvencilhava do aparelho de levitação e outros instrumentos de mão, que entregou a outro rapaz.

Pelo visto sua presença e seus passos ali eram inteiramente previsíveis. Percebeu satisfeito que estava num lugar onde não havia muitas surpresas. Também não gostava de surpresas.

Passou a trabalhar em companhia de Zidahn, tornando-se amigos, na medida do possível, já que ambos eram frios e distantes.

Saíam às vezes juntos do observatório para uma caneca ou duas de uma bebida quente chamada Cindiu, originária de Dagoniahn, um planeta de classe 2 na constelação de Zangadahr, que havia se tornado muito popular entre crianças e jovens e também para comer alguma coisa diferente, quando ambos estavam enjoados dos processadores de alimentos de seus alojamentos.

Os Filhos das Estrelas

Levin era a pessoa mais jovem que Zidahn havia encontrado na estação e que não se comportava de forma ridícula; a seus olhos os jovens dos planetas de classe 1 e 2 eram muito estranhos e eles formavam a maioria por ali. Não compreendia muito bem aqueles arroubos de afetividade, assim como o desperdício de tempo que eles cultivavam.

Levin pensava exatamente a mesma coisa sobre ele e não imaginava as outras atividades do amigo na estação, assim como também não imaginava as outras atividades de Toldan e seus auxiliares mais próximos.

Nenhum dos dois patrulhava a intimidade do outro; não se visitavam e nunca perguntavam onde o outro estivera ou aonde iria, caso não combinassem sair juntos, mesmo porque isso realmente não interessava.

O amigo passava dias desaparecido às vezes, e Levin tratava de cuidar de sua vida, assim como fazer a parte do trabalho que precisaria ser feito por Zidahn, quando isso interferia no seu trabalho e nos seus estudos.

Não recebia nenhum tipo de agradecimento, naturalmente, o que não o incomodava. Não conseguia, no entanto, deixar de imaginar as razões que o levavam a sumir com tanta frequência.

O tempo passou depressa sem que Levin tivesse tido a oportunidade de falar com Toldan, que continuava inatingível. Já participava de reuniões de trabalho onde ficava de boca fechada, para não falar besteiras.

Era inevitável sentir-se emocionado a cada vez que o mestre entrava e se sentava, quase à sua frente, na grande mesa ovalada onde toda a equipe se reunia.

Nem todos no observatório faziam parte da equipe pessoal de Toldan e o simples fato de estar lá, determinado por ele, já era uma glória ímpar. As pessoas pareciam não se importar em fazer ou não parte daquele grupo e continuavam a trabalhar alegremente, o que ele não compreendia.

Havia aprendido bastante naquele tempo todo e ganhado também a confiança de Lohar. Não era brilhante certamente, mas era absolutamente enquadrado no sistema.

Um dia, quase ao final de sua temporada, foi chamado por Toldan. Com o coração aos pulos correu a atender o chamado. Positivamente não era um sineriano como gostaria de ser.

Via-o quase todos os dias, mas ser chamado pessoalmente era uma novidade e quase uma honra, pois ele quase nunca lhe dirigia a palavra de forma significativa. No começo havia compreendido que estava sendo testado, mas agora, ao final de sua estadia já estava meio desanimado.

Por um lado esperava ser dispensado anonimamente, como todos, mas por outro sonhava que algo mágico acontecesse e que seria chamado a estar entre os pares de Toldan. De qualquer forma foi a seu encontro esperando um veredicto.

Toldan, como sempre, o olhava de forma grave, introspectiva e enigmática. Era um grande paranormal e não adiantaria esconder dele seus sentimentos, mesmo porque ele era de Trorium, planeta da classe 1.

"Não fique impressionado", falou-lhe Toldan quando lhe dirigiu a palavra pela primeira vez, convidando-o a se sentar na grande poltrona à sua frente.

Estavam em sua sala ovalada, muito parecida com a sala de Lohar. Ficava num plano um pouco elevado e dela se avistava todo o salão principal do observatório.

E continuou:

"Estou satisfeito com você. Tem as qualidades de um bom pesquisador e o espírito necessário de não se deixar envolver em coisas menores do dia-a-dia", falava pausadamente e Levin quase não acreditava no que ouvia.

Aquilo que a vida toda tinha sido um problema aos olhos da maioria das pessoas que haviam convivido com ele era uma qualidade aos olhos de seu mestre.

Sorriu sem querer, pensando naqueles idiotas que não paravam de atormentá-lo para que fizesse isto ou aquilo, porque era saudável ou interessante ou ainda que lhe traria alegria ou felicidade. Felicidade era aquele momento ao lado

Os Filhos das Estrelas

de Toldan.

"Eu compreendo você. Passei pelas mesmas coisas", tornou o professor, tirando-o num repente de seus pensamentos.

"As pessoas pensam que gente como você e eu, oriundos de um planeta classe 1, têm que entender a vida de uma forma preconcebida, cheia de sorrisos idiotas e confraternizações", Toldan continuava a falar, como se falasse para si mesmo e desse uma satisfação para suas próprias mágoas.

Olhava para fora, observando o vai-e-vem das pessoas, com um olhar turvo, sem de fato as ver. Olhava talvez para seu próprio passado.

"Nascemos no planeta errado meu caro Levin", riu com um certo sarcasmo e continuou:

"O que não deixa de ser interessante, porque assim a vida tem mais sentido e fica mais... emocionante, digamos", riu novamente. Levin nunca o havia visto sorrir sequer.

Estava mudo, olhando para o mestre com os olhos esgazeados. Nunca havia imaginado que fossem tão parecidos em sua forma de ver o mundo. Era inacreditável. Infelizmente ele não sabia a extensão exata do que Toldan estava falando.

"Vou partir para mais uma viagem e quero que venha também. Creio que está na hora de encerrar seus estudos ligados a Randahr Shefann. Posso recomendar isso a seu instrutor no CEAJ", falava com naturalidade aquilo que parecia um sonho para Levin, pois não tinha tido coragem, por si só de determinar o fim dos estudos nesse nível.

Não suportaria mais voltar para Randahr Shefann ou para qualquer outro centro de estudos avançados.

Tinha apenas 19 anos e os pais certamente colocariam muitos empecilhos. Sabia que não tinha forças nem disposição para lutar contra Edis e Nídia, embora fosse natural cada um determinar, baseado na própria consciência o encerramento dos níveis de estudo, após o ingresso nos CEAJ.

Os pais certamente não achavam sua consciência um parâmetro muito recomendável.

"Está dizendo que quer que eu trabalhe na sua equipe?", arriscou.

"Isso mesmo", respondeu distraído, pensando decerto em outras coisas. E continuou:

"Se você tem interesse devemos agilizar imediatamente sua situação, pois parto em poucos dias. Suponho que você não seja do tipo de mudanças complicadas. Gosto de gente com flexibilidade para estar em qualquer lugar a qualquer tempo".

Esquecendo-se que falava com o grande Toldan, deixou escapar, lembrando-se das poucas roupas "civis" nunca mais usadas que trouxera de Zangadahr e nos poucos objetos amontoados inutilmente no armário de seu alojamento, ao contrário de Illyan, que gostava de arranjar coisas e lembranças para mandar para a família e para os amigos e que tinha roupas diferentes para isso e para aquilo.

"Pois está falando exatamente com uma pessoa desse tipo", seu tom de voz era orgulhoso e decidido, o que pareceu agradar Toldan, que voltou a sorrir levemente, de forma aprovadora.

"Vou mandar providenciar seu cartão de créditos. De agora em diante você não depende mais de seus pais. Passa a ser um funcionário do observatório de Linie. Procure Zidahn que ele lhe dará as coordenadas de que necessita", fez um sinal para que ele se retirasse, pois Lohar chegava, com outros, para alguma reunião. Tudo era simples e objetivo para Toldan aos olhos de Levin.

"A vida certamente devia mesmo ser assim", pensou, concordando, enquanto se levantava e procurava não tropeçar para sair, tanta era a felicidade que sentia. Continuava a sorrir sem querer, sentindo-se abobalhado.

E Zidahn lhe contou, com a frieza e a ética, muitas vezes duvidosa dos sinerianos, do que se tratavam essas viagens.

Desde tempo imemoriais cientistas de várias partes da galáxia, se uniam em grupos como o de Toldan, do qual estava prestes a fazer parte, com o objetivo de questionar entre eles os valores da época, aborrecidos com a subserviência de todos ante os padrões de conduta aceitos pela federação dos planetas. Não aceitavam aquele estado de coisas.

A ciência não podia depender de créditos federativos para sobreviver. Além disso, existiam também intrincadas burocracias a serem vencidas cada vez que algum projeto inovador tinha que ser colocado em curso, o que muito aborrecia a todos.

Isso para não falar nas difíceis relações entre alguns cientistas proeminentes e a própria federação quanto aos conceitos do que devia ou não ser pesquisado, produzido ou ainda mesmo vendido.

Alguns cientistas não se importavam em produzir e vender produtos de segunda linha, por assim dizer, para povos menos esclarecidos de planetas classe 4 ou 5, que, de qualquer forma, não poderiam mesmo se utilizar de uma tecnologia muito avançada por causa das leis de não interferência planetária; o objetivo era, naturalmente o de desenvolver projetos proibidos na maioria dos planetas federados, mas de grande utilidade no desenvolvimento da ciência.

Tais projetos eram proibidos geralmente por sua periculosidade à saúde das pessoas, por sua agressão ao meio ambiente ou ainda por fugir às rigorosas regras ligadas às indústrias espaciais e bélicas.

Havia ainda projetos que não honravam os grandes acordos que decidiam quais planetas teriam prioridade sobre quais produtos, nas grandes Câmaras de Comércio e assim por diante.

Mas todo sacrifício devia ser feito pela ciência e tais cientistas, aliados a empresários dos mais diversos setores, não se importavam em ser, eventualmente, condenados pelos seus atos.

Levin ouvia a tudo de olhos esbugalhados, altamente impressionado com o relato. Jamais havia lhe passado pela cabeça que coisas daquele tipo podiam se fazer necessárias.

Acreditou em cada palavra e, como um cientista que se julgava ser, encheu-se da mais legítima indignação.

"Como podem ser tão rigorosos? Esses povos não podem

mesmo entender a diferença entre certas coisas e não estão sendo prejudicados, já que não conhecem nada muito diferente", falou de forma empolgada.

Parece mesmo que cada indivíduo acredita naquilo que lhe convém. E com Levin não era diferente. Zidahn olhava com a ponta dos olhos, de forma meio cínica, a reação de Levin. É claro que por trás daquele discurso pungente havia segundas e terceiras intenções. Tais cientistas e empresários não eram certamente os heróis com as cores que Zidahn os pintava.

Mas Levin não precisava saber disso agora. Toda aquela gente se escondia por detrás do manto crítico da ciência, aborrecidos não com a federação, mas com o vazio e o tédio que haviam criado para suas vidas.

Eram em sua maioria pessoas parecidas com Levin. Frias, insensíveis, sem amigos verdadeiros, egoístas e desequilibrados das mais diversas formas; todos incompetentes para desfrutar as benesses bondosas que a sociedade da época proporcionava.

Pessoas fora de seu tempo, com seus espíritos perdidos ainda num passado distante, querendo reviver emoções disparatadas, paixões ridículas pelo poder e pela ganância sem sentido naquele lugar onde todos tinham tudo de que precisavam.

Invejosos da felicidade alheia e impotentes para promover a sua própria, que foram se encontrando no decorrer dos tempos e criando verdadeiras quadrilhas, que roubavam, comerciavam e matavam se preciso fosse, pelo simples prazer do risco e do não enquadramento nas normas vigentes.

Muitos terminavam por acreditar na grande mentira inventada através dos tempos; acreditavam no heroísmo e no sacrifício necessário, seus e de suas eventuais vítimas.

Outros eram apenas indivíduos fracos, inocentes úteis abobalhados, ou ainda eram simples bajuladores sem ética e com pouco talento, que se deixavam levar por um punhado de tapinhas nas costas, se contentando em viver nas beiras das vestes dos grandes homens.

Os Filhos das Estrelas

"Tudo pela ciência!", era Zidahn ao final, terminando de forma pomposa as explicações.

"Tudo pela ciência!", repetia Levin, obediente.

"Por que será que mestre Toldan escolheu este sujeito?", perguntava Zidahn para Ezine, sua companheira do planeta Fardass, de classe 2, em voz baixa e com uma ponta de inveja.

Com ele tinha sido um pouco mais difícil. Chegou ao grupo pelas mãos de Lohar, até porque eram do mesmo planeta e ele havia sido seu professor.

Aquele pirralho chegava pelas mãos de Toldan, o que lhe conferia algum status, e embora não tivesse privilégios visíveis, certamente alguns planos especiais estavam reservados para ele.

Quebrava a cabeça pensando que Levin nem era o gênio que se pudesse destacar, ao contrário. Era o mais comum dos mortais quanto à inteligência.

Ezine era o gênio em questão e ninguém questionava sua presença no grupo. Era calada e distante.

Absolutamente insensível ao que quer que fosse, era sempre enviada para "missões" onde decisões rápidas precisariam ser tomadas, como executar testemunhas ou possíveis adversários.

Ela olhou para o amigo e simplesmente meneou a cabeça concordando. Desprezava seres medíocres e Levin com certeza era um deles, apesar de se julgar muito superior.

"Esse não vai dar em nada", sentenciou, sem se importar se Levin ouviria; enquanto isso, a poucos metros ele assistia entre, espantado e respeitoso, pelo monitor cósmico, alguns projetos do grupo, vinculado num minúsculo cartão que lhe fora entregue por Zidahn, a contragosto, mas por ordem de Lohar.

Tendo ouvido o que a moça havia dito e tentando não parecer estúpido ante aquela provocação, ele levantou a cabeça, e olhou sério para a dupla, que o observava com um olhar até certo ponto de deboche; queria entender do que se tratava aquilo tudo.

"Por que eu?", perguntou em voz firme, tentando controlar

os próprios nervos.
"Porque Toldan quer e quando ele quer alguma coisa isso vira uma lei que não deve ser questionada". Apesar de terem sido companheiros, Zidahn não nutria qualquer sentimento por ele, como de resto por ninguém; aliás, o mesmo acontecia com Levin e certamente encararia os fatos com a mesma frieza, caso a situação fosse ao contrário.
Leo parecia não aguentar tanta indiferença e não aguentou: "Mas que gentinha ruim. Com certeza se merecem", acompanhava a história com interesse e até uma certa torcida, como se não estivessem sendo vivenciados e relatados por ele mesmo, o que é comum acontecer no processo de terapia de vida passada.
Muitas vezes o cliente sai da regressão, nos olha com os olhos marejados e questiona, mais com ele mesmo do que conosco:
"Como isso foi me acontecer?", ou: "Como pude fazer tal coisa?", ou ainda: "Como puderam pensar daquela forma?", tecendo comentários sinceros, como se aquilo tudo não fosse com ele.
Levin, por sua vez não sabia o que pensar. Parecia óbvio que não obteria resposta alguma ali. Sabia que aqueles dois tinham inveja da preferência pessoal de Toldan por ele e de fato isso não o incomodava. Preocupava-se apenas com o passo que iria dar em sua vida.
Sentia-se à beira de um penhasco onde do outro lado havia um paraíso, mas se caísse no pulo, tudo terminaria, além de não ter volta.
Por mais insensível que fosse quanto à raça humana, não podia se esquecer do estilo amoroso de vida dos pais e da irmã, que embora muito o aborrecesse, estava profundamente gravado no seu inconsciente. O que estava prestes a fazer seria absolutamente inaceitável para eles.
Pela primeira vez na vida vivia um conflito. Teria que abandonar tudo o que sempre desprezara e de forma estranha,

uma parte de si sentia-se incomodada. Mas, em compensação, a outra parte falava alto.

Se tivesse se interessado em explorar um pouco mais as opções dentro do conflito, talvez não tivesse caído no penhasco. Mas Levin caiu e foi arrastado, galáxia afora, para um sem número de aventuras, que não tardaram, dentro de sua vida monótona, a conquistar sua mais fiel adesão, mas, por consequência, a enredá-lo num emaranhado de pequenos e grandes crimes, abafados sob a mentira que os movia.

Seu espírito se afundava mais e mais a cada dia que passava num lamaçal sem volta e o precioso tempo de sua vida foi sendo perdido nas teias de um desamor que o arrastaria, séculos a fio, por sofrimentos indescritíveis.

Capítulo 6
Badahn: As minas açorianas de Sinauri

... a terra dos condenados ...

"É preciso que o ser humano comece a adotar uma visão holística da realidade planetária e entenda de vez por todas que sua felicidade depende do equilíbrio e da harmonia do conjunto, pelos quais lhe compete trabalhar, em benefício próprio e de todos os que ama.

Como espécime dominante, deve o ser humano, neste momento importante de sua evolução, refletir sobre essa doença planetária chamada egoísmo, que acaba influindo decisivamente para o desajuste de todos os reinos da natureza e adotar atitudes altruístas, não apenas em relação à sua espécie, mas sim, em relação a tudo e a todos que compõem esta morada planetária.

Somente superando o egoísmo, esse sentimento paralisante que tanto mal traz a elas próprias é que as criaturas humanas poderão alegrar-se, começando a sanear todo o organismo, ajustando o intercâmbio de amor entre todos os componentes da "Mãe Terra", que lhe retribuirá com uma condição bem mais amena de vida, pois então devolverá como benesses e harmonia o amor ofertado pelo ser humano por toda a criação divina que viaja em seu bojo universo afora, cumprindo os desígnios do Pai".

Bezerra de Menezes

Capítulo 6
Badahn: As minas açorianas de Sinauri

Em sua primeira temporada completa na estação orbital Laars, Dal'shir, Illyan e mesmo Edon e Zunira tentaram, sem sucesso, trazer Levin de volta para a vida, da forma como ela deveria ser vivida.

Tentaram afastá-lo um pouco dos sinerianos, achando que ele não tinha estrutura para conviver com pessoas dessa raça, absolutamente inofensiva para a maioria, mas complicada para ele.

Convidaram-no para todo tipo de atividade saudável das quais participavam. Desde grupos de estudos, até jogos e pequenas festas. Mas Levin jamais aceitou qualquer convite, esgueirando-se com habilidade daquele convívio desagradável e tolo, a seus olhos.

Laars, instrutor do grupo de Levin, jamais se furtou a continuar tentando de tudo, mas ao fim da temporada já estava desanimado e se limitava a reportar ao conselho da CEAJ a situação.

O conselho enviou um professor especializado a Linie, especialmente para acompanhá-lo por um tempo, o que muito o aborreceu.

O professor, por sua vez um tipo de psicólogo, explanou completamente a preocupação de todos para com ele.

Fez recomendações de todos os tipos e também tentou de

tudo, mas Levin estava muito acostumado a esse tipo de interferência profissional em sua vida, desde os tempos da escola de Grann e era mais ou menos impermeável a essas abordagens. Seu espírito era ainda demasiadamente egoísta para assimilar determinadas coisas.

"Não vou nunca viver como todo mundo", resmungava para si mesmo, sem imaginar quão verdadeira seria essa afirmativa.

O tempo passou depressa. Morou em muitos lugares até voltar para a província de Mahji, sua terra natal, perto dos 35 anos.

Muito antes disso havia conquistado a conivência pessoal do grande Toldan, passando, literalmente, a viver à sua sombra. Para Zidahn nada mais restara a não ser aceitar sua presença. Ezine havia sido morta numa missão por uma patrulha especializada da federação e ninguém lamentou a sua morte.

Aliás, muitos morreram ou desapareceram ou ainda foram enviados às grandes prisões, sem que ninguém do grupo parecesse se importar, como no caso de Lohar.

Anos depois do ingresso de Levin no grupo, Lohar foi preso e enviado a uma das famosas prisões, de onde nunca ninguém mais teve notícias dele, até mesmo porque não houve qualquer interesse.

"Eles funcionam na base do rei morto rei posto", comentou Leo com um sorriso irônico, evidentemente torcendo contra o sucesso do grupo.

E continuou:

"Vão todos se danar, mais cedo ou mais tarde, com certeza, inclusive Levin. Ou devo dizer eu? Que estranho", suspirou.

Leo, assim como a maioria das pessoas, tinha grande dificuldade de assumir os personagens que foram algozes e sua tendência natural era relatar a história na terceira pessoa.

A princípio Levin chegou a estranhar a forma como as pessoas se relacionavam. Nunca até então fizera parte de fato de nada; nunca havia decidido que partilharia o que quer que fosse com ninguém e havia nutrido secretas e fantasiosas expectativas de que seus pares seriam mais interessados uns nos outros de alguma forma.

Não que ele se interessasse especialmente por alguém, mas decerto não acharia ruim se, quem sabe, encontrasse cúmplices com os quais pudesse sentar e rir das bobagens dos outros, os normais. Mas isso não aconteceu jamais naquele grupo.

Com o tempo percebeu que ele era exatamente igual a todos, ou que todos eram iguais a si talvez, o que não o desagradava inteiramente. Gostava muito de si mesmo.

Isto é, eram todos frios e insensíveis, mas não tardou a arranjar uma interpretação pessoal para a situação, determinando que a obra do grupo era por demasiado grande para que se perdesse tempo com conversinhas fúteis, mesmo que interessantes. Tudo pela ciência.

Foi só uma questão de adaptação, mas logo se acostumou. Acostumou-se a estar mais próximo de um projeto de grupo e não exatamente das pessoas, o que também não deixava de ser confortável.

Pouca gente por ali apreciava esse tipo de conversa mais íntima, tipo maledicência mesmo ou talvez nem mesmo ali ele tivesse sido capaz de conquistar um amigo verdadeiro, mesmo que de qualidade duvidosa.

Até então sempre havia trabalhado e vivido sozinho, eventualmente se reportando a este ou aquele, mas sem qualquer envolvimento mais motivador e muitíssimo menos pessoal, mesmo com Toldan. No fundo o que Levin sentia falta era do reconhecimento de Toldan, a quem elegera como o ser supremo do universo.

Apesar de sempre ter tido facilidade para as ciências, seu comportamento estranho nunca o colocara no rol das pessoas que eram de qualquer forma elogiadas e seu orgulho reclamava. E, de qualquer forma, estava mesmo longe de ser considerado um gênio.

O único com o qual continuava a se relacionar era Zidahn,

mas com o passar do tempo foram ficando enjoados, terminando por afastar-se completamente um do outro. Zidahn terminou partindo para Sinerium por algum motivo ignorado por ele e também nunca mais o viu.

Soube mais tarde que havia sido assassinado num entrevero com os mineiros de Asparluz, um pequeno planetóide permanentemente explorado por tipos como os homens e mulheres de Toldan.

Escândalos desse tipo não eram absolutamente abafados; mesmo sendo Zidahn um homem de ciências, o que era considerado era mesmo seu espírito. Amplos debates surgiam de quando em quando sobre esse assunto.

Embora as autoridades tivessem competência para apanhar e punir a maioria desses infratores, a grande preocupação, na verdade, era mais como salvá-los; como salvá-los, em vida, para poupá-los das terríveis punições que viriam certamente depois da morte.

Em muitos planetas a certeza da continuação da vida após a morte já era fato corriqueiro e a maioria dos habitantes desses lugares era paranormal, como em Zangadahr.

Era absolutamente inadmissível que pessoas sabedoras desse tipo de informação pudessem cometer tantos desmandos.

Havia enorme condescendência amorosa para com os seres cujas culturas ainda não haviam chegado a esse nível de entendimento, sendo suas crenças igualmente respeitadas e seus cidadãos igualmente punidos, mas com os demais, o sentimento geral era de desilusão.

Nessa altura Leo interrompeu o próprio relato para esclarecer:

"Imagine nosso mundo de hoje, até certo ponto civilizado, onde não é comum as pessoas normais saírem se matando por aí pelo simples prazer de matar. Imagine nosso mundo ser, de quando em quando, invadido por notícias de que boas pessoas, nossos bons vizinhos, estão envolvidos em crimes hediondos, mortes e falcatruas de todos os tipos. Bem aquele nosso vizinho que absolutamente não passa nenhuma necessidade e é um cidadão acima de qualquer suspeita."

Desta vez deixei-o desabafar, tanta era sua indignação, embora o assunto fosse o mesmo o tempo todo e ele não devesse avaliar o que acontecia durante a regressão.

Os Conselhos e outros departamentos de auxílio, assim como os cidadãos comuns compreendiam a evolução espiritual defeituosa desses indivíduos e embora soubessem que cada um devia decidir e responder por si, não poupavam esforços no sentido de tentar modificá-los.

O crime, de qualquer forma, era uma aberração sem sentido para aquela gente.

Voltando a Levin, ele quase nunca ia a campo. Sua função era quase sempre o planejamento. Era considerado incapaz de decisões rápidas, o que quase sempre era necessário no curso de uma missão.

Mesmo os considerados como muito competentes, como Ezine, frequentemente se davam mal nas tais missões, devido não só ao risco de serem capturados, mas devido principalmente às lutas entre grupos rivais, que geralmente terminavam em tragédias.

Parece que havia muitos Toldans à solta pela galáxia, "trabalhando" pela ciência, além de outros, mais descarados, que simplesmente admitiam o gosto pelo poder, pela desordem e pelo simples confronto à ordem estabelecida, oriundos geralmente de planetas classes 3 e 4.

Levin deixou de ser um jovenzinho a quem todos deviam tentar proteger e ajudar para se tornar simplesmente um homem esquisito e solitário, que era apenas respeitado em sua individualidade, mesmo porque ninguém sabia de suas atividades extras científicas.

Era tido apenas como mais um trabalhador do observatório e embora se estranhasse suas atitudes, as pessoas sentiam mais pena que qualquer outra coisa em relação a ele, mesmo porque, em função da alta rotatividade dos técnicos da estação, poucos ficavam o tempo suficiente para tentarem de alguma forma se aproximar dele.

Os oficiais da frota e os dos cargueiros, assim como os estudantes, sequer chegavam a conhecê-lo, a não ser aqueles primeiros cadetes, da turma de chegada de Levin à estação, dos quais prontamente se afastou.

Illyan terminou com louvor sua temporada em Linie e recebeu inúmeros convites para as temporadas seguintes em vários CEAJ. Acabou escolhendo por voltar para seu campus de origem, até mesmo para ficar mais perto de seus amados pais e amigos.

Tornou-se um grande pesquisador das relações humanas e seu trabalho terminou por ser amplamente reconhecido e aceito, sendo implantado em inúmeras estações orbitais e postos de pesquisas avançadas localizados em planetóides isolados pelos quatro cantos da galáxia.

Laars ficou pouco na estação, pois seu trabalho o levou para outras tarefas em vários planetas, seguindo sua carreira acadêmica como instrutor e professor.

Quanto a Dal'shir e seus amigos, apesar de continuarem na estação, terminaram por desistir dele, mais ou menos na mesma época de Illyan, pois começaram a achar que despendiam tanto de seu tempo, sem nenhum proveito para Levin.

Levin, por sua vez, quando ficou sabendo da desistência geral, através de Illyan, que ao fim da temporada veio se despedir e de certa forma lamentar seu insucesso, ao comentar que não tinha conseguido conquistar sua amizade, assim como nenhum dos companheiros, se rejubilou internamente.

"Nunca lhe pedi nada e de fato acho que vocês são intrometidos", reclamou entre dentes pela primeira vez a Illyan, que simplesmente se comoveu com a insensibilidade do colega.

Sorriu de leve e tentou, pela última vez, sabendo no fundo que jamais o veria de novo e que quando dele tivesse notícias, não seriam boas:

"Desculpe se o aborreci Levin, mas de qualquer forma

quero que saiba que se precisar de mim, a qualquer tempo estarei sempre pronto. E também sentirei saudades", encerrou, com sua sinceridade peculiar.

"Que bom que você está indo embora. Pena que não vão todos", pensou Levin, olhando para ele sem uma palavra e sem expressão no olhar.

Pobre Levin, que deixava, uma a uma, as oportunidades de salvação lhe escaparem das mãos. A cada bondosa pessoa que o destino colocava no seu caminho, dava um jeito de se esquivar dela.

Assim tinha sido com seus pais, com Nídia, a dedicada irmã, com os conselheiros da escola de Grann, com os companheiros de Randahr Shefann, Askar e Aine e agora com os bondosos técnicos de Linie; isto para não falar em Laars e em Illyan, este último um anjo que havia sido colocado em sua vida e sumariamente descartado.

A afinidade de seu espírito por tipos como Klini e Kaao, Zidahn, Lohar e Toldan, denunciavam a precariedade de seus sentimentos e do muito que ainda teria que caminhar pela estrada da vida para conquistar um pouco de felicidade verdadeira.

Aquilo que chamava de felicidade nada mais eram que as migalhas de aventura e desamor que seu espírito confundia com a própria razão de ser da vida. Talvez no fundo nem cogitasse o que fosse realmente ser feliz.

Viajou por toda a galáxia e trabalhou em vários lugares seguindo Toldan e sua troupe.

Chegou a participar ele próprio de algumas missões, mas era extremamente desajeitado e corria não só o risco de ser morto, o que de fato não preocupava muito a ninguém, pois não morriam de amores uns pelos outros, mas punha em risco a continuidade da organização.

Muito tempo depois de sua chegada ao grupo aconteceu, a seus olhos, a grande tragédia de sua vida. Toldan suicidou-se após ser denunciado, detido e enviado para uma das grandes prisões da federação.

O fato chocou a maioria dos cientistas da área, que embora o achassem estranho, admiravam sua enorme competência e não o relacionavam, de forma alguma com esse tipo de acontecimento.

O chão parecia ter sumido de seus pés. Trabalhava nessa época num posto avançado da federação onde sua equipe supervisionava a instalação final de um grande observatório. Tinha já passado dos trinta anos. Todos os funcionários foram relacionados e investigados, inclusive ele próprio. Por alguma razão desconhecida por ele, uma vez que vários outros companheiros foram também presos e condenados a longos períodos de recuperação ou detenção no mesmo episódio, seu nome nunca chegou a ser mencionado por nenhum dos comparsas e nem mesmo pelo próprio Toldan durante os interrogatórios.

Talvez Levin fosse tão insignificante que ninguém tivesse sequer se lembrado dele. Pela primeira vez na vida sentiu medo e pensou no que seria passar o resto da vida trancafiado numa daquelas prisões.

Decidiu num repente voltar para Mahji. Solicitou sua transferência sendo imediatamente atendido. Voltou para casa em Zangadahr e se recolheu, assustado, no seu canto por um tempo.

O que restou do grupo rapidamente se dispersou, querendo todos, certamente, se desvencilharem uns dos outros, após o término do processo.

O tempo passou e Levin mostrava-se entediado, vivendo em meio à alegria serena dos habitantes de sua quadra e de seu trabalho em Zangadahr.

Havia sido convidado a dar aulas, a passar sua experiência de tantos anos passados em observatórios espaciais para os mais jovens, mas recusou-se.

Todos achavam que ficara traumatizado com os eventos que haviam envolvido o grande Toldan, tido àquela altura dos acontecimentos como um desequilibrado digno da piedade

geral e compreendiam sua recusa.
Havia mesmo ficado traumatizado, mas ninguém podia imaginar o porquê.
Vivia recluso, sem participar das alegres festividades e dos pequenos eventos cotidianos de sua comunidade.
Quando morava nas estações espaciais, seu estilo de vida, embora não passasse despercebido, não vinha a conhecimento público dessa forma, pois o ir e vir das pessoas nas grandes estações, não permitia que um número muito grande de pessoas o conhecesse, sendo apenas mais um transeunte para a maioria.
Já em Zangadahr, junto a sua tão atenta e amorosa população, seu jeito de viver chamava por demais a atenção das pessoas, que, aflitas, estavam sempre pensando em ajudá-lo, especialmente nos primeiros tempos, quando o caso Toldan ainda era muito presente na mente de todos.
Não se interessou pela família, que havia crescido com os dois filhinhos de Nídia, tratando de escolher uma quadra afastada para morar.
O companheiro de Nídia, o jovem e destemido Henin, pertencia à frota e era subcomandante de uma das muitas naves exploradoras que viajavam a planetas distantes, fora da área de controle da própria Federação, com o intuito de pesquisar civilizações e auxiliar planetas primitivos a se desenvolverem.
Tirando vantagem da relação tempo espaço ser diferente entre as diferentes galáxias, os cientistas ou programadores de auxílio, como eram chamados os integrantes das equipes que trabalhavam a bordo dessas naves, podiam acompanhar dezenas de anos no desenvolvimento de um povo, em poucos dias de seu tempo.
Henin, assim como os demais oficiais da frota, cuidava apenas do transporte seguro do grupo de programadores, mas seu trabalho era de vital importância para a segurança de todos.
Passava, na maioria das vezes, muitos e muitos dias longe de

Os Filhos das Estrelas

casa, pois as longas viagens de ida e volta para fora dos sistemas estelares da galáxia, também consumiam algum tempo extra.

Apesar de sua ausência ser muito sentida, pois era alegre e atencioso, todos na família se sentiam recompensados ante aquele trabalho desbravador, irmanados num sentimento de piedade e esperança por aqueles espíritos, ainda na infância de suas vidas e com tanto ainda para aprender.

Nessa altura da vida de Levin, que perdia a oportunidade de conviver com pessoas tão gentis e amorosas, seus pais haviam decidido respeitar inteiramente seu desejo de isolamento, lamentando não ter podido fazer mais por ele.

Não deixavam de convidá-lo para os encontros familiares, mas também não invadiam sua privacidade com visitas não agendadas.

Ambos continuavam suas atividades profissionais e viviam felizes, assim como Nidia, sem poder dividir com o filho a tristeza com a qual ele optara por viver. Tudo o que podiam era respeitar seu modo de ser e pedir por ele.

Com o passar do tempo Levin foi se esquecendo do risco que havia corrido de ser preso. Realmente não entendia como nunca ninguém havia ligado as pessoas do grupo à sua pessoa. Achava as autoridades de segurança um monte de ignorantes.

"Se estivesse lá com certeza faria melhor", ria-se sozinho. Era o velho Levin de volta.

Não tardou depois disso a ser procurado por um elemento de um outro grupo rival, daqueles que considerava simples bandidos, embora ele mesmo já tivesse compreendido que os ideais do seu grupo também não eram assim tão nobres.

Jënkin era seu nome. Um tipo meio estranho oriundo de Zangadahr mesmo. Olhava pelo canto dos olhos e não encarava as pessoas, numa atitude mais ou menos dissimulada. Sua aparência era meio descuidada, o que não era comum por ali.

Tinha mais ou menos a sua idade e foi procurá-lo no trabalho, apresentando-se como um amigo de juventude.

Não estava totalmente mentindo, pois seus grupos haviam

se digladiado por inúmeras vezes; de fato aqueles foram os primeiros confrontos que presenciara nos seus primeiros tempos em Linie, na época em que ainda ia nas "missões".

Não o reconheceu de pronto, mas não deixou de observar seus acompanhantes espirituais. Seres tão estranhos como o próprio Jënkin. Eram três. Todos igualmente dissimulados e com uma ponta de sarcasmo no sorriso de canto de boca, olhavam de forma sorrateira para Levin, que não se incomodou com eles, acostumado que era com a companhia desse tipo de "presenças".

"Bem, pelo menos não sou só eu por aqui a ter esses aí ao lado", pensou, lembrando-se dos seus próprios acompanhantes, que iam e vinham, mas que nunca o deixavam em paz.

Durante o longo período que vivera fora de seu planeta natal convivera com todo tipo de gente, vindos dos quatro cantos da galáxia, sendo que muitos eram pessoas não tão evoluídas como as de Zangadahr e alguns também carregavam acompanhantes espirituais para todos os lados.

Não gostou da visita e se inquietou, imaginando o que aquele sujeito poderia estar querendo dele.

"Lembra-se de mim?", perguntou o visitante sentando-se na poltrona em frente o console de Levin, sem ser convidado.

"O que você quer?", foi a resposta de um desconfiado Levin, sentando-se também, procurando se recompor para não deixar transparecer sua ansiedade e se esforçando por se lembrar de onde o conhecia.

"Nos conhecemos há muito tempo meu caro amigo. As luas de Quion. Lembra-se?", falou denunciando sua paranormalidade ao responder ao que Levin apenas pensara. Pelo visto estavam em pé de igualdade; pelo menos nesse quesito.

Sim, agora ele se lembrava. Quem não se lembraria daquele lugar. Havia acontecido uma pequena batalha entre os grupos rivais.

O grupo de Toldan, liderado na época por Ezine, havia aprisionado algumas pessoas do grupo de Jënkin, incluindo o próprio. Após uma curta negociação foram liberados depois de abrir mão da mercadoria em contenda.

Foram liberados, mas não antes de serem humilhados fazendo o carregamento de todo o material para a nave que servia de transporte a seu grupo. Eram seis ou sete e Levin se lembrava agora claramente de Jënkin, pois era também pouco mais que um menino, como ele próprio.

Levin se lembrava de seu olhar raivoso ao carregar o pesado material num dos hangares de Quion. Lembrava como havia se sentido esperto perto dele, que não passava de um bandidinho à toa.

"Estivemos mais ou menos do mesmo lado e mais ou menos de lados opostos", complementou, abrindo um leve sorriso. Um sorriso de quem também se lembrava do que havia acontecido.

O que dissera não deixava de ser verdade, ponderou Levin para si mesmo.

"O que você quer?", tornou a perguntar.

"Pelo visto você é um homem de poucas palavras meu caro amigo; e desconfiado também, mas eu aprecio esse seu temperamento. De qualquer forma quero que saiba que sei o que aconteceu com seu chefe".

"Ora, que bobagem. Todos sabem", pensou. "E daí?", perguntou simplesmente.

"Soube através de alguns sinerianos que você está fora do negócio já tem tempo. Mas se não estiver se achando muito moço para se aposentar tenho algumas ofertas para lhe fazer", despejou, para o desespero de Levin, que se ao mesmo tempo não desejava voltar, pois tinha medos não revelados, sentia-se absolutamente entediado com a vida e com tudo o mais ao seu redor.

A vida simplesmente não tinha sentido. A astronomia sem Toldan não tinha qualquer significado agora. Sabia exatamente o que Jënkin queria: um planejador de missões.

A maioria gostava da ação, ao contrário dele, que preferia

os bastidores. Havia poucos planejadores livres.

    Mesmo correndo o risco de estar estabelecendo relações com os "simplesmente bandidos", como seu grupo costumava dizer quando se referiam a tipos como Jënkin, declarou, entre temeroso e excitado com a possibilidade de voltar à ação, num impulso:

"Está bem, eu aceito".

O outro sorriu mais ainda, olhando-o de forma até mesmo respeitosa. Recostou-se na poltrona por uns momentos antes de levantar e dizer, antes de sair:

"É. Você não é mesmo de falar muito. Eu entro em contato então. Acho que vamos nos entender muito bem".

Levin ficou sentado, olhando para o homem que deixava sua sala, de forma tão discreta como havia entrado.

    Quem tivesse ouvido aquele diálogo e não conhecesse o caráter das pessoas envolvidas naqueles crimes, acharia que ambos eram loucos. Falaram e nada disseram.

    De fato não havia mesmo muito que ser conversado. Valores, outros sócios, motivação e outras coisas que talvez fossem importantes em outros tipos de negócios, ali simplesmente não significavam nada, pois cada um estava apenas consigo próprio, correndo atrás de sua própria aventura, independente de qualquer outra coisa.

    E foi assim que ele voltou ao pântano lamacento que não tardaria a enredá-lo de forma definitiva e mortal, arrastando-o para o fundo sem volta das trevas espirituais. Pobre Levin.

    Teve a chance de escapar de muitos outros degraus escada abaixo, mas como sempre em sua vida, desprezou as oportunidades do caminho.

    Muito tempo e muitas missões depois Levin chegava aos cinquenta anos. Sua família continuava a residir no mesmo lugar, assim como ele próprio.

    Não era hábito em Zangadahr as pessoas ficarem se mudando para cá e para lá em busca de uma melhor condição de vida ou, ao contrário, porque a vida estava piorando de alguma forma.

A vida era boa e confortável para todos, mesmo porque ninguém almejava colecionar bens materiais. Cada um tinha apenas o necessário para viver com simplicidade e conforto. Levin inclusive.

Sua participação nas missões vinha da mistura de tédio e desprezo pela estrutura moral do mundo que o cercava, assim como pelas pessoas que dele desfrutavam.

"Esse cara é revoltado com o quê, não?", desabafou Leo, muitíssimo entediado, ele próprio, com Levin e suas idas e vindas pelo crime, sem sentido.

"Como se algum crime tivesse sentido", pensei, por minha parte.

A federação dos planetas fechava o cerco em volta desses grupos e cada vez era mais difícil realizar qualquer coisa. Levin e Jënkin estavam muito aborrecidos e procuravam algo para fazer, pois há tempos estavam absolutamente inativos.

Nesta altura da vida já se toleravam mutuamente e seguiam juntos, mesmo que morando em planetas diferentes, trocando seguidamente os demais parceiros, porque sempre terminavam por desconfiar deles.

Levin também já não era aquele planejador que havia sido, ou achava-se que tinha sido e as pessoas não se importavam em ser chutadas para fora do grupo de quando em quando, pois tinham sempre a impressão que poderiam arranjar algo melhor, o que não deixava de ser correto.

As missões eram esporádicas e muitas fracassavam. Muitos acabavam presos ou mortos. É claro que esse ítem não entrava em suas considerações.

Jënkin escolhera morar num planeta de classe 4, muito afeito ao estilo de vida daquele povo que, embora parecesse inapropriado para as pessoas oriundas de planetas classe 1 ou 2, que em sua maioria não suportariam aquele estado atrasado de coisas, valores e estilos de vida, lhe eram absolutamente normais.

Apreciava alguns vícios, inadmissíveis aos olhos do povo

de Zangadahr, e então simplesmente se deixava ficar.

Não trabalhava, mas também ninguém lhe perguntava coisa alguma no planetinha empoeirado de Nasdar. Grandes desertos cobriam quase toda a face do planeta e os pequenos agrupamentos populacionais eram abarrotados de gente.

Os nasdarianos eram pessoas de pele escura e áspera. Andavam com um gingar de corpo característico e suas cabeças pareciam um pouco desproporcionais ao tamanho do corpo. Eram tipos decididamente diferentes da maioria nos planetas conhecidos.

Era Jënkin quem acertava a parte dos acertos com as pessoas que participavam das missões, os contratos de material e tudo o mais da parte prática do "negócio".

Sua mão-de-obra vinha frequentemente de Nasdar e de outros planetas no mesmo sistema solar, a maioria de classe 3 e 4.

Falavam-se de tempos em tempos e trocavam idéias sobre o que fazer. Naturalmente a amizade entre eles não era do tipo que suscitava saudades ou outras coisas do gênero.

Jënkin avisou Levin sobre as minas das quais havia ouvido falar em Sinauri, um planeta perdido nas beiras de um dos quadrantes mais longínquos da galáxia.

Embora o companheiro nunca tivesse ouvido falar desse lugar, Levin, como astrônomo, tudo sabia sobre ele e sobre suas minas de cristais usados como componentes para reatores de determinados tipos de naves.

Durante muito tempo havia se debruçado com um olhar guloso para Sinauri, mas as enormes dificuldades de acesso o haviam feito deixá-las fora de seus planos, nos tempo das vacas gordas com Toldan.

Leo, como quase sempre, usava um vocabulário muito próprio aos dias atuais, como é comum durante os processos de regressão. Existem pessoas que chegam mesmo a falar em outros idiomas, como chegou a acontecer com ele, numa vida menos remota e chegam a rir ou a se espantar com isso.

Alguns compreendem o que estão dizendo e traduzem

Os Filhos das Estrelas

automaticamente, outros simplesmente precisam que a ordem para a mudança do padrão de linguagem venha do terapeuta.

Já tivemos clientes, por exemplo, que falavam num inglês arcaico, diagnosticado posteriormente, por linguistas de uma famosa universidade, como tal. Por sinal a mesma universidade onde nosso jovem Leo estudava.

Voltando novamente a Levin, ele se deparou com a realidade de seu tempo, que não mais o permitiria se dar a esses luxos de ficar escolhendo o mais prático e fácil. Tratou de pensar em Sinauri.

As minas ficavam na segunda e maior das quatro luas do planeta, que não tinha população autóctone. E ainda assim somente as luas eram habitadas. O planeta era coberto por um gás venenoso que impedia a vida humana.

Seus poucos habitantes eram todos trabalhadores originários de outros planetas, especialmente de Açor, um simpático planeta de classe 3, em vias de se tornar classe 2.

Açor ficava no mesmo quadrante e era um pólo exportador de cristais já manufaturados, oriundos de Sinauri, para toda a federação, sendo seu produto bastante valorizado nas grandes câmaras de comércio da federação.

Por essa razão as minas eram conhecidas como açorianas.

Levin sabia que apenas os grandes cargueiros se dirigiam àquele quadrante e que não seria fácil conseguir transporte para aqueles lados. Também não sabia se haveria lá pessoas interessadas em negociar com eles.

Como não haveria qualquer razão plausível para que Jënkin obtivesse uma licença de trabalho, até mesmo porque ele não trabalhava, em Sinauri, para poder investigar, resolveu fazê-lo por conta própria.

Os cargueiros só podiam transportar pessoal autorizado e Levin tinha o perfil adequado para se candidatar a uma carona devido a seu posto acadêmico, pois havia um laboratório de observação mantido pela federação naquele lugar de fronteira, digamos assim.

Não era nada parecido com Linie; apenas uma discreta estrutura com um pequeno número de técnicos e cientistas cuidando dos instrumentos sem qualquer proteção militar.

Era mesmo tentador e Levin tratou de arranjar um motivo científico para visitar o pequeno posto de observação em Sinauri, situado em sua terceira lua.

Não foi difícil, mesmo porque ele não fazia coisas de grande utilidade no observatório da província de Mahji e nessas alturas já trabalhava em casa, por sua solicitação.

Seus superiores devem ter achado que a viagem lhe faria bem, pois era raro vê-lo se interessando pelo que quer que fosse e acabaram lhe concedendo uma licença por tempo indeterminado.

Na verdade, em Zangadahr, ante a responsabilidade quase que atávica das pessoas, cada trabalhador decidia o que, quando, quanto e onde deveria trabalhar e pesquisar em cada momento de sua existência, desde que fosse lógico, assim como folgar e assim por diante.

Não haveria nada que um astrônomo devesse fazer numa mina de cristais, por exemplo, mas num posto de observação estava tudo certo. Levin se aproveitou dessa premissa e partiu no primeiro cargueiro que encontrou.

Era um enorme cargueiro açoriano com uma pequena e simpática tripulação. Levin se encantou com a sorte que dera, pois poderia começar suas investigações na própria viagem. Parecia um menino indo para uma colônia de férias sem os pais, planejando mil e uma travessuras.

O cargueiro era uma grande nave espacial, escura e cheia de corredores circulares apertados, a seu modo de entender, que giravam em volta do complexo principal, onde estavam os reatores e a ponte de comando, que se sobressaía para fora, por cima da estrutura da nave.

Foi recebido calorosamente. Não eram comuns caronistas nessas viagens e as pessoas a bordo adoravam visitantes para quebrar a monotonia da longa travessia espacial. Organizavam refeições especiais, jogos e atividades extras para entretê-lo e a eles mesmos.

Levin tratou de fazer um esforço supremo para se tornar simpático e acessível, o que muito o cansava, pois parecia despender enorme energia nessa tarefa. Um jovem oficial era o capitão da nave e fez questão de lhe mostrar seu aposento pessoalmente.

Havia outros quartos destinados a passageiros, mas estavam todos vazios. Pelo visto ninguém ia muito para Sinauri, pensou satisfeito. Ninguém para lhe aborrecer ou desviar sua atenção. Decidiu começar a "trabalhar" imediatamente.

Aproximou-se muito do primeiro oficial, deixando o capitão de lado, temendo ser tido como inconveniente se viesse a atrapalhá-lo em seu trabalho.

Era um homem sério e mais ou menos de sua idade; era açoriano como a maioria das pessoas a bordo e usava, como todos, uma roupa simples e prática de trabalho feita de uma só peça de cor bege escura, cheia de pequenos compartimentos que talvez servissem como bolsos para instrumentos.

Não eram militares, mas também ostentavam insígnias de seus postos, como os antigos membros do grupo de Toldan, discretamente sobrepostas nas mangas colantes.

Tratou de puxar o assunto para as minas da segunda lua, mas de forma a não chamar a atenção. Conseguiu informações valiosas, inclusive sobre um grupo que havia sido preso, muito tempo atrás, numa tentativa de fazer exatamente o que ele pretendia.

"Quer dizer que alguém já havia pensado nisso", pensou satisfeito, pois se alguém já tinha sido preso, talvez outros pudessem ter tido sucesso e ninguém soubesse.

Soube que além dos açorianos havia algumas minorias que também partilhavam a exploração das minas.

Pessoas de todos os tipos e que muitos não mantinham exatamente boas relações de convivência com os açorianos, povo que já havia, há muito, começado a se desinteressar das disputas materiais e, portanto, de suas consequências. Essa gente era apenas tolerada com paciência por eles.

"Mas que ótimo", Levin dava tratos à mente já imaginando que iria direto procurar no meio deles o parceiro necessário à "missão", que era como continuava a chamar suas operações de campo.

Aliás, voltava a campo depois de décadas e começava a se lamentar, ante a excitação que a situação lhe causava, ter deixado de lado tal atividade por tanto tempo.

Leo não tardou a esclarecer que quando o personagem citava parâmetros de tempo, como anos ou décadas, não parecia corresponder ao nosso tempo da Terra. Ele sentia, de alguma forma, que lá o tempo era como se passasse de forma muitíssimo mais lenta que aqui. Era como se dias correspondessem a anos do nosso planeta.

Quando contara das viagens de Henin, o marido de Nídia, já havia se referido à mesma e intrigante questão. Vários autores já teceram interessantes considerações a esse respeito e era notável que Leo falasse do mesmo assunto.[*]

A doca espacial de Sinauri era um lugar sossegado, pois embora não houvesse outra rota de saída do planeta, não havia também muito tráfego por ali. Talvez apenas uma centena de pessoas circulasse por ali, ao contrário da maioria de outros portos, geralmente muito movimentados.

Alguns funcionários deram as boas vindas e examinaram, numa espécie de computador, a documentação do cargueiro, mas sem grande interesse em achar qualquer coisa errada. Pareciam todos velhos amigos.

Levin, postado com sua maleta ao lado do primeiro oficial observava o que podia, percebendo que talvez a burocracia não fosse mesmo muito difícil. O complicado seria arrumar alguém que quisesse transportar o cristal para fora de Sinauri. Na verdade existiam ainda inúmeros outros problemas a serem

---

[*] Na obra, *Os Exilados de Capela*,[1] temos o relato da saga dos capelinos e das intensas pesquisas históricas do autor para comprovação dessa teoria.

contornados.

Foi encaminhado para uma ponte de saída menor, de onde partiria imediatamente um transporte que o aguardava para levá-lo ao posto de observação. As docas se situavam na órbita da terceira lua. Os trabalhadores do transporte ainda tinham muito trabalho a fazer antes de descer.

No pequeno complexo científico havia facilidades para os eventuais visitantes e foi logo levado aos alojamentos que ocuparia enquanto de sua estadia no posto, assim como lhe foi apresentada a recepcionista, que lhe serviria de guia nos primeiros dias, se quisesse.

Embora seu primeiro impulso fosse o de dispensar a moça, conteve-se para não parecer diferente, pois se ela ali estava é porque devia ser um hábito acompanhar os visitantes.

Para não variar muito seu quarto era minúsculo, como de resto em todos os observatórios nos quais já havia estado. Pelo menos não teria que dividi-lo com ninguém, o que já era muito bom. Detestaria ter alguém observando seus passos por ali.

Nos dias subsequentes andou por todos os lugares, fingindo-se muito interessado no trabalho dos colegas de profissão; expôs a eles os falsos motivos de sua visita, que passavam por um estudo de um tipo de radiação que parecia promover a explosão de estrelas mais facilmente observável naquela parte do quadrante.

Como não precisaria do auxílio direto de ninguém e também como não houve de parte deles um grande interesse, muito ocupados com seus próprios trabalhos, sentiu-se aliviado, pois poderia dispor de seu tempo como quisesse.

Logo arrumou um jeito gentil de se livrar da acompanhante e partiu à procura de mais informações sobre as minas.

Acabou conhecendo algumas pessoas ligadas às minas sem, contudo, conseguir descobrir ou intuir qual deles poderia ser abordado para uma investigação mais aprofundada.

Um dos espíritos que nunca o largava, sugeriu um deles. A contragosto verificou que era um açoriano mal encarado e também mal acompanhado.

Havia alguns espíritos andrajosos e sarcásticos perto dele e Levin teve que admitir, novamente a contragosto, que esse era um sinal que não poderia ser desconsiderado.

A contragosto porque parecia que ele e os outros faziam parte de um mesmo time. Afinal, os bonzinhos de Zangadahr nunca tinham esses seres por perto; ao contrário, pois quando conseguia perceber alguma coisa, eram espíritos luminosos, que quase o cegavam.

"Que se danem os sujos e os limpos", resmungou entre dentes, pensando que não viera ali para se preocupar com essas coisas. Há muito tempo deixara de se entregar a discussões ou brigas com os espíritos, como fizera até sua mocidade.

Era bem verdade que ainda o faziam sofrer, assustando-o com feias aparições repentinas nos lugares mais inusitados ou com os longos gemidos no meio da noite, além dos objetos que trocavam de lugar e dos dados importantes armazenados nos cartões que simplesmente desapareciam, enlouquecendo-o.

O que mais o aborrecia eram as visitas de espíritos de pessoas que havia conhecido e que morreram nas "missões", os amigos; ou dos desconhecidos que haviam sido mortos pelo seu grupo, muitos deles se achando vitimados, pois nada tinham a ver com os "negócios".

Gostava de pensar que estes tinham apenas estado no local errado e na hora errada, tendo sido mortos para confundir as pistas ou simplesmente porque estavam atrapalhando de alguma forma.

Havia ainda aqueles espíritos que tinham pertencido a grupos rivais e agora queriam uma desforra, feridos em seu orgulho. Era uma verdadeira multidão. Levin tinha conseguido, numa só vida, ter as mãos manchadas de sangue para toda uma eternidade.

O fato agora é que todos pareciam querer algum tipo de vingança. Havia aqueles que não pareciam ter forças para querer nada e simplesmente se deixavam ficar por ali, jogados

Os Filhos das Estrelas 153

pelos cantos ou até mesmo agarrados às suas vestes. Muitos ainda sangravam e alguns cheiravam mal. Outros, que não se sabia de onde tinham saído, pareciam estar perdendo sua forma humana e não passavam de um amontoado de alguma coisa de onde saíam sons guturais, como que o chamando.

Levin havia imaginado que seriam inimigos de outras vidas, pois entendia muito bem de reencarnação, infelizmente, o que o impedia de se queixar sem se sentir um idiota perfeito.

Apesar de tudo o que já havia passado e ainda passava, Levin ainda doava créditos, de forma anônima, para outro grupo pretensamente científico que se iniciava nas mesmas atividades, fazendo a mais absoluta questão de continuar a enganar a si mesmo e de justificar a continuidade de suas ações.

Agora que voltava pessoalmente ao campo, mais que nunca, já contabilizava a contribuição que daria. Tudo pela ciência...

A verdade é que através do homem indicado pelo espírito, veio a saber detalhes sobre uma mina que estava com a produção suspensa na segunda lua após a contaminação por um gás tóxico.

Era a mina de Badahn, atualmente isolada e cuidada por seguranças para evitar novos acidentes, enquanto uma equipe de descontaminação trabalhava no local.

Badahn era famosa pelos inúmeros, e até certo ponto estranhos, acidentes ocorridos em sua história. Não foi difícil conseguir uma autorização para acompanhar a equipe de técnicos que trabalhava na limpeza da mina. Eram todos açorianos sérios e de poucas palavras.

"Adoro essa gente. Todos de boca fechada", pensou enquanto entrava no pequeno transporte que os levaria para a mina, que rapidamente se elevou no ar e, sem um ruído, partiu a uma pequena distância do solo.

A atmosfera na lua de Sinauri era rarefeita e seu organismo não havia ainda se acostumado totalmente, o que o fazia respirar com alguma dificuldade. Havia recusado os estabilizadores que lhe haviam sido oferecidos pela equipe médica, pois não gostava de ser medicado. Parecia sempre cansado.

Em Badahn se admirou com as proporções gigantescas da estrutura, que descia a centenas de metros da superfície através de enormes tubos, numa velocidade vertiginosa. Em segundos estavam na plataforma 112, onde todos desceram.

Parecia um enorme hangar de naves estelares, tal sua magnitude. Da plataforma partiam inúmeros corredores em diversos níveis.

Recebeu instruções sobre os corredores a serem evitados e sobre outras medidas de proteção. Verificou junto com os demais todos os equipamentos de segurança, comunicadores, luzes e tudo o mais que carregavam numa espécie de mochila presa na cintura e voltada para trás.

Não tardou a perceber a presença de um sem número de espíritos. Carregavam um tipo de arma estranha e se vestiam de forma extravagante, com os cabelos puxados para trás e coletes compridos até os joelhos de onde pendiam objetos prateados desconhecidos.

Havia outros, assustados, se esgueirando pelas muitas sombras do lugar. Alguns carregavam pesados fardos e se deixavam ficar, inertes e submissos ao lado daqueles armados e com olhares altivos.

Levin conhecia muito bem aquele tipo de situação. Alguns eram os senhores e outros eram os escravos. Outros pareciam simplesmente perdidos.

Deixou-se ficar olhando para eles por um momento, meio hipnotizado. Recuperou-se quando aquele que parecia uma espécie de líder se adiantou e sorriu de forma desafiadora.

"O que você veio fazer aqui, estranho?", enquanto falava examinava os acompanhantes de Levin, que se mantinham a uma certa distância respeitosos.

O primeiro impulso de Levin foi dizer que não era da conta dele, mas percebeu que ali havia um dono, aliás, como

em todos os lugares e o dono, obviamente, era aquele sujeito, ou talvez o chefe dele. Resolveu negociar.
Suspirou resignado porque não havia outra saída. Sentiu-se um burro, pois deveria ter contado com aquilo. Aquele lugar era um excelente lugar para determinadas tribos de espíritos se estabelecerem. Seu trabalho era justamente antecipar os problemas e havia falhado.
Se não negociasse com aquela gente certamente eles o atormentariam até que fosse embora pensou, de forma prepotente, achando que isso era o máximo que um espírito poderia lhe fazer, isto é, atormentá-lo. Mal sabia o que lhe aguardava.
"Você é o chefe?", perguntou mentalmente meio desanimado, dirigindo-se ao indivíduo que o havia abordado, ao mesmo tempo em que estranhava ninguém mais tê-los visto. Esquecia que os açorianos ainda não tinham desenvolvido a paranormalidade de forma corriqueira como os zangadahrianos.
Era um homem velho e de ar astuto. Tinha alguns ferimentos nos braços que pareciam infeccionados. Levin considerou serem ainda espíritos atrasados, pois não sabiam como refazer completamente seus perispíritos após a morte. Ou os ferimentos teriam vindo depois?
"Perispírito? Essa é demais, não acha?", reclamou Leo de seu próprio relato.
"Não avalie. Depois conversaremos", sugeri, lembrando novamente que ele simplesmente adaptava os termos para o nosso próprio tempo. De qualquer forma, não fazia qualquer diferença.
Levin conjeturava sobre os ferimentos quando foi interrompido pelo homem à sua frente:
"Eu faço as perguntas aqui. Este é o meu território. Já expulsamos muitos e não será difícil fazer o mesmo com você. Vou repetir minha pergunta só mais uma vez, estranho: o que você quer aqui?", falou marcando bem cada palavra.
"Faço parte do grupo de limpeza", arriscou.
O homem e mais uma meia dúzia que estava próxima e

que deveriam ser auxiliares explodiram numa gargalhada, que cessou de repente quando ele se aproximou mais de Levin de forma ameaçadora.

"Não pense que você é mais esperto que os outros só porque pode nos ver e aos nossos ferimentos, estranho", e continuou:
"Temos observado você desde o instante que pôs os pés no planeta. Examinamos todos que chegam e você é muito diferente de todos. Quase não vem gente como você aqui e quando vêm não trazem os acompanhantes que você tem".

Referia-se com certeza aos indivíduos de planetas classe 1, que realmente se dedicavam, em sua maioria, a outros tipos de atividade. Alguns pesquisadores que eventualmente passaram por ali deveriam ser mais bem acompanhados, sendo inofensivos ou desinteressantes para o grupo.

Resolveu consertar sem se colocar por baixo:
"O que eu quis dizer é que estou com o grupo de limpeza. Sou astrônomo do planeta Zangadahr".

O homem o olhou de forma zombeteira, fingindo-se de impressionado e depois de dar uma olhadela acumpliciada para seus auxiliares, falou pausadamente, fazendo uma reverência:
"Oh! Quanta honra ter um indivíduo de Zangadahr entre nós".
Foi o bastante para o grupo todo cair na risada novamente.
Levin começava a se impacientar com aquela conversa que tomava seu precioso tempo. Tinha hora marcada para estar no transporte de volta e desse jeito não descobriria nada por ali.

Resolveu abrir o jogo, pois obviamente aquele sujeito não tinha nada de bonzinho e talvez gostasse de participar da trama de alguma forma. Até mesmo desconfiava que ele estava metido nos acidentes da mina e tudo o mais.

Egohr era o nome do homem que, naturalmente, leu seus pensamentos.
"Ah! Sim. Então você tem algumas idéias interessantes na cabeça, não é? Parece que tem gente que nasce em planeta

errado, não acha? Você, seus pensamentos e seus acompanhantes ficariam muito bem na lua de Quion, não acha? O que você quer aqui? Roubar a mina? Ou será que tem idéias piores?", fazia uma pergunta atrás da outra.

Levin a estas alturas estava já bastante irritado, não só pela perda de tempo, mas pela transparência de suas intenções e de sua personalidade àquele espírito de terceira categoria.

Pensou e olhou um pouco assustado para Egohr, esquecido de que ele lia seus pensamentos.

Ele apenas sorria, muito seguro de sua posição de superioridade, esperando uma resposta e parecendo ignorar a ofensa.

"Participo de missões para levantar créditos para pesquisas desautorizadas pela federação. Você sabe como é", falou desejando abrir o jogo e acabar logo com aquilo.

"Mas claro! Por que não disse antes?", Egohr continuava a sorrir com desdém. E continuou:

"Muitos de vocês já estiveram aqui. Muitos de nós já fizemos parte de grupos como o seu", aproximou-se mais e ficou a centímetros de seu rosto; olhava-o fixamente e repentinamente sério, como a dar a entender que sabia de toda a trama desses grupos, falou:

"Eu sei exatamente do que você está falando".

Ele cheirava mal e seu porte era assustador. Apesar de Levin ser alto, como todos de Zangadahr, Egohr era muito mais alto e encorpado que ele, assim como todos os de cabelos puxados para trás ali presentes. Não se lembrava de nenhum planeta onde as pessoas tivessem essa aparência.

"Já que você sabe, o que posso fazer?", perguntou querendo descobrir as intenções do outro.

"Não gostamos de intrusos por aqui e às vezes tipos como você nos ajudam a nos livrar deles. Você sabe como é", respondeu Egohr parodiando o que ele dissera anteriormente.

"Os acidentes de Badahn não foram por acaso, não é mesmo?", tentou.

"Vamos ao que interessa. E o que interessa é que você

jamais tirará alguma coisa daqui sem a nossa ajuda. Você sabe como é. O que tem para me oferecer?".

Já havia negociado com espíritos antes, para que o deixassem sossegado, mas somente com aqueles que eram diretamente ligados às suas vidas passadas e agora não sabia o que fazer.

"Tem muita gente pronta para voltar para cá. Esses açorianos nunca desistem, de forma que queremos tirá-los de vez do caminho".

Levin ficou olhando, esperando o que viria dali, embora não fosse difícil adivinhar.

"Você é mesmo esperto. Isso mesmo. Queremos causar alguma coisa grande por aqui, de forma que desistam de vez de reabrir Badahn. Muitas coisas acontecem por aqui, do lado de cá e eles atrapalham. Queremos o território livre só para nós".

Era fácil imaginar o que acontecia no lado astral de Badahn. Um mundo paralelo onde inúmeras atividades espirituais negativas eram realizadas. Torturas, reuniões, planejamentos quem sabe.

Também foi fácil para Levin descobrir que essa coisa grande eles não poderiam fazer sozinhos, pois nenhuma interação daquele mundo astral poderia ser feita com um mundo da terceira dimensão sem a interação de alguém ainda encarnado. Pelo visto queriam provocar algo que matasse muita gente e causasse um constrangimento tal que a mina fosse fechada para sempre.

Pensei na possibilidade de nosso personagem estar se referindo ao processo de manipulação do ectoplasma[(*)], fazendo apenas uma analogia com essa substância de interação entre os

---

(*) — Ectoplasma - Palavra derivada do grego *ektos* e *plasma*, é um material quase físico; uma substância sutil transformada em uma substância física quando emanada de médiuns. A materialização do ectoplasma pode ser procedida de um vapor que sai dos poros do médium; sua coloração é branca e o odor é próximo do ozônio. Em ambientes escuros, o ectoplasma pode envolver o corpo do médium e, exposto à luz, chega a estalar violentamente em volta do corpo, evaporando-se. Poderoso instrumento de cura, o ectoplasma é utilizado pela espiritualidade como prótese ecoplásmica, moldando a formação celular no Plano Físico. Maiores aprofundamentos poderão ser encontrados nas obras: *Um Fluido Vital Chamado Ectoplasma*[1] e *Chama Crística*[2].

Os Filhos das Estrelas

dois mundos, da forma como a conhecemos hoje em dia.

Mesmo para um espírito inteligente e que saiba manipular energias negativas da natureza para atingir fisicamente quem quer que seja, essa interferência no plano material só pode ser feita através de uma substância chamada ectoplasma.

De uma forma simples ectoplasma seria um fluido semimaterial, a única substância conhecida, capaz de permear os dois mundos, isto é, o nosso mundo material tridimensional e o mundo espiritual.

Sabe-se que para que uma "presença" possa promover algum fenômeno de efeito físico em nosso mundo, é preciso que ela "vista", por assim dizer, uma luva dessa substância, que se encontra espalhada por toda a natureza.

Dessa forma pode impressionar nosso mundo e produzir barulhos em madeiras, abrir portas, acender luzes, etc.

Da mesma maneira um espírito pode provocar dores e outros sintomas nos seres humanos ainda encarnados.

Pode porque o ectoplasma se encontra, em grande quantidade, também nos alimentos, o que faz com que todas as pessoas, terminem por acumulá-lo na região abdominal.

Essa concentração causa inúmeros sintomas locais, como plenitude gástrica, prisão de ventre ou diarréias, gases, gastrites, cólicas e outros mais.

Ora, da mesma forma que o espírito pode "vestir" uma luva desse fluido e bater em madeiras ou ligar interruptores, por exemplo, naquilo que se convencionou chamar de fenômenos de polstergeist, pode muito bem empurrar o ectoplasma acumulado na região abdominal para cima ou para outros lugares, e provocar outros sintomas.

Apertos no peito conhecidos como angústia, batedeiras no coração, dificuldades de respiração, apertos ou bolas na garganta, calores, rinites, sinusites, artrites, bursites e outras inflamações, além de dores de cabeça, súbitas elevações de pressão, febres sem motivo, inchaços e tonturas, apenas para citar alguns dos mais de cinquenta sintomas já relacionados com ele.

Todos sintomas de plenitude, onde a pessoa se sente cheia por alguma coisa.

A maioria das pessoas devolve o ectoplasma para a natureza pela respiração, pelo aparelho digestivo, pelos ouvidos e pela pele.

Mas há quem não consiga fazê-lo, em função de sua paranormalidade, chamada de efeitos físicos ou de cura; se começa a acumulá-lo, torna-se uma presa fácil das "presenças", que sabem muito bem como manipulá-lo.

Como é também eliminado pelos poros, fica fácil compreender os inúmeros problemas de pele de difícil solução que são causados por ele, como alergias, psoríases, vergões, feridas, descamações, suores excessivos e tudo o mais.

O ectoplasma também explicava os sintomas de Leo, como sentir uma mão no ombro, dores de cabeça, dores nas articulações, pesos no pescoço, asma, rinite e tonturas.

Aqueles espíritos nas minas de Badahn podiam até manipular uma pequena quantidade de gases tóxicos, como faziam de quando em quando, mas não podiam causar explosões ou coisas parecidas.

Pelo visto queriam que muita gente morresse e para isso precisavam da ajuda de Levin. Uma troca justa, digamos.

Pensou por uns instantes e tomou uma decisão:

"Está certo. Posso fazer isso para vocês; dou um jeito de provocar um grande acidente desde que vocês tirem da frente os que poderiam atrapalhar a mim", passou-lhe rapidamente pela mente outras decisões parecidas que havia visto Toldan tomar. Sentia-se até, de certa forma, orgulhoso de estar seguindo os passos do mestre.

Um ou outro que morresse não faria qualquer diferença. Mesmo porque, como Toldan gostava muito de dizer, a reencarnação estava aí para isso mesmo. Voltariam e prosseguiriam tendo entendido que auxiliaram a ciência. Doce ilusão.

Parece que em todos os tempos os homens gostaram sempre de se enganar como forma de aliviar a própria consciência.

Por mais absurdo que seja o pensamento que norteie nossos atos ou até mesmo nossos sentimentos, por mais que tenhamos conhecimento cultural sobre as consequências éticas do que fazemos, de repente, de acordo com nossas conveniências, ficamos simplesmente cegos, surdos e mudos.

E assim se deu com Levin, que simplesmente se vendeu àqueles espíritos, ou melhor, deu como moeda de troca a vida de muitas pessoas.

Não que essas pessoas não tivessem um processo cármico carregando-as para esse desenlace; o problema é que muitos de nós gostamos de brincar de deuses, tomando rédeas sobre o destino dos outros, nas mais diversas proporções.

"É um prazer negociar com você, estranho. Volte a me procurar quando souber como fazer isso", e sem mais palavra fez um gesto que provocou uma debandada geral e ruidosa do recinto.

Sozinho e muito abalado pelo encontro tratou de recompor-se para poder andar pelo local e prosseguir em sua investigação. Parecia que seria mais fácil do que imaginava. O que não imaginava é o custo que isso teria para si. Era muita inocência pensar que sairia ileso daquilo tudo.

Parece mesmo que todos os prepotentes aspiram que tudo no mundo aconteça do jeito que eles querem. E quando não dá certo simplesmente esperneiam, gritam, choram, se lamentam ou ainda se matam, como Toldan havia feito na prisão.

Que bom seria se o mundo fosse todo do nosso jeito. Ou quem sabe isso fosse um tédio que nos levaria a não ter desafios a serem vencidos e tampouco oportunidades para aprender as lições que viemos para aprender.

Mas Levin, por sua vez, planejou tudo direitinho. Descobriu, com a ajuda dos espíritos designados a auxiliá-lo, onde ficava a sala de controle de todo o complexo e também como fazer para modificar a atmosfera ambiental de forma a torná-la, de forma imperceptível, imprópria para a vida.

Antes disso, depois de algumas idas e vindas a Zangadahr

e contatos com Jënkin, conseguiram, com muita dificuldade para não levantar suspeitas, vistos e pessoal para a operação.

Mesmo porque poucas pessoas bastavam para carregar uma pequena quantidade dos valiosos cristais para fora de Sinauri, escondidos na carga de um cargueiro de carreira.

"Como essa gente de Zangadahr pode ser tão inocente?", resmungava Leo, incrédulo com a facilidade com que aqueles bandidos faziam as coisas em meio a pessoas paranormais, que facilmente podiam detectar a falcatrua toda.

Talvez o mal fosse algo tão distante das pessoas comuns, que trabalhavam despreocupados em suas funções corriqueiras no planeta natal de Levin, que simplesmente não percebiam coisas desse tipo.

Com tudo acertado a data foi marcada para a operação.

Jënkin foi um dos que conseguiram a vaga de trabalhador no cargueiro escolhido e o visto de entrada, que foram concedidos por um funcionário administrativo, intuído pesadamente pelo grupo que acompanhava Levin.

Pelo visto todos queriam participar da festa.

Jënkin e seus comparsas retiraram os cristais sem grandes dificuldades após os espíritos terem causado uma pequena confusão nos aparelhos da segurança da mina.

Aquilo tudo era tão audacioso e tão improvável, que ninguém se deu por conta que poderia ser uma armação de qualquer tipo ou que algo tivesse sido roubado no lugar. Os funcionários simplesmente trataram de arrumar tudo e ficou por isso mesmo.

Era preciso que agora Levin pagasse o preço combinado.

A grande operação de limpeza de Badahn chegara ao fim e uma pequena cerimônia de reabertura foi organizada pelo governo local para comemorar o fato, o que deixou a plataforma 112, a principal, cheia de gente, especialmente os mineiros que retornavam a seu trabalho habitual.

Levin conseguiu se infiltrar na festa e deu um jeito de se recolher numa das tubulações de trabalho e manutenção, previamente escolhida, de onde podia operar o pequeno aparelho portátil que modificava, à distância, a mistura de gases apropriada à respiração das pessoas, além de outros controles.

Os açorianos que operavam o complexo eram muito descuidados e distraídos e, nesse dia, estavam mais preocupados com a festa do que com a segurança. Nem perceberam que a mistura de gases estava sendo lentamente modificada.

Quando deram por si de que algo estava errado, pois as pessoas começaram a passar mal, havendo um tumulto em câmara lenta, pois as pessoas foram perdendo as forças e se tornando inconscientes rapidamente, já era tarde. Quase todos morreram. Quase uma centena de pessoas perdeu a vida ali.

Levin, por sua vez, deveria deixar a mina por um intrincado, mas bem mapeado labirinto de tubulações de forma que, quando a notícia chegasse aos escritórios centrais, já estaria de volta.

Mas os companheiros de Egohr, usando o ectoplasma que abundava no local devido à presença de tanta gente, fecharam a última saída, de forma que ele ficou preso.

Pensando estar apenas perdido, tratou de voltar algumas bifurcações atrás para se orientar melhor. Afinal era um astrônomo e não tinha qualquer dificuldade de ler mapas. Como podia ter se enganado assim?

"Nem mapas esses açorianos sabem fazer", resmungou enquanto tratava de esgueirar-se de volta pelos tubos, que não permitiam que andasse totalmente em pé, por causa de sua altura, o que lhe causava certo incômodo.

Afinal, a mina havia sido construída para ser operada por todo tipo de gente, menos a gente de Zangadahr, é claro. Não se supunha que cientistas fossem circular por aqueles corredores.

Voltou algumas curvas atrás e percebeu que seguira corretamente as indicações. Começava a se desesperar quando surgiu o bom e velho Egohr, devidamente acompanhado de seus auxiliares.

"O que foi estranho? Perdeu seu mapa?", ele ria, acompanhado de seus asseclas e Levin entendeu imediatamente que caíra numa armadilha. Ora, por qual razão ele o deixaria sair vivo dali? Era tão óbvio que teve raiva da própria estupidez.

Egohr continuava:

"Comemore estranho. Em breve você não terá mais nada para se preocupar, pois será apenas mais um de nós", o pequeno grupo de espíritos ria e fazia barulhos horríveis, caçoando de sua situação.

Gritou, xingou, esmurrou as paredes até se deixar cair exausto ao chão. A mistura venenosa que criara estava começando a entrar pelas tubulações. Quando se virou notou que os espíritos do grupo de Egohr tinham desaparecido e só restavam seus velhos conhecidos, que pareciam se amontoar uns por cima dos outros.

Lá estavam os de olhar astuto e de fala refinada, assim como aqueles quase sem forma humana, com seus sons guturais que nada significavam e seu cheiro pestilento característico. Todos aqueles que o acompanhavam desde a adolescência. Um deles chegou mais perto e lhe dirigiu a palavra:

"Muito bem Levin. Você conseguiu desta vez. Finalmente... seu idiota!".

Foi perdendo a consciência enquanto um ódio imenso ia tomando conta de todo seu ser, ao mesmo tempo em que também se sentia mesmo um perfeito idiota.

Queria continuar gritando, desesperado com a morte que sabia estar chegando, mas não conseguia mais emitir qualquer som.

Ficou ali caído e de olhos arregalados, lutando contra o inevitável, ouvindo risadas cruéis e histéricas que vinham de todos os lados. Ouvia insultos e impropérios.

De repente, o nada. Foi como que arrancado de seu corpo para o meio de um turbilhão escuro e gelado, onde pairou por um tempo que pareceu uma eternidade, cego e aterrorizado.

Os Filhos das Estrelas

NOTAS:

1 Tubino, Matthieu, *Um Fluido Vital Chamado Ectoplasma*, Niteroi, Editora Lachatre, 2002.

2 Peixoto, Norberto / Ramatís (psicografia), *Chama Crística*, Limeira, SP, **EDITORA DO CONHECIMENTO**, 2004.

Capítulo 7

Zibstiz: O inferno anunciado
... a hora da verdade ...

"Assim é o ser humano: com conhecimento (evolução), chega à sabedoria (ascensão), mas com a ignorância (estagnação), busca o castigo (quedas). No meio de tudo isso, temos um princípio divino chamado "lei", que é uma das sete vias evolutivas, ou a quinta linha de evolução e ascensão do espírito humano, conforme assumimos.

... Todos os que têm escrito sobre a lei, aproximam-na do carma, e até a confundem com ele. Mas o carma, como via regeneradora, é apenas mais uma das muitas formas de ação da lei, ou uma de suas muitas qualidades derivadas. A lei atua no direcionamento da evolução do espírito humano, assim como na evolução planetária, terrena, aérea, etc.

... A lei atua mais no sentido de conter os excessos ou purgá-los tanto na carne como no espírito. Cuida também do avanço da humanidade como todo equilibrado".

Rubens Saraceni

Capítulo 7
Zibstiz: O inferno Anunciado

A princípio a sensação foi de incredulidade e da mais absoluta impotência. Aquela poeira amarelada que pairava no ambiente entrava em seus olhos fazendo-os queimar como fogo, além de fazê-lo tossir a cada vez que tentava puxar o ar com mais energia.

Estava deitado de costas, olhando para cima, com braços e pernas abertos, impossibilitado de mover um músculo que fosse.

O cheiro pestilento que havia no ar lhe causava náuseas e logo começou a vomitar em cima do próprio peito, afogando-se nas golfadas sucessivas. Estava horrorizado.

Seu cérebro parecia funcionar em câmara lenta. Muito lentamente foi tomando consciência do lugar onde estava, dos seres ao seu redor e finalmente de sua própria morte.

Da posição em que se encontrava podia divisar para o alto enormes colunas que pareciam estar de ponta-cabeça, como um enorme paliteiro do qual não se podia observar nem o fim e nem o começo.

Monumentais colunas negras, cada uma do diâmetro de um ônibus, cobertas de um visgo esverdeado, onde milhares de vermes pareciam estar grudados e de onde escorria um líquido gosmento, dando uma aparência nojenta ao lugar.

O inacreditável acontecia por todos os lados que seus

olhos conseguiam se virar. Pelas colunas milhares de seres de aparência semi-humana, que talvez tivessem sido homens um dia, iam e vinham, como insetos rastejantes, procurando talvez esconderijo nos buracos que havia por toda a estrutura; a maioria se locomovia numa incrível agilidade, passando uns por cima dos outros.

Alguns despencavam de enormes alturas, soltando horríveis gritos agoniados, caindo no meio da névoa que cobria o lugar, na qual estava mergulhado.

Até onde sua vista alcançava, no meio daquela névoa, era como se fosse um enorme salão, de proporções inimagináveis; um lugar sem limites, sem divisas, sem paredes, sem chão e sem teto. Por toda parte o que se via eram as formidáveis colunas semidestruídas, como se tudo por ali estivesse decadente.

Pelos lados o que se notava com dificuldade era um amontoado de pedras gigantescas, obviamente caídas das colunas e que formavam um verdadeiro labirinto, cheio de becos escuros, esconderijos e buracos onde outros milhares de seres pareciam se afundar e desaparecer.

Quando começou lentamente a se mexer notou com as mãos que o chão abaixo de si parecia ser feito de uma pedra gelada e, repentinamente, sentiu um frio que lhe atravessou até os ossos. Tentou erguer os braços para se levantar e não conseguiu. Seu corpo parecia pesar uma tonelada.

Não conseguia pensar direito. Só mesmo sua visão parecia funcionar direito, infelizmente. Infelizmente porque inúmeros daqueles seres se aproximavam de onde estava caído, alguns parecendo curiosos, outros interessados em remexer na sua roupa e nos seus bolsos.

Muitos tinham uma aparência repugnante, com olhos esbugalhados e a pele coberta de pústulas. Outros pareciam estar perdendo a forma humana, parecendo corcundas disformes de todos os tipos que chegavam mesmo a não ter pernas ou braços. Eram criaturas horríveis.

Alguns se achegavam rastejando como vermes e subiam

por cima de seu corpo, como que para observá-lo mais de perto, encostando o rosto medonho no seu, o que o apavorava.

Chegou a pensar que iriam mordê-lo ou coisa parecida.

Um pouco da gosma que escorria de suas feridas caía por cima de seu rosto e de seu peito, horrorizando-o. Aparentemente não enxergavam direito também.

Ficou nessa situação um tempo que pareceu uma eternidade. Aparentemente deixou de ser a novidade das imediações e foram todos, lentamente se afastando, parecendo interessados em outras coisas.

Não sentia nem fome e nem sono, mas sentia-se completamente exausto, com suas energias exauridas ao máximo. Não percebia de fato que dormia e acordava sucessivamente, minuto a minuto. O tempo parecia não existir mais. Tudo era confuso e não havia como pensar.

Ouvia os sons do lugar, que parecia um burburinho abafado e permeado por gemidos dolorosos que vinham de todas as partes. De quando em quando se ouviam gritos lancinantes, que doíam no fundo de sua alma, mas que pareciam ser ignorados por todos.

Com o tempo também passou a ignorá-los, como se estivessem, simplesmente, incorporados à sonoplastia do lugar e não mais contassem.

Sentia uma dor horrível nas costas, causada provavelmente pela posição imutável na qual se encontrava. Seus pulmões também sofriam, inalando aquela poeira indecifrável. Seu corpo todo parecia coberto por ela, a ponto de não mais conseguir perceber suas roupas.

Por falar em roupas, certa ocasião duas daquelas criaturas que circulavam por ali, ainda com braços e pernas como as suas, apesar das cabeças um pouco disformes, simplesmente se acercaram e levaram suas roupas embora, deixando-o quase nu, a tiritar de frio.

Aquilo foi a gota d'água para seu orgulho, já bastante ferido. Tirou forças de algum lugar e, num esforço supremo, gritou. Gritou durante muito tempo, como um uivo esganiçado e incompreensível. Gritou com todas as forças que lhe restavam, soltando toda sua raiva numa explosão que pareceu acordá-lo de vez daquele pesadelo.

Foi parando de gritar lentamente, sem perceber, até cair num sono profundo.

Acordou com suas dores aguçadas ao máximo, a ponto de enlouquecê-lo. Abriu os olhos num repente, assustado e se deu conta novamente de onde estava. Levou alguns instantes para lembrar-se de onde estava.

Desta vez começou a chorar copiosamente. Estava no limite da exaustão psicológica, completamente aniquilado. Desejou morrer, sem perceber que já estava morto.

Esse pensamento, contudo, pareceu trazer, subitamente, as lembranças do que tinha lhe acontecido em Badahn. Até então não tinha nem sequer muita consciência de quem era exatamente e, muitíssimo menos, do que fazia naquele lugar.

Só se apercebia do horror à sua volta, da raiva e do medo apavorante que tomava conta de todo seu ser, além do cansaço extremo e da dor, que ocupavam toda sua atividade mental.

Aos poucos foi restaurando sua própria história em seus arquivos mentais, de trás para frente. Vinham as imagens dos últimos momentos na mina ao lado daqueles espíritos sarcásticos, sem que soubesse o que fazia lá e quem era afinal.

Foi lentamente recuperando cada imagem, cada fragmento perdido em sua memória sobre sua vida, até descobrir sua identidade, seus valores e seu caráter. Redescobriu-se como Levin.

Havia entrado, nessa empreitada inconsciente, num estado letárgico, onde o mundo exterior parecia não contar muito. Ao final percebeu que a morte havia chegado, aquela que em seus arroubos de loucura prepotente, delirava que jamais o apanharia.

"Hei! Você aí", era uma voz forte e firme. Levou uns segundos para perceber que alguém se dirigia a ele. Era a primeira vez que ouvia um som inteligível. Parecia completamente abobalhado. Não sabia, mas décadas haviam se passado, o que lhe seria contado por aqueles homens mais tarde.

Olhou e viu, ajoelhados a seu lado, três homens com as aparências normais, apesar de sujos e malcuidados.

"Você pode falar se quiser. É só tentar", ouviu novamente e teve a certeza que era com ele.

Olhou desesperado para aquele que era seu interlocutor, querendo saber como faria isso. Havia súplica em seu olhar. Bem ele, que jamais havia pedido nada a quem quer que fosse.

Leo, nessa altura dos acontecimentos não resistiu e emendou, entre crítico e satisfeito com o destino do personagem, como Levin não fizesse parte dele mesmo:

"E ainda aparece alguém para ajudar. Era só o que faltava".

"Pois é...", concordei, deixando de lado o pedido para que ele não avaliasse a evolução dos fatos enquanto iam se desenrolando. O comentário era realmente irresistível.

Levin continuava a olhar desesperado para os homens sem nada poder fazer, a não ser cravar as unhas no chão. Percebeu que começavam a se impacientar e temeu que fossem embora.

De repente aqueles desconhecidos representavam a sua própria salvação, de alguma maneira.

Percebeu que o esforço estava sendo feito na direção errada. Estava se esforçando fisicamente e na verdade deveria fazê-lo mentalmente. Funcionou. Começou imediatamente a balbuciar sons, que embora sem nexo, encheram seu coração de esperança.

"Vamos, vamos!", ouviu e lhe pareceu um incentivo.

Logo estava falando algumas palavras e num tempo indeterminado já conseguia se expressar normalmente. Sorria como nunca havia feito na vida. Queria abraçar e beijar aquelas pessoas.

Os desconhecidos também riram:

"É bom falar, não? Sabemos porque já passamos por isso", confidenciaram.

Os Filhos das Estrelas

"É mesmo", parecia surpreso. Será que todos os que morrem ficam mudos por um tempo? Seus pensamentos estavam num turbilhão e despejou uma porção de perguntas.

"Calma!", ordenou aquele que parecia mais paciencioso.

"Precisa voltar a se mexer e andar primeiro. Precisa sair daqui. Este lugar não é nada seguro se você começa a falar", sentenciou.

Meneou a cabeça afirmativamente de forma obediente.

Passaram-lhe instruções simples e lentamente foi recuperando os movimentos. Suas costas pareciam que iam explodir e seus pulmões queimavam como fogo.

Com a ajuda dos novos companheiros conseguiu sentar-se. Pensou que fosse desmaiar de dor, mas logo veio a ordem:

"Se quiser sair daqui tem que aguentar firme".

Ampararam-no e o levantaram de uma só vez. Sua cabeça girou e achou que iria morrer, sem se lembrar, novamente, que já estava morto. Travou os dentes, curvou-se e fechou os punhos enquanto deixava escapar um doloroso gemido contido.

"Vamos sair daqui. Rápido", ouviu de novo aquilo que parecia ser uma voz de comando sensata e desejou poder colaborar, pois sentia que não teria outra chance de salvar-se, embora não soubesse bem de quê.

Desejava com todas as suas forças ser levado dali, para longe do perigo iminente e desconhecido que apressava aqueles homens.

Deu passos trôpegos, sentindo cada centímetro de seu corpo se contorcer em dor. Os três homens foram mais ou menos o carregando, enquanto suas pernas iam se esforçando para colaborar.

Por onde passavam, criaturas observavam. Algumas curiosas, de olhos esbugalhados, outras desinteressadas, mas a maioria inerte. Andaram, naquele ambiente amarelado pela poeira, por ruelas estreitas formadas provavelmente pelas estruturas caídas das colunas.

Muitos daqueles destroços eram amontoados por aqueles

seres à guisa de pequenas construções. Por todos os lados becos escuros escondiam um sem número de pessoas amontoadas.

Havia muita movimentação e aquele burburinho que ele tinha ouvido durante tanto tempo agora parecia ser um zumbido alto e desagradável. Levin não compreendia absolutamente nada do que acontecia por ali. De qualquer forma parecia que em alguns lugares havia uma espécie de vida semi-organizada.

Depois de muito andar chegaram num lugar que parecia uma pequena fortificação. Havia um muro alto e uma pequena brecha que servia de entrada, muito bem guardada por uma meia dúzia de homens "normais", como ele, armados com grandes lascas de pedra afiada, como enormes lanças, além de algo que pareciam espadas, na cintura.

"Então acharam mais um", foi o único comentário que ouviu antes de ser levado para dentro.

Era uma construção precária, mas pelo menos tinha uma espécie de teto. Foi levado para um canto onde pôde se deitar numa espécie de cama precária, mas muito melhor que o chão duro onde estava antes. Arranjaram alguns panos esburacados com os quais pôde se cobrir e amenizar o frio, que era intenso ali.

Podia parecer absurdo para alguém como Levin, mas sentia-se profundamente grato para com aquela gente que o acolhia. Deram-lhe qualquer coisa para beber. Um líquido escuro, sem gosto e sem aroma, mas que o aqueceu e pareceu a melhor coisa que já havia provado na vida.

Dormiu profundamente, sem se importar com as dores e com a confusão que sua vida se tornara. Dormiu por um tempo que jamais poderia precisar e quando acordou sentia-se um pouco melhor.

Passou um tempo sendo cuidado da forma que era possível naquele lugar. Quando se sentia melhor podia andar um pouco pelas imediações de sua cama. Perto do que passara, aquele lugar estranho, sujo e precário parecia um paraíso.

Com o tempo foi conversando com outras pessoas. Estranhamente só havia homens por ali, mas não ousava perguntar a razão. Compreendeu então que estava realmente na Grande Fortaleza de Zibstiz. Tinha ouvido falar daquele lugar uma centena de vezes, desde a adolescência.

Em Zangadahr as crianças e os jovens tinham aulas regulares sobre as coisas da espiritualidade normalmente nas grades curriculares e ninguém jamais poderia alegar ignorância sobre a continuidade da vida e sobre o destino dos que persistiam no mal, fosse sob a bandeira que fosse.

Levin estava atônito com os acontecimentos e, além disso, padecia terrivelmente com suas dores, que diminuíam, mas não desapareciam.

"O que vai acontecer agora?", pensava, preocupado com o futuro, justamente aquele sobre o qual, quando encarnado, jamais havia cogitado gastar um minuto de seu tempo em conjecturas.

A vida tinha sido um suceder de acontecimentos desconectados da razão de ser da própria vida e agora não sabia como proceder.

Zibstiz era o lugar no astral onde caíam as pessoas realmente más após a morte do corpo físico. Era como se fosse uma enorme prisão no astral, de onde não se saía jamais por conta própria.

Corria a lenda que de lá também não se voltava jamais para o planeta de origem. De fato não se lembrava se aquilo era uma lenda ou tinha mesmo sido um ensinamento no qual não havia prestado atenção.

Lembrou-se particularmente de um decano professor quando cursava suas últimas temporadas na Escola de Grann, que lecionava sobre a realidade espiritual.

Num dos grandes anfiteatros da escola, perfeitamente climatizado, duas ou três centenas de poltronas confortáveis e reclináveis acolhiam os alunos. Controles digitais forneciam a temperatura e posição adequada que cada um desejasse.

Cada aluno dispunha ainda de pequena tela à sua frente de onde podia assistir à palestra como se fosse um vídeo; podia ainda usar controles extras para anotar na grande tela atrás do professor, que ficava numa posição mais elevada para poder ser confortavelmente visto por todos, inscrevendo-se para dar apartes ou fazer perguntas nas horas aprazadas.

Pequenos microfones imantados nas roupas permitiam que o som de suas vozes ecoasse por todo auditório, assim como a do professor, quando acionados.

Suspirava ao lembrar-se do conforto perdido, ao qual jamais dera qualquer valor. Achava que todas as coisas estavam ali mesmo para simplesmente serem usadas e pronto.

Nunca havia pensado no esforço das pessoas que planejavam cada detalhe, para que a comunidade como um todo pudesse usufruir o melhor que o planeta podia oferecer a seus habitantes.

O velho professor Arimor, este era seu nome, falou muitas vezes de Zibstiz. Já tinha estado várias vezes em visita didática à Fortaleza através de viagens astrais cuidadosamente planejadas.

Havia uma imensa organização de trabalhadores espirituais que cuidavam de toda prisão e que recebiam carinhosamente os bondosos estudiosos que ali iam a fim de recolher dados e informações.

Informações estas que pudessem ser continuadamente passadas a seus jovens alunos, no intuito que eles não tivessem, um dia, o mesmo destino daquelas milhões de almas infelizes que a habitavam.

Levin lembrava-se dessas memórias perdidas no tempo, sem imaginar que já estava na Fortaleza há muito mais tempo daquele que o separava de sua infância.

Tinha passado sob a névoa empoeirada mais que o dobro do tempo de sua última vivência, mas ainda não tinha se dado conta disso.

As pessoas dentro daquela pequena fortificação não eram exatamente amistosas; pareciam mais querer manter um grupo do tipo "nós contra os outros", o que não lhe parecia uma má idéia. O futuro deixara de existir, passando a ser apenas o momento seguinte.

Levin imaginava que "os outros" eram aqueles repulsivos seres rastejantes que mofaram a seu lado durante o tempo que não pôde se mover e que vez ou outra se aproximavam e babavam em cima de seu corpo ou ainda aqueles que subiam pelas colunas feito bichos disformes.

Não queria nem imaginar como seriam aqueles que emitiam aqueles gritos estridentes como guinchos dolorosos.

De qualquer forma estava muito enganado. Essas pobres criaturas que habitavam as proximidades da construção em que se via abrigado eram, até certo ponto, inofensivas e tinham muito medo daqueles homens normais.

Parecia que, de alguma forma, a união entre eles, o contato pautado ainda pela inteligência propiciava que conseguissem manter suas formas perispirituais, ao contrário dos demais, cuja confusão e enlouquecimento, deteriorava rapidamente as belas formas humanas que traziam dos planetas classe 1 e 2, de onde todos por ali pareciam ser originários.

Portanto, não havia solução; ou ficavam juntos, se ajudavam e obrigatoriamente se relacionavam como aliados, ou se veriam reduzidos àqueles restos humanos.

E por causa disso também é que organizavam aquelas pequenas expedições à busca dos que ainda mantinham suas formas humanas íntegras, como aquela que salvou Levin.

Aquele agrupamento não era, absolutamente, composto de gente boazinha e solidária, ao contrário; eram frios e calculistas; eles simplesmente precisavam uns dos outros para aquilo que chamavam de sobreviver.

Por causa da névoa espessa e da densa e irritante poeira amarelada, a maioria absoluta dos recém-chegados não era encontrada. E também chamar Levin de recém-chegado era, no mínimo, estranho, pois havia permanecido por décadas caído no mesmo lugar sem ser visto pelas equipes de salvamento.

Começou a perceber que a relação tempo-espaço era confusa naquele lugar.

Na verdade, pouquíssimos eram achados. E como muitos terminavam desaparecendo no meio daqueles labirintos ou em combates com os zondarianos, o grupo mal conseguia se manter estável.

Levin ouvia aqui e ali aquelas informações, atônito. E pensava, num turbilhão de idéias e de sentimentos jamais experimentado anteriormente:

"Como fui cair aqui? Como foi me acontecer uma coisa destas? Como aqueles professores de Zangadahr podiam vir aqui e voltar?".

Essa idéia de que deveria haver uma maneira de sair dali o animou um pouco. E, prepotente, decidiu que se eles sabiam sair, ele também descobriria um modo de fazer a mesma coisa.

Sabia que os professores vinham apenas com seus perispíritos, embora ainda ligados a seus corpos físicos e daí deduziu que, como também estava apenas com seu perispírito, poderia sair também.

Aqueles estúpidos que o haviam salvado deviam estar errados quando diziam que ali era um lugar sem volta.

Certamente tinham desistido de procurar uma saída e somente se preocupavam em sobreviver ali, o que lhe parecia uma bobagem.

Não deviam gastar todas suas energias com aquela rede de defesa, pois, obviamente aqueles seres em volta não eram páreo para eles ali. Nem armas tinham, para não falar de agilidade física, naqueles corpos se decompondo.

Cedo descobriu que não era dessas criaturas que os "normais" tinham medo. Tinham medo daqueles que chamavam de "outros", os zondarianos. Tinha ouvido falar deles, mas não havia se interessado.

Como sempre havia feito na vida, se interessava apenas pelos seus próprios pensamentos, o que tinha lhe custado a própria vida.

O tempo passou e Levin conseguiu restaurar completamente sua atividade motora e mental. Nestas alturas andava para cima e para baixo com dois indivíduos também cientistas metidos em "missões" como ele e igualmente oriundos de Zangadahr. Ambos tinham, no entanto, chegado à Fortaleza séculos antes dele.

Tinham também passado um tempo interminável jogados por ali até terem sido encontrados ao acaso, como ele próprio. Levin se espantava como nada havia mudado e um deles deu o veredicto:

"Aqui nada muda nunca", e continuou, de forma definitiva: "Quando uma coluna cai, parece que surgem outras, do nada. Não dá para saber o que acontece. Todos os lugares são parecidos e é só se dar meia piscada e você estará perdido para sempre. Soubemos de gente que se perdeu e enlouqueceu tentando voltar. E se você enlouquece, você termina, acaba, se deteriora até ficar reduzido a um nada, como esses aí", apontou para cinco ou seis pequeninos amontoados de algo que parecia um barro endurecido despontando no meio da névoa, grudados ao pé de uma coluna.

Levin olhou e o ar pareceu lhe faltar. Sentiu náuseas e automaticamente retesou o corpo na direção contrária, para trás.

"Quer dizer que essas coisinhas são gente?", balbuciou, muito impressionado.

Os dois riram de leve de sua ignorância.

"É o que dizem. Sempre estiveram aí. E é por isso que andamos sempre juntos; para não nos perdermos, entendeu?", o tom agora era grave e verdadeiro.

Sim, havia entendido perfeitamente. Nunca havia pensado que o perispírito de uma pessoa pudesse simplesmente desaparecer daquela forma.

Até mesmo ficarem deformados como os da maioria fora da fortificação, era compreensível, pois não tinham mais uma mente completamente coesa que pudesse plasmar as formas originais de seu corpo físico.

O sofrimento e o desespero deterioravam seus sentimentos de tal forma, que o pensamento se desorganizava, ficando incapaz de manter o próprio perispírito, que ia, através do tempo inexorável, simplesmente se moldando nas formas do que havia em volta, por inércia.

Mas jamais imaginara que alguém pudesse chegar a esse ponto, da ausência completa da vida. Eram apenas pedras, ou algo assim. Era a morte em vida.

"Mas espíritos não morriam jamais. Teria algum pensamento emanando daquelas coisas? Teriam sentimentos?", esses pensamentos o horrorizaram. Olhou para os companheiros aguardando uma resposta. Mas eles apenas olhavam sem entender.

Esquecia que ali todos haviam perdido suas faculdades paranormais, o que no fundo parecia estranho. Estava numa outra dimensão onde os espíritos não mais atravessavam paredes e também não mais se comunicavam pelo pensamento.

De certa forma tinham sido seres culturalmente avançados em Zangadahr, mas ali, devido a seu atraso moral, eram apenas seres sem qualquer dom especial.

Voltou-se para os dois outros homens e fez sua pergunta:

"Vocês sabem se essas coisas pensam ou sentem alguma coisa?".

"Acho pessoalmente que sim. Até evito ficar olhando muito para elas. Me incomodam tanto como a primeira vez que eu soube do que se tratava. Talvez não pensem como nós, mas devem ter uma noção qualquer da identidade perdida. Eu teria. Com certeza devem sofrer muito".

"Será que tem volta deste estado? Espíritos não morrem", tentou.

"Se tem nunca vi acontecer. Existem milhares delas por toda a Fortaleza. Dizem que às vezes elas somem. Acho uma bobagem essa especulação, porque decerto aqueles seres de fora as levam para usar como qualquer coisa, pois não pensam direito. Além do mais existem pedras por todos os lados neste lugar. Como saber se esta ou aquela é mesmo o que restou de um espírito? Todo mundo aqui usa pedras para fazer abrigos".

Os Filhos das Estrelas

Enquanto o outro falava Levin olhava com perplexidade para aquelas coisinhas petrificadas e sentia um frio percorrer sua espinha. Estremeceu de leve e percebeu que estava com medo.

Tratou de levantar-se e sair dali, sendo seguido pelos amigos. Ia tomando ciência, um pouco mais a cada dia, da triste realidade do mundo que ora habitava.

Andavam apenas pela zona que chamavam de demarcada. Ruelas cheias de gente estranha; a maioria naquelas imediações estava apenas levemente deformada e muitos suplicavam para serem levados para a fortificação, sendo ignorados. Apenas eram levados para dentro alguns que estavam em melhor estado, para serem escravizados.

E mesmo estes, aceitavam com alegria as pesadas tarefas, achando que se recuperariam, o que terminava mesmo acontecendo com alguns. Quando isso acontecia deixavam seu status de escravos para se integrarem na comunidade. Afinal, seria mais um grato guerreiro.

Alguns choravam, gritavam e se desesperavam, sem, no entanto despertar qualquer sentimento em ninguém. Cada qual estava interessado apenas em resolver seu próprio problema.

Ao se aproximarem demais levavam chutes ou socos. Não costumavam insistir, pois os "normais" andavam em grupos bem armados, além de colocar guardas em lugares mais altos, vigiando todo o território.

De certa forma essa superioridade era a única coisa boa do lugar. Tinha um certo prazer em passar no meio daquela gente miserável. Sofria terrivelmente por estar ali, mas não perdia a pose e a arrogância quando a situação aparecia, aliás, como todos os da fortificação.

Levin já havia aprendido a plasmar roupas semelhantes às dos outros. Vestiam-se todos de forma parecida, com rústicas e feias roupas escuras, cobertos sempre por um pesado e descômodo casaco comprido quase até os pés, que os protegia um pouco do frio.

Em determinada ocasião ouve um alvoroço fora do

comum nas imediações da fortificação, quando muitos guardas, ao mesmo tempo, deram os toques de recolher.

As pessoas de fora corriam para todos os lados, se atropelando e se pisoteando. Os normais abriam caminho com suas lanças no meio da pequena multidão para entrar na fortificação. Havia uma espécie de cordão de isolamento bem ensaiado, que permitia sua entrada. Os demais eram enxotados a golpes de espada.

Dentro da fortificação todos corriam atrás de suas armas e Levin fez o mesmo, sem saber o que estava acontecendo. Reuniu-se rapidamente com os dois amigos e ficou então sabendo que os outros, os zondarianos, estavam por perto.

Até então não tinha se dado ao trabalho de investigar quem seriam esses zondarianos dos quais ouvia falar de quando em quando. Descobriu que eles eram um grupo pertencente a uma outra fortificação e que, provavelmente, havia centenas delas dentro de Zibstiz.

O problema era que o tamanho da Fortaleza era incomensurável e dali eles não aventuravam para longe de seu território, justamente para não se perderem, naquele mundo onde todas os lugares eram parecidos.

Desta forma eles apenas tinham conhecimento da existência de mais duas fortificações nas proximidades, embora adivinhassem ser muitas, pois nunca se podia prever por onde os espíritos sugados das crostas dos planetas iriam entrar, ou melhor, cair.

Os tais zondarianos se chamavam assim por causa de seu forte líder, de nome Zondar. Eles ali eram conhecidos apenas como integrantes dos Normais. A terceira fortificação era chamada apenas de a Grande Terceira e seus membros raramente saíam de seu território, defendendo-o com unhas e dentes de qualquer ataque.

A Grande Terceira tinha essa denominação por ser a maior das três; mas Levin, por sua vez, não conhecia nenhuma além da sua. Nunca havia se aventurado para fora do território, pois com frequência ouvia muitas histórias de homens que saíam e não mais voltavam.

Os normais também tinham um líder; um homem já muito velho, mas astuto e muitíssimo respeitado de nome Lein. Nunca havia falado com ele, mesmo porque o acesso era muito restrito.

Só os subcomandantes, digamos assim, podiam falar com ele. Via-o, às vezes, nas grandes reuniões, onde as ordens e regulamentos eram passados, mas era só.

Não existiam muitas regras a serem seguidas, mas as poucas que havia deviam ser obedecidas à risca, sob pena de expulsão da fortificação. Desta forma ninguém cogitava, nem mesmo de longe, transgredir qualquer norma.

Não havia, portanto guardas para os lugares proibidos ali dentro; ninguém simplesmente entrava onde não devia e pronto; ninguém se revoltava com nada, assim como ninguém reclamava de nada.

Todos faziam guarda do lado de fora, em turnos. Todos que já fossem considerados aptos, o que ainda não era o caso de Levin, que ainda estava sendo treinado nas armas, como muitos outros. Na verdade não tinha qualquer jeito com aquelas coisas pesadas e demorava aprender.

Na hora do alvoroço correu a pegar sua espada e, desajeitado, postou-se ao lado dos companheiros, sem saber o que esperar. Havia os mais antigos e corajosos que eram os guardas especiais, que nessas ocasiões não voltavam correndo para a fortificação, como os demais.

Escalavam lugares altos nas colunas, escondidos nos buracos de onde expulsavam seus moradores habituais, se tornando praticamente invisíveis pela névoa que tomava conta do lugar.

De lá tinham uma visão um pouco mais ampliada da situação e enviavam os sinais sonoros, como gritos ritmados ou batidas em tipos de tambores, que iam sendo passadas de um para outro e que pareciam ressoar por toda a Fortaleza, num estranho sistema de ecos.

Cada sequência de sons significava uma coisa diferente e todos entendiam os seus significados e se moviam de acordo com essas instruções.

"Não entendo por que nos atacam. Não chegamos nem perto do território deles", reclamou com um dos amigos, entrincheirados os três num buraco alto dentro da fortificação, de onde também tinham uma pequena vista para o lado de fora.

A fortificação era um amontoado de construções precárias, que se sobrepunham umas às outras, formando um grande complexo que mais parecia uma porção de caixas sobrepostas de forma relaxada, entremeadas por ruelas escuras.

Havia uma construção maior ao centro, que era o lugar do líder e de seus comandantes e onde se realizavam as grandes reuniões; em volta ficava esse emaranhado de pequenas construções sobrepostas, que mais pareciam grutas.

Rodeando toda a fortificação havia o arremedo de uma muralha que protegia o lugar, de cima de onde dezenas de guardas vigiavam o tempo todo.

"Não estão nos atacando. Estão apenas exibindo sua força. Sempre fazem isso. Aproveitam para escolher alguns escravos entre os de fora", respondeu um deles, fazendo um sinal com a cabeça chamando a atenção para os gritos aterrorizados que ecoavam ao longe.

"Os de fora não sabem se serem escravos dos zondarianos é de fato uma esperança, como aqui, e por isso se apavoravam quando eles chegam, pois supõem que poderão depois, simplesmente, ser destruídos".

"Então por qual razão estamos aqui preparados para um confronto, se já sabemos que não virão até aqui? E por que vêm buscar escravos tão longe?", insistia nosso apavorado Levin.

"Você faz perguntas demais", decretou o outro homem, encerrando o assunto.

Levin se calou, mas depois de um tempo o outro resolveu explicar:

"Não sabemos se nas bandas de lá os de fora têm tão boas condições de trabalho como estes daqui. Quanto a nós, os que são capturados por aí jamais voltaram para contar a história. Então estamos apenas assegurando que ninguém aqui seja capturado", fez uma pausa e completou:

"Lein não se dá ao trabalho de ir lá pegar ninguém deles, mas se alguém é achado por aqui tem que sumir também, só para manter o respeito entre as partes. Entendeu?".

"Parece um jogo inútil", comentou, sob o olhar de aprovação dos dois. E pensava nisso quando um dos outros emendou, como que falando para si mesmo:

"Inútil, mas se o pegarem você é destruído meu caro. E esse jogo existe muito antes de nós. Não ditamos as regras; apenas jogamos. Temos forças iguais e por isso nos respeitamos. Por isso recolhemos os que chegam da morte. Para manter o grupo grande e forte. Se reduzirmos nosso número não seremos respeitados".

Levin pensou nas "missões" e percebeu que era tudo a mesma coisa. Mediam forças com grupos rivais e muitas vezes alguns morriam. Era um jogo também, com vencedores e perdedores individuais e não dos grupos em si.

Também não havia prêmios para as equipes ganhadoras, porque ninguém ganhava nada de fato. Tudo exatamente como ali. E na Fortaleza, por não poder morrer novamente, as pessoas simplesmente desapareciam quando seus perispíritos eram destruídos.

Mas de qualquer forma, tanto lá como ali, tudo tinha agora na sua mente um quê de perda de tempo, embora não pudesse imaginar nada melhor para fazer, nem antes e nem agora. Percebeu de repente que a situação o excitava da mesma forma como acontecia antigamente.

Riu sozinho e comentou:

"É. Tudo é exatamente igual porque somos as mesmas pessoas", falou quase que para si mesmo e os outros não entenderam nada.

"Devíamos mostrar nossas forças lá também. Só para ver o que acontece. Se formos em muitos também vão ficar entrincheirados, só espiando, como nós agora. Até que seria divertido", disparou sem pensar, sendo olhado com um misto de espanto e admiração.

Os outros usavam roupas parecidas com as deles. Pesadas, feias e cheias de pontos brilhantes que pareciam pedaços de metal. Traziam muitas armas, também muito parecidas com as que usavam. Espadas e lanças de vários tipos.

Às vezes se viam outras coisas mais pesadas, que eram arrastadas em pequenas carroças. Pareciam ser lançadores de algum tipo de projétil.

Por onde passavam era uma enorme correria, com um barulho ensurdecedor. Criaturas corriam como podiam para todos os lados, tentando fugir pelo mar de labirintos que era aquele lugar infernal.

Os seres que habitavam as colunas disparavam para o alto, deixando no ambiente, através dos ecos, guinchos estridentes que doíam na cabeça de quem ouvia. A poeira movimentada dificultava ainda mais a visão, tornando todo o ambiente uma enorme confusão.

Postaram-se a uma distância respeitosa da fortificação, enquanto os gritos ritmados e os tambores dos guardas das alturas não cessavam, mostrando que todos estavam em alerta e preparados. Ficaram uns tempos por ali, numa postura ameaçadora, sem nada fazer, no entanto.

Da mesma forma que vieram, se foram, mas não sem antes deixar para trás um rastro de destruição maior ainda do que aquilo já era normalmente.

Naquele lugar onde não havia nem dia e nem noite e onde aquela semi-penumbra amarelada fazia com que o tempo parecesse não passar nunca, era como se nunca houvesse um descanso; por isso todos estavam sempre mais ou menos cansados.

Apesar do cansaço, havia alguma coisa naquele lugar que fazia com que as pessoas não conseguissem dormir direito, como quando estavam vivos. Depois desses entreveros então é como se o mundo desabasse sobre as costas de todos. Muitos caíam desmaiados pelos cantos. Outros ficavam como em estado de choque, inertes e vulneráveis. Como se toda sua energia tivesse sido sugada.

Um silêncio aterrador pairava no ar; os que estavam conscientes mal conseguiam respirar, desesperados com a própria impotência e com a falta absoluta de defesa que a situação causava. Não tinham forças nem para gritar; quanto mais para mover um dedo que fosse. Entravam num estado de delírio absoluto.

Os que estavam desmaiados se contorciam em pesadelos terríveis; se debatiam e empapavam as roupas de um suor estranho, naquele clima gélido.

Um tempo incontável se passava até que todos fossem, lentamente, saindo daquele estado de torpor. Nem mesmo as criaturas mais desprezíveis escapavam deste estado após as grandes convulsões decorrentes dos ataques dos outros.

Levin passou por sua primeira experiência desse tipo e foi um dos que ficou em estado de choque, semiconsciente, mas impossibilitado de mover-se.

Sofreu horrivelmente, supondo que jamais sairia daquela situação e achando que no instante seguinte alguém viria para destruí-lo. Um zondariano qualquer voltaria e acabaria com todos a golpes de espada. Delirava como os outros.

Quando começou a mover-se, o que acontecia para cada um em tempos diferentes, sentiu-se completamente aniquilado; suas forças haviam se exaurido até quase a última faísca de energia possível. Desta vez não havia quem o ajudasse, pois estavam exatamente na mesma situação.

Olhou para os lados com os olhos esgazeados e o que viu foi gente se contorcendo, além de outros sentados abobalhados, como ele mesmo estava. Os que despertavam dos pesadelos gemiam ou gritavam esganiçados, desesperados.

Algumas criaturas dos de fora que haviam semi-despertado

antes deles, vagavam por dentro da fortificação, sem rumo; quando se davam conta de onde estavam, tentavam correr para fugir, mas, sem forças, terminavam tropeçando e caindo por cima dos que estavam ainda caídos.

Um caos total. Lentamente, muito lentamente as pessoas de fora iam voltando para o território, ressabiadas, parecendo não entender o que havia acontecido. Muitos não voltavam e talvez tivessem se perdido nos labirintos ou sido simplesmente destruídos ou ainda, quem sabe, levados como escravos.

Havia uma movimentação em câmara lenta por toda a parte. Os de fora e as criaturas das alturas procuravam achar novos refúgios e recolher coisas abandonadas na correria pela turba enlouquecida. Pareciam todos meio atordoados, como um bando de retardados sem rumo.

Os da fortificação se olhavam como que pela primeira vez. Tratavam de procurar os seus cantos, mudos, arrastando suas armas e as pernas cansadas, esquecidos da segurança, dos de fora que ainda sobravam por ali e, principalmente, dos zondarianos.

Levin ficou ali sentado por um longo tempo. Seus pensamentos eram confusos, e tentava, num esforço supremo compreender o que tinha acontecido a todos. Entender as razões de nunca ninguém lhe ter falado sobre aquilo antes.

Mas o fato é que o episódio foi pouco comentado, mesmo nos momentos que se seguiram. Cada um foi para um lado e quase não falaram uns com os outros. Havia como uma nuvem perene nas mentes de todos, que empobrecia as lembranças mais profundas.

Com o tempo, o que ficava sempre claro era a ameaça permanente que os outros representavam e nada mais. As convulsões, os delírios e os pesadelos iam se apagando.

Alguma coisa acontecia, que somente a mente espiritual de Levin conseguia relatar, pois fugia à sua própria consciência, que empurrava para o fundo de suas mentes parte do acontecido. Não notavam nem mesmo que muitos haviam simplesmente desaparecido.

Os Filhos das Estrelas

Levin, ele mesmo, notou, meio por cima, que os dois companheiros haviam sumido também, mas não procurou por eles e para falar a verdade logo se esqueceu deles. Era como se jamais os tivesse conhecido. O tempo passou naquele mundo onde todos os dias eram parecidos e sua importância foi desaparecendo para Levin.

Não importava mais quem estava a seu lado, se conseguia algum conforto ou não naquele clima invernal permanente, se sofria com a fome que de tempos em tempos assolava o lugar, se torturava uma criatura qualquer para passar o tempo, se companheiros desapareciam misteriosamente.

Vivia-se o momento e pronto. O medo de ser destruído para sempre era a única coisa que movia os normais e mantinha um sentido gregário na fortificação. Vivia-se para se armarem e para treinarem para a guerra improvável. Vivia-se também para o salvamento interessado de outros normais que caíssem por ali, para engrossar as suas fileiras.

Não havia mais o ontem e não havia o amanhã. Só o medo existia.

Esses sentimentos confusos que nutriam e mantinham as vidas daqueles homens abandonados, aparentemente, à própria sorte causavam espanto em nosso Leo.

"Esse lugar parece uma fábrica de loucura. Que tormento. O inferno deve ser assim", comentava espantado.

Eu pensava com meus botões que esse devia mesmo ser o inferno particular criado, plasmado por eles mesmos, infelizes criaturas que teimaram no mal séculos a fio, esquecidos do amanhã; esquecidos que para tudo na vida tem um limite, esteja o espírito encarnado onde estiver.

Limite inclusive para a maldade anônima e renitente, praticada quase como um passatempo sem sentido, como no caso de muitos deles.

Nem conseguia imaginar o que teriam feito aqueles que eram os de fora, que iam perdendo suas belas formas perispirituais com o passar do tempo, chegando às vezes à forma de monstros rastejantes, como aqueles que passavam e babavam sobre o corpo de Levin, quando ficou perdido na névoa.

Muitíssimo menos concebia o que e em que tempo na história dos mundos, poderia ter acontecido pelas mãos do chamado povo das alturas, reduzido a bichos pestilentos que se moviam como insetos, para cima e para baixo, pelas colunas cobertas daquela gosma preta, numa movimentação insana.

As lembranças da vida encarnada, ao contrário dos ataques dos zondarianos eram, por alguma razão, vívidas nas mentes de todos. Havia até quem se lamentasse dos próprios atos, mas a maioria era orgulhosa demais para dar o braço a torcer.

Parecia que a simples visão daquele mundo aterrador à sua volta, com seus infelizes moradores, não era o suficiente para acordar a maioria deles, como Levin, por exemplo.

Talvez precisassem viver uns tempos na pele dos de fora, perdendo partes do próprio corpo, se tornando lentamente monstros irreconhecíveis e perdendo, às vezes, até a própria identidade, para se curvarem à razão.

Até quando ficariam ali? Ora, o para sempre não existe para o espírito, nem mesmo a destruição do perispírito poderia ser para sempre. A roda das existências precisava continuar de alguma forma. Talvez não da forma e no tempo que nós conhecemos, mas como? Como sairiam dali um dia?

Essas indagações percorriam as nossas mentes diante de tão inusitado relato.

Bem, de qualquer forma, mais cedo ou mais tarde, isso um dia aconteceria para todos, mas de uma maneira totalmente diversa do que imaginávamos Leo e eu.

Esses episódios, isto é, os ataques dos outros, se repetiram muitas vezes. A cada nova vez que acontecia, muitos continuavam a desaparecer, misteriosamente, durante aquele estado de torpor que tomava conta de todos no território, sem exceção.

Esse desaparecimento era a chave para o entendimento da continuação da ciranda das reencarnações; do entendimento sobre a contínua chegada das novas oportunidades e da incrível relação tempo-espaço entre os diversos mundos. Saberíamos disso, e muito mais, logo a seguir.

Capítulo 8
Bahnboldor –
A colônia dos degredados

... a terra dos condenados ...

"Em verdade, desde as mais remotas eras acompanhamos vosso caminhar pelas estradas deste planeta escola Terra. Desde a antiga Lemúria, anteriormente à chegada dos imigrantes capelinos, o amor nos trazia para muito perto da humanidade que habitava o orbe, o que em breve será comprovado por vossos cientistas com a descoberta de artefatos "alienígenas" como denominareis nossos aparelhamentos, com idade superior a 50.000 anos de vosso calendário como será comprovado pela análise de tais objetos.

Estivemos também atuantes na chegada dos irmãos oriundos do sistema de Capela, sempre sinalizando a todos sobre a grande oportunidade de retificarem seus destinos cármicos na nova pátria que os acolhia. Visitamos muitos iniciados e fomos percebidos por seres com a visão psíquica desenvolvida durante a antiguidade o que levou à crença em deuses alados, com carros de fogo, constante de todas as mitologias antigas, na ânsia dos humanos em representar aquilo que ainda não compreendiam.

Acompanhamos todos os grandes surtos de civilização como, por exemplo, na Atlântida, no Egito, na Babilônia, na Índia, na Pérsia, na Judéia, não só com o cristianismo, mas muito fortemente junto aos essênios e, ainda, deixamos nossa presença indelevelmente marcada nas páginas dos contos da idade média e da era pré-moderna, sem contar os avistamentos e os contatos ocorridos no século vinte, que provocaram muitos estudos por parte da comunidade científica daquele tempo".

Tuniú - 6ª Frota

Capítulo 8
Bahnboldor –
A colônia dos degredados

Um dia, o nada.

Após um dos ataques dos zondarianos Levin pairou num nada. Flutuou durante um tempo incontável num vácuo, semiconsciente, querendo acordar e ao mesmo tempo querendo dormir. Nunca soube quanto tempo havia ficado nesse interstício de consciência.

Nos raros lapsos em que era dada a oportunidade de ter noção de si imaginava, em sua confusão, que havia sido destruído. Desesperava-se para logo a seguir cair no mesmo estado anterior.

Um tempo sem fim depois daquilo ter começado acordou de repente num enorme pavilhão. Ocupava um discreto colchão no chão, ladeado por milhares de outros. Eram todos homens. Usavam um camisão folgado de um tecido cru, sem cor e sem botões, que descia até os joelhos.

Ficou olhando por um tempo interminável, abobalhado, sem entender absolutamente nada. Outros olhavam para si com a mesma expressão de espanto estampadas em suas faces e completamente mudos. Nada se ouvia naquele lugar.

Seu primeiro pensamento foi achá-los horríveis. Todos estropiados, magros e com chagas pelo corpo. O segundo pensamento, que veio de repente e o fez abrir um cândido sorriso, como há muito tempo não fazia, foi:

"Então, não fui destruído?", perguntou para si mesmo. Sorriu novamente, mas seu sorriso foi interrompido bruscamente quando olhou para si mesmo.

Estava esquálido e com o corpo todo coberto de profundas feridas, de onde, todavia, não purgava nada. No momento em que viu as feridas sentiu dores intensas nos locais onde elas se localizavam. As mãos e os pés estavam inchados e ao passar a mão pelo rosto notou que estava coberto de pequenas crostas. Seu estado era deplorável.

Assustado, notou que muitos outros também mudavam suas expressões, na medida que iam tomando consciência de como estavam. De apalermados se tornavam tensos e com expressões de dor e medo.

O que teria lhe acontecido? Como foi parar naquele lugar? Quem era aquela gente toda? Onde havia contraído aquela doença terrível? Sua cabeça doía com tantas indagações sem resposta.

"Não fui destruído, mas estou à morte", pensou desalentado. Suas forças foram se acabando e terminou dormindo.

Ele ainda não sabia, mas havia sido levado para uma grande colônia de recuperação espiritual, de onde seria preparado para uma reencarnação. Não só não sabia do que se tratava aquele lugar, como também não fazia a menor idéia por onde tinha passado antes de se encontrar ali.

Aquelas enormes feridas que cobriam seu corpo e que na sua memória não existiam, eram frutos não de lesões pelas quais seu corpo físico tivesse passado quando de sua última encarnação em Zangadahr e tampouco de eventuais lesões no seu perispírito quando de sua estadia na Grande Fortaleza de Zibstiz.

Quando vivo, digamos assim, nada sofreu que pudesse ter deixado tais cicatrizes em seu perispírito e depois de morto nunca chegou a ser um dos de fora da fortificação, aqueles que, de alguma forma, começavam a decompor o próprio perispírito; aqueles que iam perdendo a noção de suas próprias formas humanas e não mais conseguiam plasmar o antigo corpo como de fato ele era.

Não haveria qualquer explicação lógica se não pudéssemos entender algumas coisas, que nos foram mais tarde confirmadas pela mente espiritual de Leo, numa outra encarnação, num tempo posterior, já aqui na Terra, quando nem mesmo a personalidade em questão era mais Levin, como nós o conhecemos, em toda sua desventura.

Quando foi salvo na Fortaleza pelos normais, décadas haviam se passado; havia perdido a noção do tempo. Seu perispírito já sofria intensamente a ação de sua personalidade sobre ele, embora os sinais não estivessem evidentes devido a sua semiconsciência.

Ao contrário do que se pode pensar, o que causava nas pessoas a impossibilidade de plasmar a integridade do perispírito, isto é, de se lembrar, das formas humanas e até mesmo de mantê-lo íntegro e livre de doenças ou pústulas, não era apenas o ambiente aterrador, com sua energia negativa entremeada naquela poeira amarelada ou tampouco o desespero generalizado da maioria daquela gente.

O que estava sendo passado para o perispírito era muito mais a decomposição da alma; aquelas almas iam se deteriorando através de suas imperfeições, das emanações venenosas da maldade e do egoísmo que impregnava cada centelha viva de seu ser.

Essa deterioração era mais rápida em alguns, como os de fora ou os seres das alturas, por exemplo.

Levin tinha tido a sorte de ter sido encontrado e levado para a fortificação dos normais. Apesar de toda sua insensibilidade ao sofrimento alheio, se enquadrou, de alguma forma, na categoria daqueles aos quais uma oportunidade mais fácil seria dada.

Fácil apenas no sentido de que conservaria sua mente mais apta para pensar, refletir, entender e se arrepender do que havia feito.

Teriam sido estas outras criaturas piores do que ele durante o privilégio desperdiçado da reencarnação anterior?

É provável que sim. Vindos de muitos planetas diferentes, mas naquele nível de tecnologia, todos, no entanto, tinham tido a oportunidade de conhecer os princípios da federação e nenhum bom uso haviam feito disso.

A questão era: por que as feridas não apareceram durante sua estadia na Fortaleza e agora apareciam e todas de uma só vez?

O nível vibratório em que Levin e seus companheiros se encontravam não permitia que eles vissem ou sentissem as chagas que já começavam a se abrir.

Era como se, em sua superioridade emburrecida, não conseguissem ou não quisessem perceber a realidade do que lhes acontecia de fato, em sua expressão maior, sentindo-se privilegiados, em vez de agradecidos.

Estavam todos cegos em função da simples continuidade do exercício do próprio caráter. Era como se, hoje em dia, alguns criminosos se sentissem sortudos por irem cair num complexo penal de onde podem continuar a exercitar seus crimes ou comandar suas quadrilhas, em vez de terem ido parar em outro, de regime mais austero.

Mesmo estando vivendo em condições também miseráveis, estas não são suficientes para que parem, um só instante que seja, e decidam que o crime não compensa.

Na persistência no crime então, em nossas falíveis sociedades, ao contrário do rigoroso sistema de penalização astral, são enviados para solitárias ou corredores da morte de onde nunca mais poderão sair.

E mesmo ali, custam uma eternidade a compreender que erraram muito e que a culpa é exclusivamente deles mesmos.

A maioria, no entanto, quando finalmente acuada, gasta um tempo enorme apenas se lamentando e procurando um culpado com quem dividir as responsabilidades, como a família, a sociedade ou a condição social, por exemplo.

Levin também faria a mesma coisa na roda das existências no porvir, e mesmo antes disso.

De tempos em tempos muitos eram sugados da Fortaleza

durante aqueles pseudoconfrontos com os outros.

Só conheciam três fortificações porque não ousavam ir muito mais além de seu próprio território, mas milhares de outras estavam espalhadas por toda a fortificação. E todas se comportavam mais ou menos do mesmo jeito, dependendo de seus líderes.

Lein, o chefe, por exemplo, já estava enjoado daqueles confrontos e preferia apenas se defender e manter o seu espaço, ao contrário de Zondar, o líder belicoso dos zondarianos. E assim por diante.

Durante esses encontros, usando-se a estratégia da surpresa e até para não haver resistências, pois estavam preocupados com outras coisas que não fosse a solução do fato de estarem ali, milhares eram sugados para diferentes lugares.

Havia, naturalmente, os arrependidos, embora nada dissessem com medo de represálias, como veio a acontecer com o próprio Lein, como soubemos mais tarde. Cada qual, no momento exato, era sugado para fora daquele lugar terrível.

Ou porque em seus espíritos começava a brilhar uma tênue fagulha de arrependimento verdadeiro ou justamente pelo contrário, o novo passo teria que ser dado no sentido da recuperação daquele infrator, exatamente como aqui na nossa Terra.

Ao contrário também do que se pode pensar, se aqueles espíritos todos, sem exceção, tão carregados com sua potencial carga vibratória negativa, capaz de desestabilizar seus próprios envoltórios espirituais, fossem encaminhados, imediatamente após a morte naquela sucessão de vidas inúteis, para uma nova reencarnação, os corpos físicos resultantes dessa massa energética não suportariam e não seriam capazes de se formar com a condição mínima necessária para abrigar a vida.

Dessa forma, a passagem pela Fortaleza, com sua atmosfera pesada e sua névoa pestilenta e malcheirosa, onde todos haviam ficado mais ou menos enterrados, como num charco pantanoso por décadas antes de se levantarem, de uma forma ou de outra, além da continuidade do convívio direto com as mesmas condições, iniciava como que uma depuração dessa alma.

Era como se essa alma estivesse sendo lavada, com o material possível, para conseguir drenar para fora toda ou parte de sua sujeira interna, muito mais densa e imunda que a do ambiente.

Mesmo que as feridas e as deformações não devessem ser visualizadas pelo indivíduo naquela passagem, elas lá estavam, funcionando como um dreno necessário às graves infecções do espírito.

Mas tudo era apenas o começo de uma nova e longa jornada de tratamento. Aquelas almas estavam muito doentes e precisariam de um longo isolamento para se recuperar. E foi exatamente o que aconteceu. E ao que parece, com a maioria de nós.[*]

Da Fortaleza Levin foi levado, sem perceber, para a colônia de tratamento e ali, livre de um referencial de comparação entre ele mesmo e aqueles outros que julgava inferiores, sob sua ótica defeituosa, conseguia então enxergar como estava de fato.

Ele e todos os demais pareciam acordar de uma ilusão dolorosa.

Apesar de não entender o que estava acontecendo e apesar das dores, percebia que o local era limpo e que sua atmosfera era menos rarefeita e menos impregnada de cheiros apodrecidos.

Aos poucos foi se sentindo um pouco confortado naquele ambiente da mais absoluta simplicidade, apesar do medo e da insegurança que a situação desconhecida lhe causava.

"Será que estou num tipo de hospital?", pensou muito mais tarde, na medida que seus medos iam diminuindo e sua clareza mental ia retornando.

De quando em quando passavam pessoas andando com desenvoltura entre as camas no chão, aparentemente surgidas do nada.

---

[*] Em *Mediunidade de Cura*,[1] Ramatís discorre, entre muitos outros assuntos, a necessidade da recuperação do perispírito antes da reencarnação.

Homens que se vestiam de roupas mais finas, mas igualmente discretas. Usavam apenas uma calça e uma espécie de bata curta e solta por cima, sem nenhum adereço. Sapatos acolchoados, como botas invisíveis, tornavam aquela movimentação inaudível.

Estavam todos aparentemente grudados nas camas por uma força estranha, pois não tinham desejo de saírem dali. Estavam prostrados, exaustos, como se chegassem de uma longa caminhada.

Um ou outro se sentava, como Levin, olhava em volta, para aquele mar de camas baixas que ia até onde sua visão alcançava e depois se deitava novamente.

Em determinado momento Levin foi abordado por um daqueles homens de bata, cuja aparência jovial e límpida contrastava com as deles nas camas. Ele se abaixou a seu lado, como já havia notado que eles faziam ao lado dos leitos e perguntou como se sentia.

Levin estava meio sedado e confuso com tantos acontecimentos, mas percebeu que aquele homem era o único que poderia trazer alguma informação sobre o que se passava consigo.

Era interessante notar que esses homens iam às camas próximas, mas ninguém das imediações os abordava para esclarecer coisa alguma. Cada qual parecia esperar, pacientemente, a sua vez. Era tudo muito estranho.

"Não sei dizer como estou", respondeu com alguma dificuldade.

O estranho sorriu e colocou a mão no seu peito. Aquilo funcionou quase como uma transfusão de vitalidade. Sentiu-se imediatamente melhor. Mais lúcido e mais disposto para conversar com ele.

Agradeceu timidamente e espantou-se com a própria atitude. O homem o olhou de forma compreensiva, adivinhando seus pensamentos. Compreendeu que estava de volta ao mundo onde as pessoas eram capazes de fazer essas coisas.

"Pode me dizer como vim parar aqui? E o que é este lugar?", perguntou baixinho, como se não quisesse ser ouvido pelos outros; como se o estranho fosse contar algum segredo.

"Estamos na colônia espiritual de Bahnboldor", respondeu calmamente, sem tirar a mão de seu peito.

"Bahnboldor? Nunca ouvi falar", pensou, recordando-se das lições aprendidas na Escola de Grann. Pensava saber tudo sobre essas tais colônias, pois essas aulas haviam sido repassadas cuidadosamente em todos os anos da Escola.

Sabia dos diversos níveis de colônias e já tinha até ouvido falar dessas colônias tipo enfermaria. Surpreendeu-se com o próprio pensamento.

"É claro! Estou numa colônia espiritual. Como não pensei nisso?", pensou em voz alta.

"Você nunca ouviu falar em Bahnboldor porque não há permissão para que ela seja divulgada para todos, nos planetas", falou o homem que o ajudava, respondendo à indagação que havia feito para si mesmo.

Ele o olhava de forma mansa, mas penetrante, deixando claro que sabia tudo sobre sua pessoa.

Levin não pôde deixar de abaixar os olhos. Pela primeira vez desde que se conhecia como gente sentia-se envergonhado. Sua vida e seus valores passaram todos pela sua mente na velocidade de um raio. Era também a primeira vez que se sentia completamente nu perto de uma pessoa e tudo estava confuso na sua mente.

O estranho não o poupou de sua vergonha, continuando a olhá-lo com bondade, mas fixamente. Sim, ele sabia tudo a respeito de Levin. E deveria cumprir a penosa missão, em breve, de informá-lo quanto a seu futuro. Não havia mais volta.

"Todos aqui são oriundos de Zangadahr, como você, e esta colônia fica na região inferior do astral, sobre o planeta. Não há permissão para se falar sobre ela, a não ser para alguns instrutores encarnados muito avançados de seu planeta, porque é uma colônia reservada e muito especial. Logo eu lhe contarei

mais sobre nossa função aqui", parou um pouco e continuou:
"Por enquanto o que você pode saber é que seu perispírito está sendo tratado para se preparar para uma nova reencarnação. Isso que você vê como chagas no seu corpo espiritual, na verdade é uma espécie de tratamento para purificar um pouco a sua alma", parava de falar e olhava compadecido para suas feridas, para onde projetava suaves raios de cor verde-claro que saíam de suas mãos.
"Sempre estiveram com você nos tempos da Fortaleza. Você simplesmente não as via. Eram muito maiores", fez uma nova pausa, sabendo que Levin entendia perfeitamente do que estava falando.
"Se você não passasse por Zibstiz para purgar um pouco as energias negativas de sua alma, não teria forças para uma nova vida, pois as marcas dos erros do passado passariam direto para seu corpo físico e o matariam antes mesmo de você nascer".
Levin o ouvia de olhos arregalados, mas voltados para baixo; lábios crispados, testa franzida e mãos úmidas, que esfregava uma na outra. Estava arrasado.
E ele continuou:
"Em breve nós lhe mostraremos e você vai se lembrar dos outros lugares pelos quais passou antes de chegar aqui".
Observando o olhar espantado de Levin ante essa afirmativa, esclareceu:
"Sim. Você passou por dois outros lugares num astral mais inferior ainda que aqui antes de poder ser trazido para cá. Seu corpo todo era uma ferida só e não havia ainda condições de ser preparado para voltar", completou, recomendando que descansasse e deixando-o a seguir.
Levin estava atônito. Chegou a ficar esperançoso, achando que o sofrimento estava terminando e que voltaria a reencarnar em Zangadahr.
Não se lembrava absolutamente de nada, mas tinha a sensação de que não gostaria de nada do que viria a saber. E

não gostou mesmo, quando posteriormente, L'iantsui, esse era o nome do homem que falava consigo, lhe mostrou.

Foi, em outra ocasião, levado a uma enorme dependência onde havia macas altas, nas quais centenas de pessoas estavam deitadas, com tubos coloridos acoplados em suas cabeças, através de algum mecanismo invisível.

Dormiam, mas pareciam todas presas de horríveis pesadelos, pois choravam, gritavam e se contorciam, num sofrimento pungente.

Muitos trabalhadores vestidos de forma parecida com L'iantsui atendiam a várias macas, dando assistência a seus ocupantes, como que para garantir que tudo sairia a contento.

Falavam baixinho entre si através de algum dispositivo que Levin não conseguia distinguir e controlavam, cada um, um pequeno painel que ficava no centro da meia dúzia de macas dispostas em círculos, das quais cuidava.

Dezenas de pequenos círculos formados por macas estavam dispostos no salão, de forma harmoniosa.

O instrutor o conduziu mansamente até um dos círculos e cumprimentou calorosamente o trabalhador de plantão. Havia duas macas vazias e foi convidado a se deitar em uma delas.

Sabia que iria regredir ao passado para saber os lugares por onde havia estado antes de chegar à colônia. Não tinha escolha.

Estava ansioso, num misto de temor ao notar a reação das pessoas que passavam pelo processo, mas também por notar em si certa incredulidade com seu próprio comportamento. Estava incrivelmente cordato. Parecia um autômato.

L'iantsui se aproximou depois que havia se deitado e lhe falou:

"Eles estão apenas sonhando. São apenas lembranças. Nada é real agora", garantiu, omitindo com delicadeza os ferimentos morais que essas lembranças deixariam em sua alma.

Os tubos foram instalados e num segundo Levin viu um lugar que parecia um pequeno charco pantanoso. Muitas pessoas se espalhavam por ali. Todos maltrapilhos e afundados naquela água lodosa, cheia de plantas viscosas, que se emaranhavam pelos braços e pernas.

O céu, ou fosse lá o que fosse aquela coisa que dava limite no alto para sua visão, tinha um feio aspecto avermelhado, entremeado de manchas escuras acinzentadas, que conferiam ao lugar um aspecto sinistro. Todas as sombras eram avermelhadas, num ambiente de penumbra, quase noite.

Havia margens secas à vista, a curta distância, formadas por crostas cheias de um musgo escorregadio, que impedia que aqueles que conseguiam se soltar do fundo, onde os pés se prendiam na lama mais espessa, conseguissem se agarrar para subir. Todos que tentavam caíam dentro da água novamente.

Os sons eram confusos naquele lugar. Ao longe se ouviam piados esganiçados e estridentes que pareciam estar sendo emitidos por algum pássaro gigantesco. Era assustador. Aliás, tudo ali era extremamente assustador.

Muitos gemiam ou choravam baixinho e alguns, provavelmente os recém-chegados, gritavam em desespero absoluto, a maioria sem compreender aquilo tudo. O frio intenso naquela água gelada, não dava um minuto de paz a quem quer que fosse.

A primeira impressão de que o charco era pequeno logo se desfez, quando, numa visão ampliada, percebia-se que a formação toda era incomensurável; um sem número de pequenos charcos entremeados por faixas estreitas de solo seco, formando o aspecto de uma enorme peneira.

Milhares de pessoas, homens e mulheres, jovens e velhos, se debatiam naquele lugar. Muitas simplesmente se deixavam ficar, apáticas e sem forças para continuar aquela luta impossível, desesperançadas. Alguns chegavam a trocar algumas palavras.

Subitamente se viu naquele primeiro charco lamacento, sentindo um frio subir por todo seu corpo. Era uma sensação estranha, pois ao mesmo tempo em que via e sentia aquelas coisas do passado, sabia que estava apenas se lembrando daquilo tudo, ali deitado na colônia de Bahnboldor, sob a supervisão de L'iantsui.

Isso me lembrava o espanto de alguns clientes ao vivenciar a mesma sensação de estar em dois lugares ao mesmo tempo quando passam pelo processo de regressão.

Ao mesmo tempo em que sentem, profundamente, ser aquele personagem que estão vivenciando, sentindo suas emoções, suas dores, sentindo os cheiros e ouvindo os sons do lugar onde ele se encontra, continuam a perceber que estão numa poltrona confortável, na segurança da minha clínica.

Levin fazia, sem dúvida, uma regressão ao passado no astral. Isso me fez lembrar viagens astrais que fiz e nas quais me vi, com alguns companheiros, fazendo regressões em espíritos. Pensei, de forma até divertida, que talvez eu fizesse umas horas extras em algum lugar parecido com Bahnboldor. Mas esta é uma outra história.

Mas não deixava de ser terrível. Foi se sentindo cada vez mais dentro daquele corpo que se debatia naquela lama e um desespero foi tomando conta de si. Tinha acabado, provavelmente, de chegar, pois seu desespero era total.

A última coisa da qual se lembrava era um confronto com os zondarianos e a letargia que sentira após o mesmo. Havia ido para seu canto, onde havia se deixado cair e ficar, em total prostração. E quando acordou estava afundado num pântano sujo e malcheiroso, congelando até os ossos e rodeado por aquela gente toda em igual situação.

No princípio pensou que estava sonhando e por mais que tentasse acordar não conseguia. Deu gritos fortes e altos na esperança que isso acontecesse. Mas tudo foi em vão.

Um tempo enorme se passou até começar a despertar para sua nova realidade. Não era um sonho. Estava mesmo ali.

Tinha sido arrancado da fortificação por alguma força enorme e jogado naquele lugar, exatamente como havia acontecido na sua morte, quando se sentiu arrancado do corpo e despejado na névoa empoeirada de Zibstiz.

Num segundo lhe passou pela mente que não iria aguentar começar tudo de novo. Julgou que estivesse em outra parte de Fortaleza e, instintivamente começou a gritar chamando por um normal que pudesse vir resgatá-lo.

Chamou e chamou, esbravejou e chorou, implorou pelos companheiros até se deixar ficar ali largado, exausto.

E uma vez mais pensou:

"Estou perdido", exatamente as mesmas palavras que havia pronunciado quando chegou na Grande Fortaleza.

Pronunciaria as mesmas palavras por um número incontável de vezes em sua futura trajetória. Havia escolhido para si mesmo um difícil caminho, sem dúvida.

Levin não sabia naquela época que se encontrava preso naquele lugar, mas aquele ambiente era especialmente preparado e plasmado daquela forma, para acelerar a depuração de seu perispírito, através da água e do barro.

De alguma maneira aqueles elementos combinados iam cicatrizando e purgando as enormes chagas purulentas que se espalhavam por todo seu corpo.

Num repente deu-se conta das feridas e gritou, em pânico. Sentiu as dores lancinantes que aquilo causava e debateu-se alucinado, sem conseguir alívio.

O trabalhador que controlava as macas, de quando em quando, passava para ele, palavras de estímulo e conforto, para que prosseguisse e não desistisse de saber até o fim o que tinha lhe acontecido.

Falava de uma forma hipnótica, através de algum dispositivo, onde as palavras ficavam claras na sua cabeça e não se confundiam com o que experenciava na regressão. Era como se vivesse duas realidades ao mesmo tempo.

Tudo o que passava pela sua mente, tanto pensamentos como imagens, era registrado numa tela, acessível aos que estivessem no controle do painel no centro das macas e, o que dizia, podia ser ouvido por todos.

Percebeu que havia passado um longo tempo naquele lugar.

Aos poucos foi percebendo que não havia saída e que só lhe restava esperar que algo ou alguém o tirasse de lá, como havia acontecido em Zibstiz. Preocupava-se com o que viria a seguir

Com o passar do tempo as dores foram diminuindo de intensidade, deixando pelo menos de serem insuportáveis, mas sem nunca terem cessado por completo. Percebeu que quanto mais lutava para sair dali, quanto mais tentava alcançar a margem, tão perto e ao mesmo tempo tão longe, mais suas feridas doíam.

Foi aprendendo a ficar quietinho, apesar das dores e do frio, para que as coisas não piorassem ainda mais. Quase não falava mais, se deixando dormitar e sonhar como seria a vida fora dali.

Lembrava-se de Zangadahr e pela primeira vez desde sua morte pensava em sua família. E também pela primeira vez em toda sua vida pensava neles com um sentimento, inusitado para ele, de doçura e saudade. Onde estariam?

Sabia que já haviam desencarnado, pois lhe parecia que entre Zibstiz e aquele pântano, estava naquele tormento há séculos, possivelmente. Ia, lentamente, recuperando a noção de tempo. Sua cabeça girava ante tão contundentes constatações.

Quando conseguia pensava em sua vida e começava a achar que tudo aquilo era uma punição, uma expiação pelo que fizera ou deixara de fazer. Estranhamente, quanto mais seu corpo sofria, mais sua mente clareava para a dura realidade de suas atitudes do passado quando encarnado.

Havia cometido muitos erros, mas concluiu que os piores foram ter participado da morte de muita gente e jamais ter aprendido a amar sua família.

Levin, da maca onde estava confortavelmente instalado, ouvia, espantado, seu próprio pensamento.

Mesmo ali naquela colônia onde se encontrava no momento, ainda não havia cogitado pensar profundamente em seus enganos ou em seus defeitos, embora já se sentisse constrangido quando L'iantsui tocava no assunto, pois sentia, no fundo, serem mais que plausíveis aquelas confrontações.

Viu pessoas se afundarem no pântano e não mais virem à tona; viu gente tentar erguer nas margens e ser arremessada de volta às águas inúmeras vezes; viu e sentiu todo tipo de sofrimento e desespero possíveis no ser humano.

E ali, como na fortificação, percebia que pessoas desapareciam para não mais voltar e agora entendia o que havia acontecido com elas. Haviam sido resgatadas, como ele.

Todavia ainda não se conscientizava que o motivo de seu resgate pessoal, após tempos infindáveis naquele lugar de trevas eternas, tinha sido seus primeiros pensamentos sinceros de arrependimento e de revisão da própria conduta. Tão simples e ao mesmo tempo tão difícil.

Todos temos um pouco de Levin em nós. De uma forma geral todos somos um pouco prepotentes porque gostamos demais das coisas do nosso jeito. Apreciamos dar a última palavra nas coisas e certamente não nos incomodamos que o outro seja o detentor da verdade, desde que ela combine com a nossa.

Somos extremamente democráticos quando as coisas vão acontecendo do jeito que nós planejamos.

É muito interessante ouvir o cliente, quando perguntado, se avaliar como muito calmo e tolerante e no momento seguinte, quando confrontado, perceber que só é assim quando tudo está bem. É extremamente fácil ser condescendente, compreensivo e bonzinho quando tudo está bem.

E também somos um pouco egoístas, na medida que muitas vezes não nos importamos, ou fazemos vistas grossas àquela nossa atitude que eventualmente vai fazer alguém sofrer.

É comum, por exemplo, chegarem sérios cidadãos ou doces senhoras à clínica com queixas inúmeras, como dores de cabeça ou tristeza profunda ou ainda um medo qualquer inexplicável. Sofrem muito, mas dentro de seu sofrimento se permitem inúmeras coisas como, por exemplo, ter amantes, embora "nada sério".

Ora, como alguém pode ser feliz se não percebe dentro de sua personalidade o egoísmo de não se importar que inúmeras pessoas poderão vir a sofrer se o fato vier a público. Filhos, esposas, maridos.

Não dão valor ao sentimento do outro e na verdade se espantam muito quando convidados a pensar a respeito. Nunca havia lhes ocorrido que isso fosse uma atitude egoísta.

Quando surpreendidos pelos próprios questionamentos, saem atrás de desculpas esfarrapadas. Ouvi uma das mais interessantes há pouco tempo de uma pessoa que argumentava ser difícil a vida familiar porque não escolhemos os parentes que vão nascer conosco.

Doce ilusão. A terapia de vida passada prova o contrário a cada dia.[*]

Fazem o que querem, quando querem e da forma que querem; levam tudo na brincadeira ou na irresponsabilidade e pronto. Desde que estejam satisfeitos, não lhes passa pela cabeça pensar nos outros. Exatamente como Levin.

Então, guardadas as devidas proporções, mesmo porque não estamos mais pensando em matar ou roubar, todos fazemos mais ou menos as mesmas coisas e temos os mesmos sentimentos, mesmo que não sejam exteriorizados; e temos uma dificuldade enorme em nos perceber.

E para que possamos ser mais felizes, volto a afirmar, antes de sabermos o que fomos ontem, precisamos ter uma idéia mais clara de quem nós somos hoje, verdadeiramente.

Outra coisa interessante é ver como a maioria das pessoas acredita que os sentimentos negativos, como raiva, rancor ou mesmo as pequenas mágoas, desde que não sejam exteriorizadas, são emoções lícitas.

A irritação é com certeza a campeã dos enganos. As pes-

---

[*] Outros esclarecimentos podem ser encontrados na obra *Viajantes - Histórias que o Tempo Conta*,[2] onde se iniciam as explicações básicas sobre a terapia de vida passada, falando entre outros assuntos, do carma e das dores que acometem o homem e suas causas pretéritas, no relato das vivências de diversos pacientes.

soas acham que desde que sua irritação seja pequena e por um motivo justo, está tudo bem.

Como já discutimos anteriormente, nosso desequilíbrio emocional e espiritual não se dá de forma quantitativa e sim qualitativa. Atraímos nossos desafetos do passado para nosso campo áurico com muita ou com pouca irritação. Não faz diferença, embora gostemos de nos enganar do contrário.

Quais são nossos defeitos? Como é nosso temperamento e nosso caráter? Como é o jeito que nosso espírito vem acostumado a lidar com as situações difíceis e com as pessoas de vida para vida?

Porque se não sabemos, ou não queremos saber, não teremos nunca o insight do que precisamos mudar em nós.

E assim como Levin e outros milhões de espíritos, alguns retratados naquela Fortaleza, somos pessoas que mesmo sofrendo muito, levamos um tempo interminável para começar a desconfiar que o problema é nosso; da nossa individualidade; do nosso espírito, em sua teimosia irreparável.

Quanto a Levin, lembrou-se também de uma praia estranha onde havia estado depois de ter sido sugado para fora daquele pântano.

Era um lugar horrível, com nuvens enegrecidas num estranho céu cor de abóbora escuro, cortado de raios, onde uma tempestade parecia estar sempre prestes a desabar.

O barulho que vinha da tormenta que se formava eternamente sem nunca cair, juntamente com o barulho das fortes ondas que batiam nas pedras ao longe, onde a praia fazia uma curva, era ensurdecedor.

A areia da praia era escura e cheia de pequenas pedras que dificultavam o andar de seus pés descalços. Surpreendeu-se, pois nunca havia andado sem sapatos.

Por toda a extensão existia grande quantidade de plantas aquáticas gosmentas jogadas pela areia e boiando a curta distância de onde as ondas terminavam de correr.

Além da arrebentação o que se via era uma espécie de um

Os Filhos das Estrelas 211

tênue luar prateado e sem graça. Algumas aves noturnas cortavam o horizonte com seus pios entrecortados e agudos, que doíam no ouvido.

Centenas de pessoas se agrupavam aqui e ali, sentadas à beira do mar, na parte molhada da praia. A parte seca era uma espécie de compacto e alto espinheiro por onde não se divisava nenhuma saída. Estavam todos maltrapilhos, molhados e parecendo extremamente cansados.

Sua roupa estava em farrapos. Olhou para si mesmo, incrédulo. Uma vez mais não se lembrava do que havia acontecido depois da Fortaleza.

Algumas pessoas com roupas simples, mas intactas, se movimentavam por todos os lados, como um bando de insetos trabalhadores, acudindo um grupo aqui e outro acolá. Carregavam grandes cestos que pareciam flutuar no ar, sem peso. Traziam água, roupas e cobertas para todos.

Dois homens e duas mulheres se aproximaram de onde estava sentado. Nem havia notado que havia umas vinte pessoas a seu lado. Algumas se deixavam ficar estiradas na areia úmida, indiferentes com as marolas que molhavam seus pés e suas pernas.

O grupo de trabalhadores se aproximou e explicou que estavam ali em missão de socorro e que os ajudariam a cuidar de suas feridas.

"Feridas?", pensou, espantado e sem forças para raciocinar o que estaria acontecendo.

"Onde estão todos?", perguntava para si mesmo, desesperado.

Olhou para seu corpo e, numa nova surpresa, percebeu que sua pele tinha manchas e chagas em todo estágio de cicatrização. De algumas mais profundas ainda purgava um líquido esverdeado e fétido. Outras já exibiam uma crosta dura que as cobriam por inteiro.

Embora não se lembrasse do charco lamacento, sua última morada antes desta, uma vez mais sentiu dor. Encolheu-se gemendo, abraçado nas pernas, como que procurando uma defesa, mais para a própria mente que para o corpo.

Largou-se ali, deitado de lado, sem querer pensar em mais nada. Não conseguia mais ouvir nada em volta de si mesmo.

Não ouvia mais o mar nem o barulho estrondoso da tempestade. Muito menos notava os gemidos das pessoas e tampouco as vozes alentadoras dos trabalhadores, que gentilmente tentavam tirá-lo daquele estado de letargia.

Recolheu-se como uma concha e assim ficou por longo e perdido tempo, gemendo e parecendo ter sido tomado por um pesadelo crônico e tormentoso.

Quando despertou desse estado, deu um grito agoniado ao sentir a água gelada do mar tomar conta de todo seu corpo. E tão logo acordou, ouviu uma voz acolhedora recomendando calma e garantindo que tudo estava bem.

Dali de Bahnboldor, de onde estava vendo aquelas cenas do passado, verificou que durante todo o tempo que havia durado aquele seu estado crepuscular, os trabalhadores o trataram com banhos de mar, carregando-o cuidadosamente para dentro da água, onde piedosamente esfregavam suas feridas com uma espécie de bucha invisível e depois o recolocavam na areia, cobrindo-o com cobertores.

Notou que muitos outros estavam na mesma situação e recebiam o mesmo tipo de atenção. Aqueles que estavam mais lúcidos eram levados amparados por dois ou três trabalhadores para dentro da água e também eram tratados da mesma forma.

Deduziu que aquele mar era preparado, com suas plantas gosmentas, para servir como um pote gigantesco de unguento cicatrizante. Milhares podiam se servir dele ao mesmo tempo.

Logo depois dos primeiros banhos, aqueles que conseguiam caminhar eram conduzidos por uma abertura que não havia notado existir no grande espinheiro. Seus semblantes denotavam cansaço, mas também reconforto e gratidão a seus pseudo-enfermeiros.

Demorou muito tempo para notar que não estava mais na Fortaleza.

"O que teria acontecido?". Olhava para aquelas pessoas em volta sem entender absolutamente nada.

Apesar da confusão na qual se encontrava, foi melhorando aos poucos, até que suas feridas cicatrizaram por completo.

Já andava pela praia observando os recém-chegados e outros caramujos, como eram chamados aqueles que, como ele, se recusavam a enfrentar a situação e se recolhiam a seus mundos interiores, numa tentativa vã de fugir à realidade.

Aos poucos lhe foi explicado aquilo tudo que já havia tomado conhecimento durante o processo de regressão em Bahnboldor. Passou outro longo tempo mudo e introspectivo, sem nada questionar e sem querer saber de detalhes.

Em seu peito voltava, lentamente, a arder a chama de um princípio de arrependimento, que mesmo de forma confusa, alimentava seu espírito, desta vez de forma ainda mais efetiva, como se uma sonda purificadora tivesse sido colocada para dentro de sua alma.

Sua alma em frangalhos começava a refletir sobre a vida de uma forma mais profunda ainda do que havia começado a fazer no pântano, que também havia ficado para trás e do qual também já tinha tomado conhecimento.

Estava muito cansado; realmente muito cansado de sofrer e seu espírito começava a questionar se tudo aquilo tinha valido a pena.

Séculos haviam se passado desde que deixara seu corpo na mina açoriana de Sinauri. Era inacreditável.

Não tardou a ser conduzido pela passagem do espinheiro para um grande pátio, onde muitas construções baixas abrigavam um número incalculável de trabalhadores.

Homens e mulheres vigorosos que trabalhavam com alegria e bondade quase que sem descanso, ante a quantidade enorme de necessitados que chegavam ao acampamento todo o tempo.

Descobriu mais tarde que aquele lugar era conhecido como o Acampamento de Passagem. Levin pensou que se àquilo chamavam de passagem, nem imaginava qual o tempo que estaria associado a algo mais definitivo.

Para ele havia sido uma longa passagem, mas o tempo parecia ser, de fato, algo muito relativo no astral, especialmente para os trabalhadores, que não se importavam em esperar décadas ou séculos para que alguém despertasse ou melhorasse o suficiente para ser retirado e levado de um lugar para outro.

Havia um pequeno alarido que vinha do ir e vir dos mesmos em suas animadas conversações rumo a seus locais de trabalho, num ambiente de onde se denotava organização e jovialidade, apesar de muito atarefado.

No centro do pátio inúmeros veículos astrais estavam estacionados a alguns palmos do chão, pairando suavemente à espera de seus passageiros.

Estes vinham diretamente dos espinheiros, que circundavam o acampamento e eram levados diretamente para dentro dos tais veículos, que logo à primeira vista o fizeram lembrar das enormes conduções que silenciosamente sobrevoavam Zangadahr, flutuando levemente no ar.

Dentro dele foi acomodado numa poltrona reclinável, assim como todos os demais. Dezenas ou centenas, não saberia precisar naquele momento, eram conduzidos de uma só vez. Tão logo o estranho veículo alçou vôo, uma leve fragrância foi solta no ar e todos adormeceram imediatamente.

Neste ponto os tubos que o ligavam às suas recentes memórias foram desligados e Levin ficava só com as sensações atuais da colônia. Havia, obviamente, sido trazido de lá diretamente para Bahnboldor, onde despertou no grande pavilhão das camas baixas com suas chagas quase que totalmente cicatrizadas.

Abriu os olhos e encontrou o jovem trabalhador que cuidava do painel. Ele sorria e, com presteza o ajudou a se sentar na maca; sentia-se tonto e sem forças. O rapaz lhe falou baixinho, talvez para não atrapalhar os outros:

Os Filhos das Estrelas 215

"Descanse. L'iantsui logo estará aqui para levá-lo de volta".
De fato, num instante ou dois lá estava ele, amparando-o para que se levantasse. Deu-se conta de repente nos milhares e milhares, milhões de espíritos perdidos por todo o astral, como ele mesmo e na quantidade incrível de trabalhadores desinteressados, ajudando a cada um particularmente.

Olhou para a dupla que conversava tranquila à sua frente e sentiu enorme agradecimento por eles e por todos os outros que, certamente, haviam despendido seus esforços para auxiliá-lo, sem sequer conhecê-lo. Jamais em toda a sua vida tinha pensado dessa forma ou percebido essas coisas.

Estava tão pasmo e sua admiração transbordou de tal forma que se viu dando um passo à frente e abraçando L'iantsui, agradecido e chorando.

Ele apenas o abraçou fortemente, sorriu de leve para o outro e o conduziu de volta ao seu leito.

Pelo visto estava muito acostumado ao despertar daquelas almas, não apenas para suas verdades interiores, como também para o choque que isso lhes causava, naquele processo de regressão às andanças no astral.

Levin foi, com o tempo, recuperando todas suas lembranças, em detalhes, do tempo passado nos campos de recuperação, como aqueles lugares todos eram chamados, desde Zibstiz até Bahnboldor.

Descobriu que centenas daqueles lugares se espalhavam pelo astral de toda a galáxia, recolhendo aqueles miseráveis espíritos empedernidos no mal, como ele.

Soube também de algumas outras vivências passadas e admirou-se de não ter tido que passar por tudo o que tinha passado nesta oportunidade naquelas épocas.

Seu espírito vinha errando e persistindo no erro há muitíssimo tempo, sem aproveitar as muitas oportunidades de revisão e crescimento que havia desfrutado, vida após vida.

Só tinha acompanhado o crescimento científico e tecnológico daquela civilização, resistindo bravamente às necessárias

mudanças morais que devem acompanhar o desenvolvimento dos povos.
"Quanto tempo perdido", lamentava-se durante as palestras que assistia, entediado, uma após a outra.
Preocupava-se agora quanto ao futuro; sabia que deveria reencarnar e em sua memória estavam agora vívidas as lembranças das aulas em Grann, quando alguns mestres versaram suas aulas sobre a necessidade de escolas mais severas para alunos mais preguiçosos.
Toda sua vida em Zangadahr passava pela sua mente. Cada detalhe, cada pensamento perdido foi recuperado e analisado com seu instrutor.
Ao final daquilo tudo já estava cansado e estressado, desejando que tudo terminasse de uma vez e seu futuro fosse revelado de uma vez. Estava quase que irritado com a demora em sair seu veredicto, como dizia L'iantsui e também não se conformava em não poder participar da escolha desta vez.
Sabia como acontecia a maioria dos processos de reencarnação. Havia aprendido, embora nunca tivesse se importado verdadeiramente com o futuro. Tinha visto outras preparações suas nas regressões e sempre havia opinado.
Só se esquecia de que nunca havia dado certo. Tão logo renascia, de pronto se esquecia tudo o que havia planejado e voltava a recorrer nos mesmos enganos.
Nestas alturas Leo dava sua opinião.
"Pelo visto o lobo perde o pêlo, mas não perde o vício, não é? É este o ditado?", suspirava, aborrecido com as últimas inquietações de Levin e continuava:
"Ele parece arrependido, mas quando decide que tem que reencarnar já está irritado de novo, querendo as coisas na hora e do jeito dele".
O que Leo se dava conta era do simples fato que nenhum progresso se faz de forma mágica ou apenas alimentado por uma tênue decisão, amparada simplesmente em uma tomada de consciência dos fatos incontestáveis.

Qualquer aprendizado precisa ser feito pondo-se a mão na massa e expondo o espírito às mesmas provas que acarretaram sua derrota nas vidas anteriores.

Não fosse assim, nosso mundo e pelo visto todos os mundos, toda a humanidade, seriam compostos por anjos, e a maldade e a discórdia seriam não mais que remotas recordações de um passado distante.

Como provavelmente já foi dito, cada um de nós veio para aprender alguma coisa. Então não adianta colocar o avarento de hoje numa posição de absoluta miserabilidade numa próxima vivência, pois o pobre tem poucas oportunidades de colocar à prova sua generosidade, ao contrário do rico.

Assim como não adiantaria colocar a mulher bonita e prostituída que se deu bem na vida ontem, no corpo da mulher feia e desinteressante hoje, que nenhum interesse desperta em ninguém, pois quase não terá oportunidade de se colocar à prova da luxúria e da vida fácil, por exemplo.

Talvez a inversão de papéis se faça necessária de tempos em tempos, quando o espírito teima em manter seu mesmo padrão de comportamento, vida após vida, oportunidade após oportunidade jogada fora.

Seriam aquelas vidas que chamamos de contrapadrão, onde o espírito escolhe heroicamente, vivenciar o oposto com a prova de não se rebelar com a situação, o que também é muito difícil.

Um exemplo seria o comandante poderoso e sanguinário, que em outras vidas já tinha reencarnado em todas as situações possíveis de poder, para ver se ia se tornando um líder bondoso, compreensivo e justo, apesar de forte e decidido.

Aquele que deveria auxiliar no crescimento espiritual daqueles que dependiam de suas palavras e de seus gestos e que em todas as vivências só soube promover as mesmas desgraças e matanças ou, simplesmente, tripudiou sobre tudo e todos e passou por cima das pessoas como um trator desgovernado.

Decide então, num gesto de determinação e reconhecimento dos erros cometidos, vir como uma pobre camponesa desamparada, com muitos filhos, abandonada pelo marido à miséria e a fome; quando termina morta na sarjeta mendigando, velha e sozinha, depois que uma invasão de saqueadores devastou toda a região, matando inclusive todos os seus filhos, se revolta.

Em vez do espírito se lembrar de quantos terminaram pelas suas mãos nas mesmas condições, faz questão de esquecer tudo o que já fez um dia no passado, tratando de se lembrar apenas das desgraças que passou; jamais as que causou, tornando todo aquele sofrimento num episódio de absoluta inutilidade.

Desta forma, o simples reconhecimento por parte do espírito, como Levin, por exemplo, dos erros cometidos, não adianta muito, como mostram muito bem suas primeiras reações no momento que começa a recuperar toda a sua capacidade de raciocínio.

Assim como dizemos que a humanidade não dá saltos, também não os dá o espírito humano. Não saímos do mal para o bem do dia para a noite. O reconhecimento dos erros é apenas o primeiro passo numa longa caminhada ao caminho do bem.

Teria que voltar muitas e muitas vezes; se submeter às mesmas tentações e provocações; superar uma a uma todas elas, assim como aos seus defeitos; passar pelas mesmíssimas dores que fez outros passarem sem se revoltar com elas; subir um a um os degraus do aprendizado, atrasado que estava em seus anos escolares na grande escola da vida, que pelo visto vai muito mais longe do que possamos imaginar em nossa pequenez.

E exatamente como Levin, não é difícil imaginar que todos nós estamos passando pelos mesmos bancos escolares, sem exceção, neste universo imenso, com tantas escolas à nossa disposição.

E o dia finalmente chegou. Levin foi chamado à sala de

Os Filhos das Estrelas

programação para falar com L'iantsui. Lá estariam outros trabalhadores conhecidos, que integravam a mesma equipe e que há tempos tratavam do seu caso.

Sentou-se respeitoso e ansioso no grande hall de espera, onde centenas de outros também pareciam aguardar. Estranhou a enorme quantidade de pessoas que ali estavam.

"Será que vão todos falar com L'iantsui?", pensou surpreso. Maior ainda foi sua surpresa quando L'iantsui e os outros saíram todos para o grande hall. No meio do salão, saindo do chão se ergueu um pequeno palco, como que movido por algum mecanismo hidráulico imperceptível e silencioso.

Os instrutores subiram até ele e se postaram de pé, uns ao lado dos outros, com um venerando instrutor no centro deles. Cabelos e barbas brancas, bem cortados e cuidados, usando a tradicional e simples bata que todos usavam, de forma carinhosa, mas penetrante, olhava para a pequena multidão que se juntara em volta. Andora era seu nome.

Parecia olhar cada um bem dentro dos olhos, como se isso fosse possível. Eram talvez milhares. O grande salão parecia ter se expandido de forma mágica e Levin já não mais podia enxergar as suas paredes.

"Meus amigos". "Ouçam-me", falou com sua voz firme, branda e grave, interrompendo o burburinho que aqueles fenômenos causaram nas pessoas ali reunidas. Todos se calaram imediatamente e um grande silêncio dominou o ambiente.

Tornou a olhar demoradamente para a platéia ansiosa e atenta ao redor do palco. Suspirou de forma consternada, como se a missão a seguir fosse dolorosa, mas tivesse que ser cumprida. Parecia procurar palavras.

"Meus amigos. É chegada a hora de dizermos adeus a vocês que partem", falou com a inflexão do inquestionável.

As pessoas se olhavam perplexas. Uma ponta de temor aparecia em todos os olhares. Sabiam estar prestes a ouvir aquilo que, com certeza, seus corações já pressentiam há muito.

E ele falou. Durante um tempo sem fim ele falou àqueles

homens, em cujas almas perdidas tudo ainda estava por fazer. Falou do amor e falou da dor. Falou das virtudes e falou dos defeitos.

Falou das lições aprendidas e daquelas muitas ainda a serem estudadas. Falou das oportunidades perdidas e das que ainda teriam pela frente. Falou a cada um e para todos eles.

Ele falava sereno, sem crítica na voz, sem constrangimento, com amor fraternal expresso em cada frase; e suas palavras, carregadas da verdade que invadia cada coração, a todos fazia chorar. Nos caminhos do astral todos já haviam aprendido a chorar, de uma forma ou de outra.

Das faces de Levin grossas lágrimas silenciosas caíam numa torrente de energia que alvejava seu espírito, com o elixir poderoso do arrependimento sincero. Lembrava-se de cada instante de sua vida, antes e depois de sua morte.

Não conseguia vislumbrar uma só atitude sua que tivesse valido a pena, no sentido do crescimento moral de seu espírito.

Não se recordava de um só gesto de bondade, ou amizade verdadeira ou amor que tivesse sido capaz de expressar.

Não tinha nada de bom dentro de si. Mesmo ali naquela hora, reconhecendo seus erros e percebendo quanto tempo havia desperdiçado ainda não era capaz de qualquer outro sentimento que não fosse o arrependimento.

Da família sentia uma estranha saudade dos momentos que deixara de usufruir com ela, mas não sabia ainda o que era o amor.

Apenas reconhecia, numa frase atrás de outra que ouvia do velho instrutor, o muito que havia errado e o muito que nada sabia. Era como se ele falasse com exclusividade para ele, Levin. E só para ele. Nem percebia aquele amontoado de gente que chorava copiosamente a seu lado.

"É chegada a hora meus amigos, de vocês partirem para uma longa jornada de aprendizado em um planeta desconhecido. Um planeta especialmente preparado para receber espíritos que ainda não conseguiram viver de forma harmoniosa nos

Os Filhos das Estrelas

mundos também harmoniosos que a federação construiu para todos nós, a duras penas através dos tempos, como todos bem sabem, nesta galáxia", e continuou:

"Quantas guerras, quantas vidas ceifadas, quanta desgraça e quanto sangue derramado dos milhões de corações que tiveram suas trajetórias despedaçadas pelo orgulho e pela prepotência daqueles que, durante milênios, se recusaram a se curvar aos novos tempos.

Daqueles que fizeram da luta pelo poder e pela posse da matéria inútil, uma profissão de vida. Estamos nos tempos de mais esperança, de mais fé, de mais amor e bondade, virtudes que a maioria dos homens já compreendeu e decidiu serem suas parceiras para todo o sempre.

Virtudes que quando compreendidas, mas ainda não exercidas, fazem com que milhares de outras pessoas se tornem figuras não mais toleráveis nestes nossos mundos tão adiantados", fazia pequenas pausas, sinceramente penalizado dos olhares suplicantes daqueles homens, que a cada momento se assustavam, mais e mais, adivinhando o que lhes aguardava.

L'iantsui, bastante comovido, permanecia com os olhos baixos e os braços abraçando o pequeno painel portátil que carregava. Levin ainda não sabia, mas não era a primeira vez que essas cenas aconteciam ali na colônia.

Bahnboldor era um porto de saída para aqueles que seriam degredados, sem retorno marcado ou presumido. Dependeria de cada um conseguir voltar ou cair mais ainda. Milhares antes dele já haviam passado pelas mesmas coisas.

Pode parecer difícil de entender, mas na medida que o tempo no astral não existe, espíritos de todas as épocas tinham tido chances sem conta de se ressarcir de seus erros, cada um a seu tempo.

Na medida que iam simplesmente jogando fora as oportunidades, uma a uma, foi se tornando impossível seu convívio com aquelas sociedades de maioria boa e amorosa. Qualidades estas conquistadas a duras penas através dos tempos imemoriais de sua evolução.

Também de mais nada lhes serviriam voltar ao seio daquela gente, pois nada aprendiam, nem mesmo depois dos longos períodos passados em contundentes sofrimentos no astral, exatamente como Levin e todos os demais ali agrupados.

E Andora continuava, firme e compadecido:

"Vocês serão encaminhados para reencarnações em um planeta de faixa vibratória mais baixa, para onde milhares já foram encaminhados. Um planeta em construção onde tudo está por se fazer. Uma terra distante onde grandes convulsões geológicas ainda assolam o planeta, provocando grandes mudanças no comportamento dos povos que lá começam a se desenvolver.

Grandes migrações terrestres se fazem necessárias para a sobrevivência das tribos. Grandes tragédias coletivas já aconteceram e ainda vão acontecer. Um mundo cujos habitantes autóctones são seres extremamente primitivos e não conseguirão sobreviver sozinhos, sem a nossa ajuda.

Precisam de tudo. Nada sabem sobre as mais elementares ciências, desde o simples cultivo da terra até a construção de habitações seguras e o abastecimento de água, por exemplo".

Ele falava calmo, de forma cuidadosa, tentando contrastar seu discurso com o desespero das mentes que fervilhavam a seu redor.

Muitos, nestas alturas de seu pronunciamento, choravam copiosamente de forma pungente, vislumbrando antes dos outros, um futuro de extrema dificuldade e dor para espíritos acostumados a obter alimento ao simples apertar de um botão de um processador e a viajar pela galáxia em grandes naves espaciais, com o mesmo conforto e rapidez com que visitavam amigos numa cidade vizinha.

De fato, não estavam enganados. Esse era o futuro que lhes estava reservado.

Em vez de ficarem simplesmente mofando nas grandes fortalezas de expiação astral, como Zibstiz, em vez de retornarem a seus mundos de origem somente para errar novamente, em vez de nada mais fazerem quando encarnados do que perturbar a vida das pessoas de bem, em vez de desperdiçarem suas qualidades paranormais, em vez de perderem seu bem mais precioso que era o próprio tempo, iriam para um lugar onde usariam todo o seu potencial para ajudar as pessoas a construir um mundo novo.

Pelo avanço intelectual e moral dos mundos onde haviam vivido, de onde toda uma incrível cultura tecnológica e social estava armazenada, já de forma atávica, em suas mentes, muito poderiam ajudar.

Seriam líderes e mestres. Conduziriam aquela gente primitiva nos seus primeiros tempos. E também depois. Defenderiam seu povo com as próprias vidas como aos filhos que nunca amaram. Levariam os conceitos da espiritualidade, que tão bem conheciam, apesar de nunca terem se curvado às suas verdades. Verdades que agora experimentariam de fato.

Não lhes faltaria ajuda e proteção. Gente das estrelas como eles próprios, gente como os instrutores de Bahnboldor, por exemplo, estariam sempre presentes nos momentos de dificuldades, mesmo que não fossem vistos ou reconhecidos, pois a maioria deles não teria as lembranças espontâneas que muitos gozavam quando encarnados, com seus flashs de vidas passadas.

Nenhum, absolutamente nenhum espírito seria esquecido à sua própria sorte, apesar de milênios parecer um tempo grande demais. Era preciso que todos soubessem que o tempo naquele mundo passaria muito mais rápido que ali. Um dia do tempo que conheciam agora corresponderia a quase uma década no planeta escolhido. Um ano corresponderia a milênios.

Muitos teriam as intuições de suas vidas nas estrelas, impossibilitados que todos estariam, por milênios, de tirar os pés do chão, e delas teriam saudades que rasgariam seus peitos da mais pungente dor. Dor do paraíso perdido em algum lugar desconhecido.

Alguns se lembrariam com mais clareza, os mais corajosos talvez, e tratariam de passar as antigas verdades para os outros, que não as aceitariam de pronto. Séculos e séculos se passariam antes que essas verdades começassem a florescer.

Um novo mundo, que não só lhes serviria de abrigo pelos milênios necessários para a reconstrução de seus espíritos perdidos no mal, como também, apesar de suas tendências negativas que não desapareceriam só porque estariam mudando de casa, não lhes daria tempo, por causa das áridas condições de sobrevivência e da escassez material e logística para suas ações, de desperdiçar tempo com a maldade habitual de suas vidas.

Durante a longa preleção o choro e a lamentação foram dando lugar a uma prostração absoluta. As pessoas se olhavam sem acreditar; muitos se sentiam vitimados, mesmo sabendo quem eram de fato e do que tinham sido capazes de fazer, por milênios também.

Não haveria argumentação nem possibilidade de mudança na decisão tomada. De fato, quando todos foram trazidos para Bahnboldor, seu destino já estava traçado.

Estavam apenas recuperando seus periespíritos para a longa travessia, assim como suas mentes espirituais estavam igualmente sendo preparadas para receber e aceitar a notícia, da forma mais resignada e corajosa possível.

Não havia mesmo quem não pressentisse o terrível destino. Um silêncio assustador tomou conta do lugar quando Andora terminou sua exposição.

"Não há pressa. Cada coisa a seu tempo. Vocês serão transferidos em grupos para outra colônia, no astral do planeta que vão residir. Não se preocupem com nada, pois tudo já está devidamente arranjado.

Nesta colônia serão preparados para o reencarne na atmosfera pesada do planeta. Com o tempo seus corpos serão mais densos, para melhorar as condições de sobrevivência. Tudo lhes será explicado quando lá chegarem.

Tenham coragem e trabalhem duro, pois a volta, um dia, dependerá exclusivamente de cada um. Grandes grupos retornarão antes de outros e os que sobrarem enfrentarão dificuldades extras, por isso não se esqueçam de olhar para as estrelas a cada dia.

No lindo céu do planeta de uma só lua que habitarão, poderão distinguir vários dos planetas que já lhes serviram de lar amoroso nos lados de cá um dia. Terão o desejo sincero e legítimo de retornar à pátria perdida e seus espíritos se esforçarão para compreender melhor os caminhos que os conduzirão de volta".

Fez uma longa e penosa pausa. Seu coração sofria por cada uma daquelas almas sofridas. E logo concluiu:

"Deverão apenas conseguir lembrar que o caminho de volta, necessariamente passa pela espiritualização, no sentido mais amplo, de suas almas. A espiritualização que significa o reencontro do amor fraternal perdido e deixado para trás na estrada da vida, essa mesma estrada, que o mesmo amor vai pavimentar para trazê-los de volta à sua pátria estelar", fez um amplo gesto como que abraçando a todos de encontro a seu coração, se retirando a seguir.

O longo caminho da volta começava com a partida. E assim se fez.

NOTAS:

1 Maes, Hercílio, *Mediunidade de Cura*, Limeira, SP, **EDITORA DO CONHECIMENTO**, 2003.

2 Guimarães, Maria Teodora Ribeiro, *Viajantes - Histórias que o tempo conta*, Limeira, SP, **EDITORA DO CONHECIMENTO**, 2005.

Capítulo 9
Planeta Terra
O planeta de uma só lua
... a queda ...

"Alguns homens gostam de brincar de Deus, incorrendo no erro histórico da prepotência humana.

... A ascensão e queda dos sistemas religiosos, filosóficos, impérios monárquicos, matriarcais ou patriarcais, fez parte dos sucessivos ciclos de escuridão e luz que ocorreram na história do homem. Cada era traz dádivas ou misérias, desenvolvimento ou estagnação, paz ou violência. As culturas que dominaram o orbe terrícola são provenientes das dinastias atlântidas, egípcias e gregas.

... Nessas ligações das diversas eras e das influências da descendência genética, foi o homem perdendo a sua procedência cósmica, qual estrela que se apaga abruptamente diante de um painel incandescente de outros bilhões e trilhões de estrelas no céu da evolução inexorável.

... A ascensão é e sempre foi a meta e o resultado final da existência tridimensional. O que está acontecendo agora neste mundo não é novo no contexto da evolução universal - aconteceu em muitos mundos e ocorrerá novamente em planetas de evolução recente ao longo da criação".

Ramatís

Capítulo 9
Planeta Terra
O planeta de uma só lua

Levin foi transferido para um lugar chamado de Casa de Preparação, no astral do planeta longínquo no qual reiniciaria sua longa trajetória a caminho da luz. Era um lugar muito parecido com Bahnboldor, cheio de grandes pavilhões de alojamento e muitos trabalhadores, vestidos de forma semelhante aos outros que havia conhecido, como L'iantsui.

"L'iantsui", pegou-se repentinamente pensando e sentindo saudade do instrutor e conselheiro que o havia tratado com tanta paciência e resignação, mesmo sabendo dos tantos erros de seu passado.

"Que pena que ele não está aqui", lamentava-se, sentado numa das inúmeras praças arborizadas em torno das quais os pavilhões se postavam. Admirava-se, pela primeira vez, com a quantidade enorme de pessoas na mesma situação que a sua.

Lembrava-se de Andora que, em seu pronunciamento final, afirmara que milhares já haviam partido antes deles. Ali mesmo já eram milhares, provavelmente, o que tornava tudo mais significativo.

Não tinha idéia de quanto tempo ficaria ali na Casa, que era como todos chamavam aquela colônia. Participava de palestras, assistia vídeos do planeta onde iria residir e se horrorizava. Ele e todos os demais.

O estado de ânimo dos degredados era muito ruim.

Sentiam-se todos como condenados à beira de uma execução. Muitos choravam, se desesperavam ou tinham crises nervosas onde pareciam enlouquecer; agitavam-se e precisavam ser sedados com um tipo indolor de raio luminoso que saía de pequenos aparelhos que alguns trabalhadores do Grupo de Amparo Imediato carregavam consigo.

Depois eram carinhosamente recolhidos aos centros de repouso para se recuperarem do stress e também para, dali, serem indicados para os diversos tratamentos intensivos que a Casa dispunha.

Havia no coração daqueles homens e mulheres, que agora se reuniam de novo, uma mistura de revolta e de culpa, de indignação e de entendimento. Sentimentos confusos e conflituosos.

Não era positivamente um lugar muito sossegado. A perspectiva do sofrimento iminente que rondava a vida de todos, trazia uma atmosfera pesada ao lugar. As pessoas quase não riam e pouco se conversavam.

Os instrutores se esforçavam ao máximo para trazer esperança àqueles corações exaustos, exortando à luta e acenando com a recompensa prometida do retorno ao lar. Transmitiam toda sua confiança no sucesso de cada um e derramavam seu amor piedoso àqueles companheiros que tantas desventuras tinham pela frente.

Cada instrutor cuidava de um pequeno grupo de cinquenta ou cem pessoas e podiam então, dedicar de seu precioso tempo porções de atenção individual a cada uma delas, o que era extremamente reconfortante.

Os mais inconformados recebiam atenção especial de trabalhadores mais graduados e muitas vezes passavam tempos internados numa espécie de pavilhão de recolhimento, onde, através de um tratamento feito com águas e luzes, se recompunham lentamente.

Saíam mais reconfortados, menos abatidos e mais dispostos a continuar sua preparação para a reencarnação necessária, que era afinal o que todos estavam fazendo ali.

Todos continuavam passando por macas semelhantes às de Bahnboldor, onde, através daqueles tubos coloridos se recordavam do passado.

O diferencial ali na Casa era que, além de recordar o passado, aquele tratamento possibilitava que se vislumbrassem as propostas individuais que os instrutores faziam sobre as condições da futura reencarnação de cada um.

Levin e os outros aprenderam nas grandes palestras que eram proferidas regularmente pelos instrutores superiores da Casa que, naquela altura do desenvolvimento do planeta, não havia de fato muitas opções sobre onde reencarnar.

Os povos que o habitavam eram extremamente ignorantes e muitos dos que os haviam precedido com o intuito de ajudar o desenvolvimento daqueles seres e do planeta e, ao mesmo tempo, expiar as suas faltas, haviam realizado grandes obras, mas também cometido enormes enganos.

Realmente tinham levado ao planeta ignorante, durante os séculos que ali já se encontravam, uma quantidade enorme de informações em todas as áreas do conhecimento possível à época.

Alavancaram muitíssimo o desenvolvimento social dos povos e interferiram com toda força no pensamento rudimentar dos homens e na insipiente cultura local, melhorando as condições de vida em todas as partes por onde passaram.

Porém, ao mesmo tempo em que ajudaram tanto, trouxeram também, no bojo de seus espíritos ainda deformados, o inevitável, que era exatamente suas tendências negativas; isto permitiu que o planeta fosse contaminado, de forma irremediável, pela maldade, pelas disputas de poder e por todos os tipos de defeitos humanos, desconhecidos pelos então primitivos espíritos oriundos daquelas terras.

Grandes cataclismos tinham acontecido com o intuito de expurgar milhões de espíritos de seus corpos, para que outras tentativas de se criar civilizações melhores fossem realizadas, num ciclo previsto de desenvolvimento humano e moral do planeta em questão.

Grandes porções de terra haviam submergido, levando consigo milhões de espíritos que nada mais tinham a fazer ali.

Novos povos estavam sendo formados, não só com os sobreviventes das primeiras horas, que habitavam as terras altas, mas também com a descida de grandes grupos dos que agora passavam pela Casa de Preparação, oriundos, como os primeiros, de planetas mais desenvolvidos e também com o reencarne de muitos dos expurgados.

Devido à diferença de orientação temporal entre os planetas da federação e aquele para onde iriam, os fatos na crosta se passavam com uma velocidade vertiginosa, quando comparados sob o ponto de vista deles ali na Casa.

Levin observou que no seu tempo, a descida dos degredados tinha começado há poucas décadas, quando estava nos seus primeiros tempos de Bahnboldor, embora milênios tivessem passado para os que já haviam partido.

De qualquer forma, soube que todos precisavam também partir, reiniciar sua evolução e ajudar os demais que se encontravam nas lutas do planeta e na lutas consigo próprios, o que também aconteceria com eles, com certeza.

Levin ouvia emudecido aqueles relatos, feitos de forma emocionada por aqueles instrutores da mais alta estirpe. Simples e sábios, hipnotizavam sua pobre e infeliz platéia com seu pensamento forte e sua forma branda, mas decidida de colocar os fatos.

Quem não se conformava de ali estar, se envergonhava do passado, mais que temer o futuro, como ele mesmo, ao tomar conhecimento tão de perto da história daquela nova humanidade.

Recordava-se das histórias ancestrais de Zangadahr, não muito diferentes daquela que agora ajudaria a construir. Analisava, estupefato, os caminhos já percorridos pelo seu espírito.

Era como um ciclo, onde voltava ao ponto de partida, com

a impressão de já ter vivido aquilo tudo um dia; voltava cheio de conhecimentos, é verdade, mas com um mundo de reformas a fazer e com a diferença terrível de não ser mais o espírito ignorante de outrora. Não fez amigos ali na colônia. Aliás, ninguém parecia andar muito junto de ninguém. Formavam-se pequenos grupos de conversa aqui e ali. Ninguém parecia ter disposição para iniciar novos relacionamentos ou para qualquer outra coisa que não fosse cismar com o próprio futuro.

As pessoas pareciam esquivas, como se, de repente, o peso de todo seu passado tivesse se tornado uma coisa pública. Subitamente todos tinham suas culpas expostas e não havia mais como esconder o que quer que fosse. Não havia mais mentiras ou desculpas possíveis.

A condenação irremediável estava prestes a ser executada. De tempos em tempos pavilhões inteiros eram esvaziados e corria a notícia de mais uma descida. Alguns milhares de espíritos começavam suas jornadas no novo planeta. As pessoas evitavam dar opiniões e logo o assunto desaparecia, como se quisessem enganar a si mesmos.

Quanto mais se aproximava a hora da partida dos habitantes de cada um daqueles gigantescos pavilhões, se iniciavam procedimentos que visavam abaixar a frequência vibratória de seus espíritos; essa medida era para que pudessem ir, aos poucos, se preparando para o reencarne em corpos de massa corpórea mais densa daquelas que conheciam nos planetas por onde haviam passado nos últimos milênios.

Cada um havia sido atendido individualmente para saber, exatamente, em que condição iria reencarnar, o que não ajudava grande coisa.

Nestas alturas Leo nos deu a definição exata da angústia que cada um daqueles indivíduos deveria estar sentindo:

"Parece que é como pegar um de nós hoje em dia, qualquer um, tão acostumados que estamos às facilidades da vida moderna, como telefone, geladeira, por exemplo, para não falar em computadores, aviões e outras coisas mais sofisticadas, e nos mandar morar, em definitivo, no meio de uma selva habitada por selvagens que não conhecem nem o fogo", suspirava, comovido com o destino implacável daquela gente. Depois riu sem graça e completou:

"Acho que vou tratar de ser mais bonzinho".

Sábias palavras pensei comigo mesmo. A insistência no mal levava mesmo os indivíduos ladeira abaixo.

A imagem da selva que Leo havia criado era extremamente pertinente e eu fiquei a imaginar como seria para nós, habitantes do século XXI, vivermos numa selva, rodeados de gente ignorante, sem qualquer possibilidade de se achar a estação para pegar o metrô das dez horas e voltar para casa.

Estaríamos condenados a viver com selvagens e como selvagens, mas com toda uma parafernália de conhecimentos modernos instalados em nossas mentes. Teríamos fome sem ter a geladeira ao alcance da mão. Teríamos medo da escuridão e não encontraríamos os interruptores para acender a luz.

Nos encontraríamos sujos e não acharíamos um só chuveiro quentinho onde nos banhar. Ficaríamos doentes e não teríamos nenhum hospital à nossa disposição e nem mesmo uma farmácia na esquina.

Enfim, não teríamos nada; nada além de nossas lembranças. As desesperadas lembranças de um tempo que tínhamos de tudo e achávamos, equivocadamente, que não tínhamos nada.

Usufruímos hoje em dia de tantas facilidades tecnológicas, que nem mais nos apercebemos das maravilhosas comodidades do mundo moderno, esquecidos de pensar de como seria viver sem essas coisas.

Não pensamos nas mágicas com as quais convivemos e usufruímos, e não valorizamos, tão acostumados estamos com elas, que não imaginamos como é viver sem elas. Coisas como a simples eletricidade, por exemplo, ou a televisão.

Ligamos nossa TV e não paramos mesmo um segundo

para pensar na fantástica magia de termos em nossa telinha, que apreciamos despreocupados, imagens de acontecimentos que estão se passando naquele exato momento do outro lado do planeta.

Isso para não falar em coisas como a internet, com a qual falamos, on line, simultaneamente, com muitas pessoas espalhadas pelos quatro cantos do mundo.

E naquela selva, quando conseguíssemos finalmente achar algo para comer, como uma caça, por exemplo, não seríamos capazes de agarrá-la facilmente. E se agarrássemos, não teríamos coragem de comê-la crua. Teríamos que nos lembrar como se cozinhavam as coisas aqui e então trataríamos de conseguir um fogo.

Na próxima caçada trataríamos de nos lembrar como seria mais fácil atingir nossa caça usando algum tipo de arma que pudesse ser lançada à distância.

E mais adiante, enjoados de ir buscar água no rio, pensaríamos em usar bambus à guisa de canos, para fazer uma tubulação que aproximasse a água de nós, poupando nossas longas caminhadas. E assim por diante.

Os nativos nos olhariam maravilhados e pensariam que éramos seres super poderosos. Logo nos tornaríamos lideres ou chefes, trazendo para nós a responsabilidade de passar aquelas facilidades para toda a tribo.

E passo a passo, de acordo com as possibilidades do local, iríamos tentando reconstruir o nosso paraíso perdido.

Pedra em cima de pedra calejaria nossas mãos e aprenderíamos a valorizar o trabalho e a união das pessoas, pois precisaríamos de muitos para derrubar uma árvore e carregar seu tronco até o lugar onde decidimos construir uma ponte sobre o rio para encurtar o caminho.

E assim iríamos reconquistando, lentamente, não só a tecnologia, mas os valores perdidos, em um tempo quando não mais dávamos valor aos amigos ou às nossas famílias, por exemplo, tão independentes que éramos quando cercados do nosso mundo moderno.

Meditaríamos que o tempo que nos sobrava por causa dessas comodidades, ora perdidas, talvez pudesse ter sido usado melhor.

Poderíamos ter amado mais, ajudado mais aos nossos semelhantes, pensado nas maravilhas da natureza e em tudo mais que, desinteressados, achávamos que não nos diziam respeito ou, ao contrário, achávamos que era nosso por direito e não preocupávamos em cultivar ou preservar para nós ou em nós.

E assim foi para os degredados da grande Casa de Preparação.

E para Levin, o dia finalmente chegou. Seu destino se fez. Aquele destino conquistado através dos milênios, num tempo passado de forma distraída pelas vivências, esquecido da razão maior da própria existência de seu espírito.

Assim como os milhares de seu pavilhão, Levin foi levado à reencarnação forçada no belo, mas atrasado planeta da lua única. Reencarnou na mítica Atlântida.

Nesta altura dos acontecimentos, nosso também distraído Leo deu um pulo na cadeira e exclamou, espantado com seu próprio relato:

"Meu Deus! Ele... eu... estou vindo para a Terra!", estava pasmo, mas sua história já havia, há muito, me feito pensar que este seria mesmo seu destino.

Sua história me fazia lembrar a saga dos capelinos[*], espíritos oriundos de um planeta muitíssimo mais adiantado que o nosso, em todos os sentidos, que em determinado estágio de sua evolução, sentenciou ao exílio aqui na nossa Terra, milhões de espíritos empedernidos no mal, que não mais tinham condições de lá permanecer.

Sua permanência não mais traria benefícios a eles, pois não tinham se beneficiado da evolução daquele povo através

---

[*] Na obra *Exilados de Capela*,[1] temos o relato da saga dos capelinos e das intensas pesquisas históricas do autor para comprovação dessa teoria.

dos tempos, e tampouco aos demais habitantes daquele sistema solar e aos demais que os circundavam.

Os remanescentes não mais precisavam de criminosos e rebeldes de todos os tipos ao redor, pois não tinham mais que suportar estes sofrimentos no seio de sua tranquila e espiritualizada sociedade.

A escolha de nosso planeta também objetivava, no magnífico sistema da ordem universal das coisas, auxiliar os rudes seres humanos oriundos aqui do planeta a evoluírem, fechando-se dessa forma um ciclo de ajuda mútua.

A história conta que os capelinos desceram à Terra, em levas, incrementadas aos poucos, desde os tempos do ancestral continente da Lemúria, que terminou por afundar nas águas do que hoje é o Oceano Ìndico, há mais de 700.000 anos, até a Atlântida.

O chamado continente perdido de Atlântida, ou a Grande Atlântida foi berço e lar para uma civilização que durou mais de 70.000 anos e assim como a Lemúria, afundou nas costas do continente africano, no oceano conhecido hoje como Atlântico, há mais de 15.000 anos.

A última grande ilha da Atlântida, conhecida como Poseidon, afundou mais ou menos 5.000 anos depois e foi o local da primeira vida no planeta Terra da qual Leo se lembrou, após sua personalidade zangadahriana de Levin, o astrônomo perdido.

A trajetória de Leo no planeta, na verdade, pode ter começado muito antes. Muitos outros povos cujas existências são sabidamente anteriores aos atlantes, que era a raça da qual se lembrou ter pertencido, e de civilização já bastante evoluída, estavam razoavelmente preparados para receber os homens do espaço exterior, como os mongóis, por exemplo, cuja ancestral civilização, era uma das mais avançadas à época do expurgo inicial.

Não há razão para não pensarmos que Levin foi uma dessas almas expurgadas das estrelas, que trouxeram à Terra,

Os Filhos das Estrelas

segundo as histórias contadas, todo seu conhecimento intelectual, além de notáveis faculdades psíquicas, como era comum nos povos de Capela.

Esses poderes psíquicos e paranormais, todavia, foram levados para o lado negativo, especialmente entre os atlantes, que as desenvolveram, mas as usaram para o mal, para proveito próprio e também para a magia negra, como o próprio Levin também viria a fazer, sem fugir às suas tendências, quando da passagem de seu espírito por aquelas terras.

Também não há razão para não se pensar que Zangadahr era o nome dado à Capela, em outro idioma, ao planeta das estrelas gêmeas.

Em Poseidon, que também foi conhecida como a Pequena Atlântida, há mais de 100 séculos, Leo nos contou sua vida como Hasan, um bruxo que evocava as forças do mal.

NOTA:

[1] Armond, Edgard, *Os Exilados de Capela*, São Paulo, SP, Editora Aliança, 1999.

Capítulo 10
Atlântida: A terra das trevas
... o recomeço ...

"Quanto mais os processos mentais foram se desenvolvendo, tanto mais foi o organismo físico se desenvolvendo e o espírito afundando na matéria, como condição própria do equilíbrio do homem individualizado.

A condição normal para se manter contato com os mundos suprafísicos, de natural que era, passou a ser rara em alguns, por efeito de encarnações sucessivas. Nasceu a primeira magia. Por um lado, os homens cada vez mais materializados e ainda debaixo de suas condições atávicas de poder exercer ação ilimitada sobre as forças da natureza e os mundos suprafísicos, adoraram-se a si próprios, erguendo grandes estátuas.

Usando esses poderes latentes indevidamente, em benefício próprio, caíram irremediavelmente na magia negra que, mais tarde, por efeito do carma, destruiu totalmente a quarta raça. Com o advento do magismo, do qual os atlantes foram mestres incomparáveis, por um poder próprio de equilíbrio apareceram os primeiros magos brancos, que se esforçavam para combater e se opor à degradação da raça".

Roger Feraudy

Capítulo 10
Atlântida: A terra das trevas

"Me chamam de Hasan. Moro ao pé das montanhas da grande ilha. Tenho quase 50 anos. Já naveguei pelos mares e participei de grandes conquistas.

Procuro honrar o nome de meu pai, que era um grande líder militar nestas terras. Meu povo mora em grandes cidades, com muitos templos e palácios.

O tempo está quente e sopra uma forte brisa vinda do mar, tornando tudo muito agradável. Pena que eu não tenha muito tempo para viver a beleza de minha terra".

Parecia se deliciar com o próprio relato, como alguém que contempla a natureza com prazer.

Observei que sua atitude denotava até mesmo um certo orgulho e procurei investigar do que se tratava aquilo tudo.

Contou então do tipo de roupas leves que o povo usava, como túnicas curtas e panos jogados por cima. Outros usavam uma espécie de saias mais compridas e sandálias. Muitas crianças e muitas mulheres também andavam pelas ruas. Muitos soldados. De fato era uma verdadeira multidão.

Descreveu também estranhos portos circulares que abrigavam os barcos das tempestades. Povo de caráter belicoso tinham sempre muitos navios preparados para guerrear.

Hasan mesmo já tinha comandado alguns desses navios em expedições ao exterior. O povo vivia com relativo conforto para a época e os reis governavam com mãos de ferro. Havia muitos reis naquelas terras.

O personagem de Leo, no entanto, tinha outras preocupações nesta altura da vida, para perder tempo se importando com poder dos governantes. Não tinha medo de nada. Não se importava com os reis. Era respeitado até mesmo por eles; construíra uma reputação e, portanto, sentia-se, legitimamente, intocável.

Mas, além do orgulho de sua terra, sentia uma terrível angústia que lhe apertava o peito e lhe tirava o sono.

"E o que causa essa angústia?", perguntei, procurando desvendar a situação.

"Levo uma vida dupla", confessou, em tom sério.

"Como assim?"

"Sou também um tipo de mago. Conheço os segredos das magias e das bruxarias. Descobri que tinha poderes há muitos e muitos anos. Ninguém de minhas relações sociais sabe. Nem mesmo meus familiares sabem", fez uma longa pausa e depois continuou:

"Tenho mulher e filhos já crescidos e eles também não sabem. Ninguém pode saber. O problema é que agora estou cansado e doente. Não quero mais", falava com frases curtas e nervosas, abandonando por completo a atitude altiva do princípio.

Tentei saber que o que ele não queria mais e que poderes eram esses, mas não obtive resposta. Suava e esfregava as mãos. Ele apenas repetia, um tanto irritado:

"Ninguém pode saber".

— "E qual a razão de ninguém poder saber?", resolvi saber do que se tratava de outra forma.

"Minha família sempre foi de militares e não há espaço para estas coisas. Essas coisas são deixadas para o povo. Sou uma pessoa relativamente importante. Não poderia ter me vinculado com essas coisas. Se ainda eu fosse um sacerdote...", deixou a frase no ar, para logo completá-la:

"Se eu fosse um sacerdote não teria família. Mas não foi

permitido", corrigiu-se. Explicava de forma truncada.
"De que tipo de coisas você está falando?", insisti então.
"Não tive a competência de meu pai", parecia constrangido.
Falava de forma mais ou menos confusa, não parecendo ter coragem de explicitar os assuntos que abordava. Era preciso saber do que se tratava aquela vida dupla da qual ele falava e que causava tanta angústia e rodeios. Pedi que voltasse ao início da história.

Contou então que a tradição de sua família determinava que teria que ser um militar de sucesso e havia grande expectativa em torno de si, único filho homem. Mas não gostava muito dos rigores da vida de soldado; aliás, não gostava dos rigores de vida nenhuma.

Estava mais que acostumado a não fazer nada. Só havia treinado um pouco com armas, e de má vontade, até então. Havia muitos jovens candidatos vindos de boas famílias como a sua.

"Não serei nunca designado para nada importante", pensava.

Não se destacava em nada na vida militar e seria uma grande decepção, especialmente para o pai, quando as nomeações viessem ao fim do treinamento. Tinha passado a vida frequentando os banhos públicos e deixado o tempo passar.

Nunca se interessara de fato por nada. Era meio promíscuo e não se importava de participar, clandestinamente, de algumas orgias com os amigos. Tinha já 25 anos.

Resolveu procurar secretamente o sacerdote que já havia consultado outras vezes, quando em grande aflição. Foi recebido no templo com certa frieza. Ele o esperava num aposento mal iluminado.

"Esperava por você meu caro Hasan", disse o sacerdote num tom sarcástico em sua recepção.

Sentiu um mal-estar terrível; sua cabeça girou deixando um zumbido nos ouvidos e teve vontade de sair correndo; precisava, todavia manter as aparências, esquecendo-se de que esconder os verdadeiros pensamentos daquele homem era quase que impossível.

Ele o olhava de forma enigmática. Já o tirara de algumas encrencas, providenciando "boa vontade" das pessoas para consigo. Sempre se sentira bem naquele lugar e sempre tivera acolhidas mais calorosas. O sacerdote continuou:

"Já pensou sobre o que lhe disse?".

Sentiu novamente um gelo subindo pelas costas, arrepios e as mãos tremerem. Desejou nunca ter pisado ali. Ao mesmo tempo o poder daquele homem o fascinava.

E também se lembrava, com um misto de medo e excitação do que ele lhe dissera anos atrás e agora, após esperar pacientemente, lhe cobrava.

Hasan tinha tido, anos antes, estranhas visões que pareciam acontecer dentro da sua cabeça, se é que isso era possível, de coisas horríveis.

Monstros alados que decepavam cabeças; fogueiras imensas onde pessoas eram queimadas vivas e muitos outros tipos de cruéis torturas passavam pela sua mente; pensara estar ficando louco.

Um velho empregado de seu pai percebeu o que se passava e se ofereceu para levá-lo ao sacerdote pela primeira vez. Muita gente tinha algum tipo de paranormalidade por ali, mas os sacerdotes eram os escolhidos para resolver problemas como aquele.

Tais problemas, no entanto, eram considerados ataques das forças negativas da natureza e eram muito pejorativos para quem a eles sucumbia. Desta forma, guardou-se segredo sobre o mal de Hasan.

Depois disso, prepotente, pensou ter feito amizade com o tal sacerdote, começando a procurá-lo para coisas menores. Já naquela época ele o havia alertado para seus poderes, mas tão cedo as visões o abandonaram, esqueceu-se de suas palavras.

De qualquer forma sempre foi atendido e começou a pensar que poderia valer-se disso para sempre. Tentou pagá-lo de alguma forma, mas não foi permitido. O religioso não aceitava pagamentos. Apenas o alertou, em tom grave, que teria um dia que acertar suas dívidas com as forças que o estavam ajudando e da qual ele, Hasan, também fazia parte.

"Faço parte de que, grande sacerdote?", havia perguntado na época, assustado.

"A seu tempo", foi a resposta lacônica.

Lembrou-se desses encontros anteriores e na impossibilidade de cavar um buraco na terra e sumir, arriscou, tentando safar-se:

"De fato não estou entendendo o que o senhor quer dizer com isso".

"Há muito o esperamos", sentenciou o sacerdote.

"Seu tempo chegou", concluiu, sem cerimônias.

Sentiu suas pernas paralisadas e a voz sumir. Nada perguntou.

"Do que ele está falando?", pensou. Mas o sacerdote continuou, tranquilo, sem se importar com seu silêncio.

"Você tem poderes e quero lhe fazer uma oferta", falou em seu tom sombrio habitual.

"Poderes?", balbuciou, quase entre lágrimas. Tinha medo dessas coisas. Mesmo porque coragem não era seu forte.

Talvez seu espírito se lembrasse do que fizera em outras vidas com esses poderes ocultos.

Sabia que o grande sacerdote não era dado a brincadeiras e, num segundo, já estava arrependido, até o último fio de cabelo, de ter vindo ali.

"Você faz parte do grupo dos homens encantados pelo poder das trevas da noite, que se oculta nos milênios e faz frente aos homens dos templos da luminosidade radiante. São forças que se igualam e por isso se confrontam", olhou-o por alguns momentos, como se pensasse no que iria dizer a seguir.

"Nossa luta é perpétua e a cada dia avançamos um pouco mais", falou e ficou olhando para ele, observando suas reações.

Hasan não havia entendido nem uma só palavra. Ou não quisera entender. Sentou-se, sem forças. Só o que sabia era que não queria meter-se nessas coisas. Não queria meter-se em coisa alguma onde o grande sacerdote estivesse no meio.

Tinha repentino e inexplicável medo daquele homem parado ali na sua frente. Sua fama corria por todo o povo. Devia lidar com bruxarias muito perigosas e poderosas. Suas lembranças passavam como um raio pela sua mente. Nunca havia se dado ao trabalho de parar para pensar como ele o livrara de tantas confusões. Era como se ele conseguisse influenciar no pensamento de pessoas que nem conhecia.

Lembrou-se do pó amarelado que ele havia lhe dado e dito que jogasse na frente das casas de seus desafetos, em diferentes ocasiões; e também do amuleto que ordenou fosse colocado em frente ao portal da casa do amigo Disio, atrás das plantas, para que ele adoecesse e se esquecesse de sua dívida, como de fato aconteceu.

Lembrou-se também das coisas que quebravam ao seu lado sem terem sido tocadas; dos pesadelos, das vozes agoniadas que tinha ouvido e dos monstros que tinham atormentado sua vida e de como tudo havia sumido, como por encanto, pelo poder de Ranor; era esse o nome do grande sacerdote. Era de fato muito assustador.

Estava tão absorvido pelos próprios pensamentos que não notou estar sendo cuidadosamente observado pelo sacerdote, que também se sentara.

"Lembra-se de tudo não é Hasan?", observou, deixando claro que lia seus pensamentos.

Olhou-o espantado. Nunca pensara ou dera qualquer atenção para poderes como esse; apenas usara-os de forma inconsequente e agora que despertava para a realidade do que significavam, estava estarrecido.

"Não tenha medo. Você está do nosso lado e é protegido pelo grande e poderoso senhor da noite eterna", bateu palmas e um servo entrou, curvando-se respeitoso. Ordenou alguma coisa que Hasan não ouviu e o homem saiu, apressado.

Ranor então lhe contou do senhor da noite eterna e das

vantagens de ser seu servidor fiel. Hasan pensou que ele se referia a algum tipo de divindade desconhecida e que os tais servidores seriam apenas os religiosos dos templos.

Custou a compreender que ele falava do bem e do mal; da luz e das trevas; e das escolhas de cada indivíduo de ficar deste ou daquele lado para exercitar seus poderes e dons.

Não era preciso ser religioso para estar deste ou daquele lado. Todos, mais cedo ou mais tarde, faziam suas escolhas.

"Precisamos de você agora. Pode aprender e com o tempo será um bom servidor", observou, solene. O servo voltou com uma caixa grande. Deixou-a no meio do aposento e retirou-se sem uma palavra.

"Venha", era a voz do sacerdote ordenando que o acompanhasse, o que fez sem pestanejar.

Chamou-o para perto da caixa e de lá retirou alguns objetos. Desembrulhou do meio de alguns panos escuros e aveludados uma espécie de medalhão prateado e redondo, do tamanho de um punho fechado.

Depois outro e outro, menores, de tamanhos diferentes. Tirou também um pequeno punhal embainhado numa capa de couro, gravada a fogo com sinais que não compreendia. Havia também um saquinho com o tal pó amarelado, de cheiro ruim.

"Estas coisas são suas agora. Depois eu encarregarei alguém de iniciar você nas artes da magia e muitas coisas boas acontecerão para nós e para você também. Terá todo o prestígio que desejar", continuou falando como se ele não estivesse ali.

Parecia mais falar consigo mesmo, pois nada lhe perguntava. O que achava ou o que não achava daquela loucura toda, parecia simplesmente não importar. Depois de um tempo Ranor notou seu olhar espantado e, nessa altura, até mesmo irritado com aquela situação.

"Como alguém podia querer decidir assim sua vida?", pensava.

Mas, para sua surpresa, logo ouviu a resposta:

"Posso decidir com a minha autoridade e poder, que são maiores que os seus. Além do mais foi você que combinou isso em algum lugar. Sabia que seria cobrado a assumir suas responsabilidades", tornou Ranor com uma voz calculada e paciente.

Estava furioso mesmo. Não achava que tinha qualquer responsabilidade com grupo nenhum de magia e também não iria deixar sacerdotezinho nenhum ditar sua vida. Ao mesmo tempo não lhe saía da cabeça o extraordinário poder de Ranor.

Esquecia-se, talvez, de outras existências, nas estrelas ou aqui no planeta, onde deveria ter feito pactos com aqueles espíritos que ora se reuniam novamente a serviço do mal. Encarnados e desencarnados.

Embora uma parte de seu ser, aparentemente relutasse contra aquele reencontro, temendo pelas consequências mais do que por alguma razão ética, outra parte não havia se importado de usufruir os benefícios daquela amizade antiga.

Lembrava-se das mágicas que ele tinha feito, que deveriam ser coisas até pequenas e sem importância para ele, e pensava no quanto sua vida poderia se tornar melhor caso aprendesse a fazer as mesmas coisas. Com certeza tudo seria mais fácil.

Riu, de repente, ao pensar nos colegas de treinamento que poderia passar para trás e também como a vida seria divertida no futuro. Não iria a lutas perigosas e gozaria dos privilégios que os altos cargos militares lhe trariam. Muitas mulheres, uma esposa, filhos, uma boa casa... Vida boa.

Notou que o grande sacerdote sorria. Irritou-o a idéia de não ter mais privacidade em seus pensamentos.

"Não se preocupe meu caro Hasan. Sei como são essas coisas. Também já passei por isso", falou enquanto sorria.

"E por que não desejam que eu me torne então um sacerdote? Não seria mais fácil?", argumentou, já nitidamente interessado naquela história, sem imaginar, nem longinquamente, do que se tratava aquilo tudo de verdade.

"Precisamos de gente nossa no meio do governo e das pessoas importantes da sociedade. Algumas vezes precisamos saber certas coisas", falou, de uma forma que denotava cumplicidade.

Hasan estranhou o argumento.

"Não adivinhavam tudo?", pensou.

"Sim, mas muitos são protegidos pelos homens do templo da luminosidade e não temos acesso a eles. Você tem alguns poderes diferentes que podem ser muito úteis. Com o tempo você vai entender a instância maior destas coisas que estou lhe falando. Não se aprende tudo do dia para a noite", admitiu, respondendo à pergunta apenas mentalizada.

"O que tenho que aprender afinal?", perguntou, já impaciente com aquela conversa cifrada.

E novamente ouviu, como ainda iria ouvir centenas de vezes dali para frente:

"A seu tempo, meu caro Hasan. A seu tempo".

Ranor falava de bruxarias incompreensíveis para Hasan naqueles dias. Falava do eterno duelo das forças do bem ou da luminosidade radiante contra as forças do mal ou das trevas da noite.

Com o tempo aprendeu que enormes agrupamentos espirituais, de um e de outro lado no astral, com a ajuda dos homens da terra, se digladiavam em algum plano etéreo desconhecido por ele.

Não sabia bem do que se tratava aquilo tudo naquele momento, mistério que só viria a decifrar muito mais tarde, mesmo porque não se interessava, mas conheceu de perto os favores recebidos pela ajuda oferecida ao lado do mal.

Subiu rapidamente na carreira militar, deixando para trás os amigos e competidores diretos pelos melhores postos. Tornou-se o orgulho da família, como tanto almejava o pai.

Era um homem bonito e os bonitos trajes militares lhe caíam bem, aguçando sua vaidade. Casou-se com a moça mais cobiçada da cidade, sem abandonar, no entanto, a vida nos banhos e os encontros com as outras mulheres.

Também viajou em expedições navais e conheceu outras terras. Em nenhum momento, todavia, sua vida esteve em risco, pois seus barcos sempre ficavam na retaguarda; em terra sempre esteve em posições seguras nas invasões e nos poucos combates que participou. A vida era uma bela e despreocupada festa.

Fazia parte dos homens encantados e vendidos para as trevas da noite. Aprendeu muitas magias. Matou inimigos sem sair de casa. Nunca se tornou um bruxo de primeira linha ou respeitado no grupo, mas não comprometia e terminou sendo aceito nessas atividades secretas.

A antiga tendência de seu espírito para o mal sem compromisso continuava a agir em suas entranhas como um vírus maligno e resistente aos tratamentos oferecidos.

Aparentemente de nada havia adiantado, além de alguns ridículos minutos de resistência, todo o sofrimento que havia experimentado anteriormente em suas longas permanências nos infernos astrais pelos quais já havia transitado.

O espírito de Hasan, como o da maioria ainda de nós, tão logo voltava para uma reencarnação, esquecia de pronto tudo o que havia feito os outros sofrerem e todo o mal que havia causado.

Esquecia-se das propostas de serviço e de revisão dos seus padrões éticos; assim como não mais se lembrava da determinação de mudar a forma como gostava de levar a vida.

Despertar numa nova vivência fazia apagar em sua mente, dependendo das conveniências, as decisões anteriores tomadas antes do nascimento.

O pior é que, estranhamente, também se esquecia do que ele próprio já havia passado tormentos sem fim, milênios a fio, nos astrais negativos da região de Zangadahr e nas vidas expiatórias que, certamente, aconteceram na infância rudimentar de nosso planeta, para onde viera para aprender e também para ensinar.

Como ele, nós também cedo nos esquecemos do que viemos fazer aqui. [1]

Participou de centenas de rituais de magia macabra, onde crianças, especialmente, eram sacrificadas.

Os rituais eram realizados numa caverna iluminada por

dezenas de pequenas tochas, cujo tremular das luzes criava um ambiente estranho, pesado e sufocante, onde ele e os outros iniciados se mantinham sentados no chão entoando estranhos cantos de louvor.

Contou quando um bebê recém-nascido foi introduzido no ambiente, seguro pelos pés, de ponta-cabeça. O bebê não chorava e estava como que largado nas mãos do homem que o segurava. Talvez estivesse desmaiado.

Outro homem se aproximou e, num gesto rápido, cortou sua cabeça, decepando-a completamente. O sangue jorrou, espirrando nos mais próximos da mesa, onde foi colocado. Um pouco do sangue foi recolhido e passado para que todos o tomassem.

No princípio ele vomitava nessas cerimônias, mas com o passar dos anos foi se acostumando e não se importava mais. Tornou-se completamente insensível a tudo aquilo.

Os iniciados gritavam alto e se atiravam ao chão, como que possuídos por forças demoníacas, inclusive ele.

O chefe do grupo, geralmente um sacerdote, mais tarde falaria a todos numa linguagem que ele não compreendia quando estava fora desse tipo de transe, trazendo as ordens superiores das forças das trevas da noite.

Os encantados saíam, um a um, do estado alterado de consciência em que se encontravam e tentavam então se lembrar e decifrar o que tinham ouvido.

No meio do relato, teve um acesso de tosse e depois disse num sussurro:

"Meu Deus! Hasan é um bruxo de Atlântida. Isto foi há uns 12.000 anos", era Leo, com a voz entrecortada de emoção, que se assustava com sua óbvia descoberta.

"Sim, é o que parece", respondi com calma.

Leo não era o primeiro que informava sua vivência em Atlântida, e a coincidência de informações era realmente fantástica, não só entre os relatos de pessoas que absolutamente não se conheciam, como também a comparação desses relatos

com estudos científicos escritos sobre a época.
Sabemos que as três ilhas remanescentes do continente Atlântico submergiram, em épocas diferentes. A última, que era onde parecia ser o lar de Hasan, há mais de cem séculos atrás.

Era Poseidon, numa época que os atlantes participavam de grandes escaladas militares de conquistas e se viam, novamente, caídos nos mesmos erros, envolvidos em grandes desmandos morais e espirituais, o que teria, em última análise, provocado o desequilíbrio da natureza e a destruição dessa terceira raça, como foi chamada.

Alguns autores afirmam que parte dela emigrou, cerca de 30.000 anos antes da última catástrofe para terras americanas. Mais explicitamente para o litoral do Espírito Santo. Relatos fascinantes sobre essas histórias podem ser lidos em obras extraordinárias, que já citamos anteriormente. [2]

Mas Hasan, desavisadamente, encantava-se com seus poderes e, embora fosse um bruxo de segunda categoria, ante os homens normais era muito poderoso.

Havia passado a vida conseguindo tudo o que queria e se não tinha o reconhecimento de seus pares ali nas cavernas, bruxos e magos melhores que ele, era muito admirado junto ao povo, à família e aos militares.

Um dia, porém, por perto de seus 50 anos, foi acometido de estranha doença. Tinha terríveis dores de cabeça, inchaços nas pernas e vergões avermelhados por todo o corpo, que queimavam como fogo.

Os sintomas duravam algumas semanas e depois desapareciam sem deixar vestígios. Mas depois de outras tantas semanas voltavam com força redobrada.

Procurou ajuda dos sacerdotes e não a recebeu. Diziam-lhe nada poder fazer, pois sua doença também era obra das forças da noite. E era mesmo.

Não era difícil imaginar que as tais forças da noite, formadas obviamente por "presenças" negativas do astral inferior, apenas manipulavam o ectoplasma de Hasan, causando tão terríveis sintomas. Pela sua frequência vibratória ruim, era fácil tais espíritos se aproximarem e fazer dele o que bem entendiam.

Ficou indignado com a impossibilidade de ser ajudado, pois sempre cumprira à risca as ordens superiores. Imagino que os tais superiores deveriam saber que sua doença era causada por espíritos.

De qualquer forma, na hora que mais precisou, foi abandonado. Gritava de ódio e esmurrava as paredes. Blasfemava contra as forças da noite, às quais tanto servira durante toda uma vida e que agora, na hora de sua maior dor, o ignoravam.

Esquecia-se, decerto, de todo o conforto e facilidades que lhe haviam sido proporcionados pelas mesmas forças, durante toda uma vida.

"Como já não sirvo para mais nada estou sendo abandonado", pensava, revoltado.

Não estava de todo errado. Ao mesmo tempo, sua raiva parecia ridícula, pois quando alguém se alia ao mal, não pode esperar que esse mesmo mal venha lhe fazer o bem, ou tenha compaixão de si em qualquer tempo.

Um dia, transtornado, voltou ao templo atrás de Ranor e soube que ele havia morrido há pouco tempo.

Tentou em vão falar com outros grandes sacerdotes. Foi aconselhado a afastar-se; sabia demais e não deveria se expor tanto, pois poderia cair sobre si a ira de alguém que se sentisse ameaçado.

Não deu ouvidos, continuando a percorrer os templos e as cavernas da grande cidade atrás de uma solução para seu caso. Tempos depois seu corpo foi encontrado boiando num dos canais do porto.

O espírito, após a morte, encontrou-se imediatamente atraído para uma das cavernas cerimoniais secretas, sem saber como havia ido parar lá. Sabia que seu corpo havia morrido e, com raiva, pensava em vingança.

Estranhou o enorme número de outros espíritos que estavam por ali; a maioria parecia ser de servidores das forças da noite também. Havia uma multidão de espíritos naquele lugar. Sabia da continuação da vida em espírito, mas não imaginava a existência de uma quantidade tão grande de espíritos dessa forma e concentrados todos num mesmo lugar. Nunca tinha sido um grande iniciado e pelo visto havia muitos segredos que não lhe foram passados.

Imaginava que após a morte seria levado para a grande cerimônia de continuidade da vida num dos templos sagrados para iniciados do etéreo, onde inclusive permaneceria pelo tempo que quisesse, usufruindo os privilégios dos servidores fiéis.

"O que estou fazendo aqui, numa das cavernas secretas?", pensou. Havia aprendido que para ali eram atraídos, eventualmente, espíritos de encantados, como ele, a serviço das forças etéreas das trevas.

"Será que já estou a serviço?", tentava pensar, mas sua cabeça doía.

Espantou-se com a atmosfera divertida do lugar, promovida pelos espíritos, nada usual entre os encarnados que frequentavam aquele lugar, apesar de seu aspecto sinistro.

Também estranhou a acolhida que recebeu, onde olhares de zombaria de outros, que lhe pareciam também servidores encantados das trevas da noite, o atravessaram de todos os lados.

"Ei! Você aí!", alguém chamou.

Estava confuso e custou a entender que era com ele.

Notava, nesta altura, que alguns companheiros de culto, seus conhecidos e ainda encarnados, pareciam, estranhamente, velhos e cansados.

Levou um susto, pois não havia notado a presença dos vivos até então. Havia muitos iniciados e sacerdotes por ali. Tudo parecia girar ao seu redor.

Na realidade tinha passado anos e anos vagando por outras cavernas, perdido, sem entender o que estava acontecendo, sentindo-se perseguido pelos antigos monstros de sua juventude, até se dar conta da própria morte e chegar àquela caverna.

Pensou, em sua confusão, que tivesse morrido no momento anterior, pois não percebera o tempo passar.

"Eu?", perguntou, enquanto se aproximava, temeroso.

"Então tem medo agora, seu tolo encantado", sentiu o sarcasmo na voz do outro. Foi cercado por outros espíritos que lhe davam tapas nas costas.

Sentiu-se, de repente, muito cansado, sentando-se no chão sujo. Um frio terrível tomou conta de seu ser, como que atravessando sua alma. Não se lembrava de ter passado um frio daqueles ali e não percebia que aquele clima era uma criação plasmada no astral.

Tinha ainda grandes vergões pelo corpo e a cabeça parecia que ia explodir. Eles se agacharam a seu redor. Não compreendia muito bem o que estava acontecendo e sua dor não deixava que pensasse direito.

"Olhe bem para nós. Não nos conhece Hasan?", continuou o mesmo espírito que o chamara.

"Não. Acho que não", respondeu, apenas para que o deixassem em paz.

"Você evocava nossos mestres e eles nos mandavam até você, assim como todos esses imbecis aí", sorria e apontava para os homens que entoavam seus cantos no ritual que começava. Todos os outros também sorriam, tripudiando e imitando os gestos dos que cantavam.

"Não entendo. Evocávamos as forças da noite. Pensei que fossem forças etéreas ou algo assim", defendeu-se.

Explodiram numa gargalhada.

"Forças etéreas! Que ridículo. Aliás, o que será isso?", retrucou um deles. Novas gargalhadas.

"Você evocava o mal e nós somos os servidores desse mal. Ou será que você pensava em sacrificar criancinhas e encontrar depois os caminhos para os templos sagrados da luminosidade radiante?", estava sério agora aquele que o chamara e que atendia pelo nome de Syonin. E continuou:

"Você agora também é nosso, como todos eles também

serão um dia", falou apontando para o grupo que cantava compenetrado. Depois de uma pausa, onde parecia se divertir olhando os homens que cantavam, continuou:

"E deverá pagar sua dívida para com as forças da noite trabalhando para nós. Mesmo porque vamos continuar ajudando você. Quer se vingar desses aproveitadores, não quer?", perguntou com um sorriso irônico.

Ouviu então a proposta sedutora que o enredou ainda mais nas teias daquilo que chamavam de forças negativas das trevas da noite; forças do mal que viveriam em simbiose com ele ainda por muito tempo.

Somente 120 longos séculos depois, seu espírito exausto e sofrido, começaria a se render e a abandonar, definitivamente, as forças do mal.

Seu espírito ficou no mundo astral por muito tempo. Permaneceu na Grande Cidade sem reencarnar até sua quase total submersão, séculos depois, quando parte do povo migrou para as terras altas.

Nessa altura já não era mais um subserviente trabalhador. Já entendia muito das coisas da espiritualidade e, servo fiel que se tornou dos grandes mestres da noite, rejubilou-se com o fim trágico, para o qual trabalhara com afinco, do que restara um dia, da Atlântida, próspera e avançada, em todos os sentidos.

O mal, mais uma vez, havia vencido e Hasan, enlouquecido, sentia-se vingado. Vingara-se sobre todo um povo, do mal que, no fundo, ele mesmo fizera a si próprio.

NOTAS:

[1] Guimarães, Maria Teodora Ribeiro, *Viajantes - Histórias que o tempo conta*, Limeira, SP, **EDITORA DO CONHECIMENTO**, 2005.

[2] Feraudy, Roger, *A Terra das Araras Vermelhas - Uma história na Atlântida*, Limeira, SP, **EDITORA DO CONHECIMENTO**, 2003.

Capítulo 11
A descoberta do amor
... a longa jornada continua ...

"Somente assim, mediante o esforço concentrado de todos os homens de boa vontade, "Bandeirantes da Luz" que entendem a necessidade da unificação no amor, poderá em breve, estar instalada na Terra a verdadeira fraternidade, amenizando a carga cármica dos terráqueos e proporcionando um clima mais ameno à nova humanidade que habitará esta morada planetária na Era de Aquário, livre das moléstias que ainda os acicatam.

A carga cármica negativa será amenizada, tendo em vista que os seres humanos, vivenciando o amor e se libertando, pelo menos em parte, de seus vícios materiais e de caráter, passarão a vibrar boas energias que além de não mais acumularem resíduos tóxicos em seu perispírito, ainda operarão uma verdadeira limpeza de seu veículo astral, libertando as criaturas das doenças oriundas das energias deletérias que acumulam nos momentos de "pecados", ou seja, de atitudes contrárias à lei maior que rege o cosmo: o amor!

Por isso, não devemos poupar esforços em buscar a nossa reforma interior, nossa transformação moral. Somente melhorando nossa "casa mental" e concomitantemente direcionando de forma positiva e amorosa nossos pensamentos, sentimentos e ações estaremos nos resguardando de novos sofrimentos retificadores e, ainda, poderemos colaborar com nossos irmãos de estrada cósmica dentro do dever que nos cabe de amparar os que conosco seguem na busca da felicidade.

Comecemos desde já a entender essa grande verdade, ou seja, de que está apenas em nós a cura de todos os nossos males, destruindo a maior causa de doenças físicas e espirituais que atacam a humanidade: a falta de amor!"

Bezerra de Menezes

Capítulo 11
A descoberta do amor

Milênios, milhares de milênios depois do início de sua jornada, desde Zangadahr até a Terra, o espírito de Leo reiniciava no planeta sua caminhada em direção à luz; caminhada pacientemente conduzida por forças misteriosas e justas, que o levavam pelas longas noites e pela esperança dos dias luminosos através dos tempos, num inexorável e doloroso aprendizado.

Caiu, levantou e caiu de novo, incontáveis vezes até chegar à sua personalidade atual como Leo, nosso jovem viajante do tempo. Passou, certamente, por centenas de vidas, desde Poseidon até os dias de hoje, além daquelas das quais veio a se lembrar.

Grandes ódios e grandes paixões fizeram parte de seus dias e de seus personagens, sem, contudo entender o grande significado da vida até então. Nos últimos tempos, em suas últimas vivências, apenas começara a vislumbrar a razão de tão penosa jornada.

Tanto sangue derramado. Tantas lágrimas vertidas.

Apenas começava a perceber a razão de tanto sofrimento. Seus olhos, ainda míopes e embaçados, apenas adivinhavam, ao longe, a existência de um porto seguro para ancorar seu espírito, exausto das tormentas daquele mar revolto em que se deixara navegar vida após vida.

Ainda não se apercebia por completo que esse porto seguro que tanto procurava, estava dentro de si mesmo. Dentro de seu próprio coração, onde um dia floresceria o amor, a compaixão, a resignação e a brandura; todos poderosos ingredientes da felicidade que tanto almejamos, e aos quais demoramos a nos render. Fortes alicerces para construirmos o local de paz onde poderemos ancorar nossa alma durante as próximas etapas de nossa marcha necessária em direção à eternidade.

O problema, geralmente, é que pensamos pequeno e achamos, por detrás de nossa mente turva, que o amanhã é um curto espaço de tempo que se encerra nesta existência.

De uma forma geral desejamos, desesperadamente, sermos mais felizes. Oramos aos céus, choramos e nos desesperamos em busca dessa paz. Fazemos promessas e sacrifícios, mas dificilmente abrimos mão de nossa forma de ser ou de pensar.

Não modificamos nossos sentimentos mais íntimos; guardamos pequenas ou grandes mágoas; realimentamos a cada dia nossos ressentimentos com fofocas ou com as calúnias escondidas nas meias verdades de nossas considerações; queixumes e lamentações de todos os tipos; queremos que as pessoas pensem todas pela nossa cabeça.

Somos sempre vítimas de um destino insano ou de um mundo cheio de pessoas injustas, desequilibradas ou maldosas. Nunca paramos para tentar compreender os motivos ocultos, e às vezes não tão ocultos, das nossas dores.

Quando, vez por outra, somos verdadeiramente atingidos pelas vicissitudes da existência, isto é, quando passamos por grandes provas e pagamos duras penas, que podem chegar até a perda de nossas vidas temporárias, dificilmente perdoamos verdadeiramente.

Ou então perdoamos, mas não esquecemos, como deixam escapar as pessoas; como se isso fosse possível.

Encarnados ou desencarnados, geralmente acabamos carregando em nossos espíritos inconformados o peso de nossa dor, que não tarda em se transformar num fardo impossível de ser transportado e que precisa então ser trocado por outras dores.

E de dor em dor, viemos trazendo nossas almas sofridas, eternidade afora, até os dias de hoje. Séculos, milênios inteiros perdidos nas trevas da ignorância, da intolerância, da prepotência e da teimosia.

Leo, como todos nós, passaria por vidas de todos os tipos, onde se multiplicariam as oportunidades de aprendizado de seu espírito imortal, mas também de queda, nos momentos em que o espírito se coloca à prova e falha.

É interessante notar como nas lendas juvenis, nos contos e nos sonhos não revelados de cada ser existe o sonho da imortalidade. O medo da morte, em todos os tempos, sempre fez o homem correr atrás de deuses salvadores e de paraísos celestes onde poderia repousar sua alma cansada e ferida, para sempre.

Em sua ignorância, o tolo homem encarnado esquece que sua essência é a própria imortalidade. Seu orgulho e seu apego a sua personalidade atual fazem com que não tenha olhos para ver sua verdadeira identidade espiritual.

Como aluno descuidado na grande escola da vida, o homem se esquece que seu lar não é o educandário onde estuda parte de seu dia.

Viajante do tempo e habitante apátrida do universo, o lar de cada espírito está nos enormes agrupamentos astrais onde se encontram seus afins, que tanto podem ser seus adoráveis amigos, como também podem ser seus odiados inimigos.

O espírito liberto vai habitar o lugar na espiritualidade para onde for atraído por suas próprias frequências vibratórias.

Compramos, em suaves prestações, com nossas próprias ações, sentimentos ou pensamentos, enquanto estamos vivendo na crosta de um planeta, o lugar onde iremos residir quando tivermos que ir para o mundo astral.

Ou voltamos para casa, onde estão nossos velhos e queridos amigos, aqueles que podem nos proteger e orientar em nossos primeiros tempos de chegada, como se fossem nossos pais amorosos a nos receber para as férias escolares ou então nos perdemos pelos labirintos criados pelos nossos próprios medos e imperfeições e nos juntamos, mais cedo ou mais tarde, em verdadeiras gangues, a outros espíritos perdidos, nossos pares, com os quais construiremos o lar decadente onde ficaremos por um tempo indefinido, imersos na dor e na lama de nossas vibrações negativas, de nosso ódio e de nossos ressentimentos, de nossas mágoas e de nossa indignação, esquecidos que a escolha da residência foi inteiramente nossa.

É fácil perceber como isso acontece, se nos lembrarmos do que aconteceu com Levin, o astrônomo de Zangadahr.

Leo lembrar-se-ia de um total de dezesseis vidas[1] após sua passagem como Hasan, o homem das estrelas que aportara na Terra um dia, nos primórdios da civilização no planeta.

Havia vindo, com milhares de outros, para resgatar seu passado de crimes e maldades impensáveis. Havia chegado para fazer renascer em seu coração endurecido a sutileza da sensibilidade humana, perdida na poeira dos tempos, no conforto de vidas altamente movidas pelo conforto tecnológico.

Havia vindo também para amparar e ajudar os rudes, ignorantes, mas inocentes espíritos oriundos do planeta, que nada sabiam e tudo tinham a aprender com os homens vindos das estrelas e que traziam, na imortalidade abençoada de seus espíritos, as lembranças de como construir um mundo melhor e também a certeza da existência da vida após a vida.

Mas, como a maioria dos recém-chegados, como a maioria daqueles espíritos caídos de paraísos planetários, inimagináveis ainda para o homem da Terra, também se lembrou de como gostava que as coisas acontecessem.

Não tardou para que o planeta fosse invadido pela maldade, pela destruição e pelos jogos de poder. Ensinaram como sobreviver mais facilmente o corpo físico daquelas almas, mas também ensinaram a odiar e a matar por motivos pessoais.

Pobres espíritos, que reeditavam seus fracassos e descontavam, uns nos outros, e também nos pobres terráqueos, as frustrações de suas derrotas anteriores, as quais pressentiam, quando perdidos nas intermináveis noites lemurianas e habitando corpos primitivos, olhavam os céus e se lembravam dos paraísos perdidos nas estrelas.

Muitos milênios após sua chegada, o espírito de Leo reencarnou como Hasan, o atlante dos últimos tempos.

Hasan tinha sido o bruxo de segunda categoria que habitou a Grande Cidade, no continente perdido de Atlântida, há mais de 10.000 anos. Jogou fora a vivência ao escolher uma vida fácil, mesmo que essas facilidades custassem a vida de outras pessoas, entre os poderosos sacerdotes da época.

Lembrou-se depois de Efér, o escriba do antigo Egito, favorito do faraó, há 2.300 anos a.C., que comprou seu lugar junto aos deuses, mas não sem antes sacrificar algumas pessoas nessa empreitada.

Posteriormente se complicaria no astral com suas vítimas e disso tudo resultaria num processo de perseguição espiritual que durava até hoje, 25 séculos depois.

Depois veio Lin Yu, o chinês do vale de Changjiang, 1.200 anos a.C. Indiferente ao atroz sofrimento dos parentes, o jovem e egoísta aldeão tratou de cuidar da vida e de se mudar para bem longe de onde as tragédias aconteciam.

Ficou mais tarde retido em suas lembranças no astral, padecendo a tortura de ser prisioneiro dos sons angustiosos de sofrimento daqueles que tinham morrido e que por estarem revoltados, também não haviam ainda sido resgatados.

Já na era cristã, no século II, lembrou-se de Ciro, o escravo, pupilo de Múcio, o bondoso guerreiro e seu senhor, ambos habitantes de Roma, na época do império romano.

Querendo ser como ele, quando também se tornou um grande guerreiro acabou escondendo-se sob um falso manto de bondade que apenas escondia uma vaidade sem limites.

Após sua trágica morte, o espírito se recolhe em sua culpa, num sofrimento infindável, que, com o tempo se transforma em ódio contra seus algozes.

Quase 100 anos depois, na continuação de sua jornada,

Leo mudou-se para uma vida ainda na Europa, na Galícia, onde foi Leila, a moça inconformada com as injustiças sociais e que terminou morrendo depois de passar por terríveis torturas nas mãos dos poderosos da época, que não permitiam atitudes de rebeldia.

Seu espírito, sedento de vingança, andou desvairado pelas ruas atrás de seus assassinos, até se deixar ficar, exausto, largado pelas calçadas sujas de sua cidade, sem conseguir sequer se libertar da crosta do planeta.

Desesperado, exaurido, o espírito não se lembrava das injustiças que ele mesmo cometera tantas vezes em outras vidas, quando o poder estava em suas mãos.

Esta foi a primeira vida que Leo chamou de perdida, pois todo o sofrimento fora jogado ao lixo e de nada servira para o aprimoramento de seu espírito.

No século VIII, foi Borg, o jovem chefe viking, que terminou, depois de uma vida de violências e desmandos, tornando-se um dos residentes de um lugar perdido no astral, chamado de Nada, onde se tornou um guerreiro do Sextante. Um inferno que o arrebatou por dois séculos a fio, lembrando um pouco os acontecimentos na Fortaleza de Zibstiz.

Das terras frias do norte da Europa o espírito de Leo veio a ser Issam, o menino do deserto, que morava com Abud, o mercador.

Issam, injustamente acusado da morte de seu protetor, teve as mãos cortadas, tendo sido depois espancado quase até a morte. Viveu como um cão faminto pelas ruas até quando, exausto, desiste de viver e se mata, atirando-se num poço.

De seu suicídio foi arrancado para uma roda viva onde morreu outras mil vezes da mesma forma, pois não perdoava seus algozes. Esquecia-se que apenas passava o que já havia feito outros passarem, muitas vezes. Esta foi a segunda vida perdida.

Três séculos mais tarde, renasceu como Uskud, o soldado turco que travava ferozes combates contra os cruzados cristãos que vinham lutar pela Palestina. Torturava e depois matava, sem piedade, os que restavam feridos após as batalhas.

Depois de uma vida de atrocidades, foi morto numa emboscada e teve o corpo despedaçado. O espírito foi arrancado para um local lamacento onde, sem forças, ficou remoendo e desdizendo seus inimigos, humilhado, mas esquecido das barbaridades cometidas.

Lembrou-se também da vida de Angelin, bispo inquisidor que morreu no ano de 1266, em Roma. Como todo inquisidor, julgou e condenou centenas de pessoas à fogueira, não só com acusações legítimas de bruxarias, mas também segundo as conveniências da Igreja e suas próprias.

Terminou igualmente sendo queimado, quando, traído por companheiros, foi acusado de envolver-se sexualmente com prisioneiras que aguardavam julgamento. Primeiro as usava e depois as condenava, sem sequer ouvir sua defesa.

Perdeu-se na espiritualidade, sem achar o céu que lhe fora prometido; posteriormente foi encontrado, aprisionado, julgado e condenado a tormentos indescritíveis por algumas de suas vítimas. Em nenhum momento, contudo deixou de sentir-se um coitado enganado e traído, pelos homens e pela Igreja.

No século XV o espírito vem para a América e, no México, reencarna como Zorak, o sacerdote Asteca. Pratica sacrifícios humanos aos deuses e vive coberto de glória.

Quando velho, vai enlouquecendo, perseguido por suas vítimas, que naturalmente não achavam os sacrifícios tão honrosos assim. Como paranormal, via seus espíritos raivosos e, confuso, termina se matando.

No astral continua agitado e enlouquecido, até ir se deixando anular, como um vegetal sem forma, jogado no fundo de uma caverna.

Continuando sua difícil caminhada, quase 100 anos depois, o espírito de Leo retorna à Europa, onde nascido de uma família da nobreza em Gijon, se tornaria Pablo Montoya, oficial da armada real espanhola.

Tão egoísta como Lin Yu, o chinês da antiguidade, Pablo

nunca se importou com os problemas dos outros; muitos sofreram sem que interferisse em nenhum momento. Fez muito sucesso na carreira militar e terminou morto num naufrágio.

Na espiritualidade demorou a compreender a morte, vendo-se, depcis de debater-se por um longo tempo nos mares revoltos onde seu navio soçobrou, e afogar-se muitas vezes, repentinamente, no meio de espíritos tão culpados como ele, que nada fizeram de mal de fato, mas se omitiram na hora de fazer o bem.

Andrajosos, todos se arrastavam em filas intermináveis em busca de ajuda e repouso para suas almas atormentadas. Nessas filas encontrou o irmão que deixou de ajudar e que se suicidou, e sofreu por ele.

Nessa época o espírito de nosso jovem Leo, depois de tanto se debater nos pântanos da indiferença e do mal absoluto, pela primeira vez, começa a sentir culpa, e chorar pelos seus erros.

Finalmente começava a renascer naquela alma exausta uma centelha de luz; aquela mesma luz que poderia iluminar seu caminho, tornando-o mais rápido e sinalizado ante os obstáculos, em direção à sonhada paz. Uma paz jamais experimentada.

Pablo Montoya e LinYu foram considerados por Leo como personagens neutros e apáticos, que apenas observaram as coisas acontecendo.

Nunca se comprometeram com nada e acabaram acumulando débitos, assim como muitos de nós, que julgamos podermos simplesmente nos omitir dos problemas que achamos não nos dizerem respeito diretamente, como se não estivéssemos todos no mesmo barco e com a obrigação de nos ajudarmos.

Auxiliar, se interessar, partilhar, nada mais é, no fundo, minimamente, para aqueles cuja palavra caridade pode parecer piegas, um ato de inteligência.

A seguir Leo se lembraria de sua terceira vida perdida. O personagem desta vez foi Josephine Gallouis, filha do rico dono de um castelo, que morreu na França em 1647.

Nasceu em condições excelentes para selar, definitivamente, sua vitória sobre o passado maléfico, mas, teimosa e inconsequente, só pensou em suas paixões, terminando a vida morta pelo homem caçador de dotes que desposara, a contragosto do pai sábio e amoroso.

Após a morte entregou-se a uma depressão profunda, deixando-se ficar no pequeno cemitério da propriedade, ao lado de outros espíritos igualmente deprimidos, pelos quais a palavra resignação jamais passou pelas mentes.

Falsas vítimas, como muitos de nós, que esquecemos as bobagens que fazemos e, ou saímos rapidamente atrás de um culpado qualquer para os nossos males, ou nos entregamos à depressão, porque a vida, em sua sabedoria, não se conduziu da forma que havíamos, alegremente, planejado.

Mas o tempo, inexorável e tolerante, daria àquele espírito novas oportunidades. Josephine logo renasceu como Jonas, o fazendeiro, trazendo Leo para sua primeira vivência conhecida no Brasil.

Jonas, porém, se tornou um escravocrata empedernido e cruel. Maltratava, violentava e matava seus escravos, sem piedade. Começou a sofrer a interferência espiritual de suas muitas vítimas inconformadas, e acabou ainda em vida, sendo tido como louco.

Intuído por essas "presenças", termina se matando e ficando um tempo vagando pela fazenda, perseguido pelos espíritos dos escravos e sendo visto, desesperado, nos trabalhos espirituais que os outros escravos, os vivos, faziam de rotina por ali e de onde muitas demandas haviam sido enviadas para ele.

Mas logo terminou sendo carregado para as trevas, onde seu espírito foi perdendo as formas perispirituais no meio de outros seres igualmente desfigurados; todos jogados num lugar fétido e cheio de animais pestilentos, como répteis e ratos.

Parece que o espírito resolvera se pôr à prova, nascendo num ambiente que o tentaria de todas as formas a repetir os antigos erros. E perdeu.

Felizmente o espírito de Leo estava cansado de sofrer e, portanto, a hora da troca definitiva, do mal para o bem, estava se aproximando.

Já no século XIX foi Mary Jo, uma despreocupada dona de bordel na costa oeste americana. Mocinha sonhadora e inconsequente, logo largou o trabalho duro no rancho pobre do pai para se aventurar no mundo. No meio de grandes confusões terminou matando dois homens para poder sobreviver.

Morre de tanto beber, sendo depois perseguida por um de seus desafetos. Mas no astral seu sentimento preponderante foi culpa, seguido de um arrependimento profundo e genuíno, o que possibilitou que fosse resgatada para um centro de recuperação.

De qualquer forma seu espírito continuava a se aproximar de sua redenção, pois apesar dos muitos erros, suas decisões para novas tentativas no planeta já partiam do coração. Um coração que já sangrava e chorava copiosamente ao se lembrar do próprio passado.

Nas duas últimas encarnações antes de vir como Leo morreu cedo. Primeiro foi o pequenino John John, pequeno órfão que vivia com a tia rabugenta e maldosa, que apenas o tolerava, em algum lugar frio e pobre da Londres do começo do século XX.

Era aleijado de uma perna, e tinha a cabeça deformada. Não podia brincar e nem trabalhar, como os outros meninos. Mas era inteligente e esperto e percebia claramente todo o sofrimento que sua condição lhe trazia.

Discriminado e solitário, morreu com 12 anos, faminto e enfraquecido por uma doença do pulmão, no meio de um inverno rigoroso, envolvido em profunda tristeza, sem que ninguém se interessasse em cuidá-lo.

Vagou pela casa durante um breve tempo que não viu passar, até ver a tia cruel morrer de fome também. Teve muita pena dela. Logo a seguir foi resgatado e amparado. Em nenhum momento, todavia, revoltou-se com aquele que foi um enorme sofrimento para a sua pouca idade.

John John trazia no corpo, para que não se esquecesse, algumas das marcas das cruéis lesões causadas em outros, no decorrer das vidas passadas. Tais lembretes deveriam fortificar seu espírito, para que não tornasse a escorregar, agora que se aproximava da vitória final.

Aprendia lentamente a se resignar, a perdoar e a ser brando. Estava vencendo.

Finalmente, nos meados do século XX, veio como Frida, a mocinha judia que foi separada da família, abusada, escravizada e morta pelos nazistas, sem piedade, aos 16 anos de idade, durante a segunda grande guerra, na Alemanha.

Mas assim como John John, Frida jamais se revoltou contra seus terríveis algozes. Nunca fraquejou e, uma vez mais, venceu.

Quase que imediatamente após a morte, foi levada para uma estação de auxílio no astral, onde junto com milhares de outros judeus, foi socorrida, sequer percebendo qualquer marca no seu perispírito das lesões que haviam ficado no seu corpo.

O espírito, cansado e triste, só queria repousar e seu sofrimento maior era pelos outros, que estavam acabados e cadavéricos, pois como havia sido apartada de todos, não sabia das condições que os outros judeus viviam.

E assim, da mesma forma que havia sido desde o princípio da eternidade, o espírito voltava, agora como Leo e com condições mais que satisfatórias para dar o salto definitivo que o libertaria do mal, das trevas, dos pântanos lamacentos, dos perseguidores infelizes, dos companheiros perdidos da espiritualidade inferior.

Leo, cujo nome era Leonard, era um jovem estudante de uma grande e famosa universidade em nossa cidade. Filho de pais ricos, fazendeiros de um estado distante, vivia sustentado pela família e, orgulhoso, havia se tornado um gastador compulsivo, até mesmo para se fazer notar pelos colegas.

Era inteligente e levava a vida na flauta, que seria perfeita, se não tivesse bulemia há alguns anos. Comia exageradamente e de forma descontrolada, para vomitar a seguir, pois vaidoso, tinha medo de engordar e ficar feio.

Tinha medo de morrer de tanta fraqueza que os vômitos

lhe causavam, e ficar longe do amparo da mãe nessas horas, o aterrorizava.

Chorava e sentia-se deprimido com a vida, pois apesar de rico e inteligente, ele não era exatamente como gostaria que fosse e também extremamente infeliz, pois, além do mais, se sentia perseguido por uma estranha força interior que não compreendia e que o empurrava para fazer sempre as mesmas besteiras.

Também ouvia vozes; ora sedutoras, ora ameaçadoras, meio confusas, meio aconchegantes. Às vezes acreditava, especialmente quando via vultos, sombras e coisas desse tipo, mas outras vezes achava que estava ficando maluco.

Era como se passasse todo seu tempo lutando contra seus impulsos, sem conseguir se dominar. Toda essa situação causava extrema irritação, tornando-se, por vezes, agressivo com as pessoas, chegando a planejar pequenas vinganças contra aqueles que o aborreciam.

Como se vê, Leo estava ainda longe de ser um santo, como todos nós, e os resquícios de seu passado, apesar de todo tempo percorrido, ainda falavam fortes em sua alma.

Além disso, é claro que não existem forças misteriosas que nos empurram para isto ou aquilo. Essas forças nada mais são que nossos inimigos do passado influindo no nosso pensamento no dia-a-dia, de forma mais ou menos acentuada, dependendo de quem nós somos de verdade.

Mesmo que nos escondamos atrás de nossas vistosas fantasias de bons cidadãos e exemplares pais de família ou boas--praças, além de fervorosos religiosos dados à filantropia ou ao serviço espiritual, somos absolutamente transparentes para nossos antigos parceiros ou inimigos, que nos conhecem muito bem, e não custam a nos reconhecer nos dias de hoje, mesmo quando travestidos em outra personalidade.

A emanação vibratória de nossa alma, homens de bem que nos achamos todos, o que, aliás, não deve estar muito longe da verdade quando lembramos das coisas que já fomos capazes de fazer no passado, nos identifica para o mundo astral através de nossas atitudes ranzinzas, de nossas irritações, de nossos choros cheios de sentidas lágrimas de crocodilo.

Leo tinha a seu favor a consciência clara de que alguma coisa precisava ser mudada e embora escondido atrás de um rosário sem fim de queixumes vitimados, não tardou, durante o decorrer da terapia a assumir a mais honesta das posturas, como de resto acontece com a maioria das pessoas, reconhecendo e admitindo quem ele era hoje, o que lhe possibilitou saber quem havia sido ontem.

Observou circunspeto seus mais tenebrosos personagens; deu boas gargalhadas com as bobagens e ingenuidades de outros tantos; chorou lágrimas copiosas e verdadeiras no sofrimento atroz daqueles cuja maldade dos espíritos humanos da época massacraram até a última gota de sangue.

Sentiu ódios e paixões; descobriu a desesperança, o desalento e as verdadeiras frustrações; provou o gosto altivo do poder absoluto que tripudia sobre homens e coisas; foi aos céus e desceu aos infernos.

Experimentou cada sentimento e cada sensação, física ou emocional, pelas quais seus personagens passaram, sem ter nunca se curvado às evidências didáticas dos fatos.

Carmas terríveis e mal aproveitados; oportunidades desperdiçadas no exercício dos desmandos do poder e da violência; dons paranormais atirados ao lixo na cumplicidade com as forças do mal; cegueira absoluta ante a necessidade de mudança interior que só o aprendizado do amor fraternal traria.

Uma alma cansada, que vagou pela poeira dos tempos que se perderam nos milênios abençoados da eternidade, até chegar aos dias de hoje, precavida e assustada, é verdade, mas ainda resvalando e tropeçando em seu próprio caráter, naquele jeitinho conhecido de fazer as coisas funcionarem da sua maneira.

Quando nos conhecemos Leo ainda titubeava ante as dificuldades, pequenas, para bem dizer, que cercavam sua vida atual. Seu espírito, sabiamente, havia planejado circunstâncias que facilmente colocariam à prova os restos de seu orgulho e de sua vaidade, assim como sua prepotência, sua dificuldade em perdoar os agressores e seu egoísmo.

Trazia de volta sua paranormalidade, resquícios ainda dos tempos de Levin, de Hasan e de Zorak, a qual deveria desenvolver e usar para o bem nesta vida.

No começo ele olhava para o passado, que se mostrava claro, límpido e o que é pior, inconteste, com um certo peso, ante as tantas coisas que deveriam ser mudadas no presente.

Olhava como aquele aluno relaxado que cabulara muita aula e agora devia correr atrás de apressar-se nos estudos para não ser reprovado novamente.

Mas, estando mais crescido e com mais compreensão da necessidade imperiosa de aplicar-se nas lições, pois já não encontrava mais argumentos para rebelar-se contra elas como fizera anteriormente, na infância, o espírito compreendia finalmente que poderia chamar seus problemas de oportunidades.

Compreendia que deveria decorar certas lições e compreender outras, encerrando sua luta contra si mesmo, contra a vida e contra todos, como fizera até então. Talvez a instituição vida pudesse deixar de ser um fardo pesado e impossível de ser carregado sem tropeços, para ser um lugar de alegre convívio com os companheiros de bancos escolares.

Alegria que só poderia ser sentida e vivenciada quando abrisse mão de ser a estrela da festa e passasse a dividir as honrarias e as benesses do momento com o próximo.

E como isso era difícil, não só para nosso Leo, mas para a maioria das pessoas. Difícil, pois ainda gostamos demais de nós mesmos, o que nos torna extremamente condescendentes com as bobagens que fazemos ou sentimos.

Mas ele não tardou a se tornar um estudante aplicado e muito antes do que imaginara, um tímido sorriso brotava em seus lábios. Um sorriso doce, inusitado e permanente, que vinha da suave luz interior que começava a brilhar em sua alma apaziguada.

E assim como a caminhada de Leo, que apenas continuava,

agora por uma estradinha já sem tantos buracos, e onde já se avistavam bonitos canteiros de flores aqui e ali, derramando no ar um perfume que convidava a seguir mais adiante e ver o que de bom estaria na curva seguinte, o mesmo deve se fazer também para cada um de nós, todos irmanados na mesma jornada.

Como se viu neste breve relato, não espere ninguém que as flores apareçam no caminho sem sacrifícios. Sacrifícios nem tão grandes assim, quando nos permitimos ver que as mudanças que eles implicam em nosso jeito de ser, trazem consigo as primeiras e verdadeiras nuances de felicidade.

Não é difícil compreender que se queremos hoje conquistar algumas coisas, precisamos abrir mão de outras, conquistadas há muito tempo, quando os costumes e os valores eram outros, e que não só não nos servem mais, como não fazem mais qualquer sentido.

Não faz mais sentido sermos altivos ou arrogantes; intolerantes, agressivos ou centralizadores do poder, como se o mundo devesse girar em torno de nós; egoístas esquecidos das necessidades dos outros ou distraídos do sofrimento alheio.

Não faz nenhum sentido querermos que todas as coisas sejam de nosso jeito, como se fôssemos os donos absolutos da verdade; ignorarmos o conhecimento, a cultura e a experiência que os outros têm a nos passar, como se só o que nós sabemos, dentro de nossa vaidade, fosse importante ou significativo.

Ouvi, há pouco tempo, a fantástica frase vinda de um amigo de que a verdade é algo que está sempre em movimento. Gostamos geralmente da idéia que podemos engarrafá-la e colocar um rótulo com o nosso nome.

Não faz igualmente sentido invejarmos as coisas e a felicidade alheia, pois, acomodados, nos comportamos como se fôssemos incompetentes para conquistar a nossa própria; queremos coisas e pessoas que não nos dizem respeito, cegos àquilo que de fato deve ser nosso e que nos proporcionará prazer e alegria.

Não faz mais, absolutamente, nenhum sentido nos entregarmos, irritados, ao desânimo ou às lágrimas quando a vida não atende às nossas expectativas, como se o mundo ou as pessoas devessem compreender e atender nossas dificuldades e não fosse de nossa responsabilidade aprender a contorná-las, mudá-las ou até mesmo abrir mão delas.

Também não faz sentido acharmos que as pessoas que estão ao nosso redor, especialmente as mais próximas, caíram de pára-quedas nas nossas vidas e que não temos nenhuma relação pretérita com elas e por isso também nenhuma responsabilidade. E desta forma podemos simplesmente descartá-las quando não nos servem mais.

Engana-se o terapeuta que ensina a seus clientes que todos seus desejos devem ser realizados; que grandes catarses devem acontecer; que a tudo interpreta à luz da sexualidade, esta apenas um dos muitos ingredientes, como vimos, que levaram à queda da raça humana, outra e outra vez; e que, principalmente, credita aos pais ou àqueles que nos criaram, a responsabilidade de tudo de ruim ou de doloroso pelo que passa cada indivíduo.

Cada um de nós é responsável pelos seus próprios problemas, aliás, arduamente forjados ao longo das nossas incontáveis existências e dos nossos muitos enganos.

Ao contrário do que se pensa, essa proposta muito nos fortalece, pois se fomos nós que arrumamos nossas encrencas, certamente também seremos capazes de consertá-las, independentemente das pessoas nos pedirem perdão ou qualquer outra coisa. Basta que façamos pequenos consertos em nós mesmos.

Um dia, homens das estrelas que também somos, pois esta também foi a história de quase todos nós, nos surpreenderemos novamente a olhar para elas e a ter, outra vez, saudades do paraíso perdido, quando seu brilho aconchegante se refletir em nossos olhos.

Mas logo chegará o tempo que transformaremos essa saudade, numa simples lembrança de uma época boa e que não tardará a voltar, pois nossos corações estarão tão transbordantes de amor, que não haverá mais como habitarmos mundos onde todos os corações não vibrem em uníssono num caminho de luz e harmonia entre os homens.

A mesma luz que deixamos naquela terra longínqua, perdida no meio de outros mil sóis de igual vibração, de onde fomos expulsos um dia; naquela terra de luz para a qual não tardaremos a voltar, mais cedo ou mais tarde, dependendo do quanto nos dedicarmos a sermos mais brandos e tranquilos, verdadeiramente.

Quando pudermos ser mais amorosos e interessados no bem-estar das pessoas, sem intenções veladas de nos colocarmos à luz dos refletores.

Quando compreendermos que o destino não existe e que ele é apenas algo que planejamos para nós mesmos, em outros tempos e que pode ser mudado dependendo do quanto melhoramos a cada dia que passa.

Tenha o nome de Zangadahr ou qualquer outro; seja o magnífico planeta das estrelas gêmeas ou não; seja nosso lindo planeta azul num tempo futuro, com certeza haverá um lugar para onde voltaremos um dia, na roda das existências desta eternidade que nos espera.

Esta eternidade tranquila e acolhedora, carinhosamente atenta aos nossos passos nesta viagem, ainda trôpegos ou quem sabe já confiantes, nos guiará quando, finalmente, nossas almas perceberem com a clareza necessária, que a única solução é o amor e que o tempo, é apenas uma ilusão.

Uma ilusão que, curiosamente, é também nosso maior tesouro, e como tal, não deve ser desperdiçado nos desmandos e nas coisas pequenas da vida.

Sonhamos em voltar para as estrelas, mas talvez elas já estejam vindo até nós. Assim como Henin, o dedicado marido de Nídia, a doce irmã de Levin, viajava a planetas distantes e habitados por seres ainda ignorantes para observá-los, visando auxiliar nos sucessivos planejamentos de auxílio e desenvolvimento desses povos primitivos, surge em nossa mente uma questão:

Continuariam ainda esses homens a nos visitar? Permaneceriam ainda os bondosos homens das estrelas cuidando de nós?

Estariam tais seres velando por nós e por nossos destinos? Estariam cuidando de nosso regresso à pátria perdida quando a hora chegar?

Seríamos também filhos das estrelas?

Tais perguntas me fazem lembrar as palavras do sábio Andora, um dia muito para trás no tempo, quando na Casa de Preparação sobre o plano astral de nosso planeta, milhares de espíritos miseráveis e sofridos se preparavam para a sua descida, após sucessivos erros, onde se precipitariam numa queda tormentosa e regeneradora, que os afastaria dos paraísos celestes.

E Andora falou, referindo-se àquelas almas perdidas:

"Seriam líderes e mestres. Conduziriam aquela gente primitiva nos seus primeiros tempos. E também depois. Defenderiam seu povo com as próprias vidas como aos filhos que nunca amaram. Levariam os conceitos da espiritualidade, que tão bem conheciam, apesar de nunca terem se curvado às suas verdades. Verdades que agora experimentariam de fato.

Não lhes faltaria ajuda e proteção. Gente das estrelas como eles próprios, gente como os instrutores de Bahnboldor, por exemplo, estariam sempre presentes nos momentos de dificuldades, mesmo que não fossem vistos ou reconhecidos, pois a maioria deles não teria as lembranças espontâneas que muitos gozavam quando encarnados, com seus flashs de vidas passadas.

Nenhum, absolutamente nenhum espírito seria esquecido à sua própria sorte, apesar de milênios parecerem um tempo grande demais. Era preciso que todos soubessem que o tempo naquele mundo passaria muito mais rápido que ali. Um dia do tempo que conheciam agora corresponderia a quase uma década no planeta escolhido. Um ano corresponderia a milênios.

Muitos teriam as intuições de suas vidas nas estrelas, impossibilitados que todos estariam, por milênios, de tirar os pés do chão, e delas teriam saudades que rasgariam seus peitos na mais pungente dor. Dor do paraíso perdido em algum lugar desconhecido.

Alguns se lembrariam com mais clareza, os mais corajosos talvez, e tratariam de passar as antigas verdades para os outros, que não as aceitariam de pronto. Séculos e séculos se passariam antes que essas verdades começassem a florescer.

Um novo mundo, que não só lhes serviria de abrigo pelos milênios necessários para a reconstrução de seus espíritos perdidos no mal, como também, apesar de suas tendências negativas que não desapareceriam só porque estariam mudando de casa, não lhes daria tempo, por causa das áridas condições de sobrevivência e da escassez material e logística para suas ações, de desperdiçar tempo com a maldade habitual de suas vidas.

Tenham coragem e trabalhem duro, pois a volta, um dia, dependerá exclusivamente de cada um. Grandes grupos retornarão antes de outros e os que sobrarem enfrentarão dificuldades extras, por isso não se esqueçam de olhar para as estrelas a cada dia.

No lindo céu do planeta de uma só lua que habitarão, poderão distinguir vários dos planetas que já lhes serviram de lar amoroso no lado de cá um dia. Terão o desejo sincero e legítimo de retornar à pátria perdida e seus espíritos se esforçarão para compreender melhor os caminhos que os conduzirão de volta.

Deverão apenas conseguir lembrar que o caminho de volta, necessariamente passa pela espiritualização, no sentido mais amplo, de suas almas. A espiritualização que significa o reencontro do amor fraternal perdido e deixado para trás na estrada da vida; essa mesma estrada, que esse mesmo amor vai pavimentar para trazê-los de volta à sua pátria estelar".

O longo caminho da volta começava com a partida. E assim se fez.

Fim

NOTA:

[1] Guimarães, Maria Teodora Ribeiro, *Tempo de Amar - A Trajetória de uma Alma*, Limeira, SP, **EDITORA DO CONHECIMENTO**, 2004.

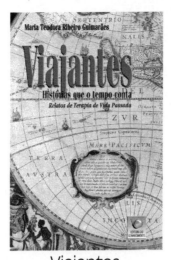

Viajantes
HISTÓRIAS QUE O TEMPO CONTA
MARIA TEODORA RIBEIRO GUIMARÃES
ISBN 85-7618-025-1 • Formato 14 x 21 cm • 256 pp.

Estamos, neste livro, diante de parte da história da humanidade, talvez de nossa própria história; não aquela inserida nos compêndios dos livros acadêmicos, mas aquela inserida nos arquivos da nossa mais profunda memória, daquilo que já passamos ao longo de todo o nosso passado.

Numa apresentação de casos reais de clientes, que foram tratados ao longo de todos esses anos através da Terapia de Vida Passada, a autora mostra-nos que a hipótese da reencarnação é aquela que melhor pode nos ajudar a explicar as nossas mazelas ensinando-nos que, através da compreenção de nossas histórias anteriores podemos, num exercício de liberdade, curar as nossas dores atuais. Este é um livro que deve ser lido por todos aqueles que estão em busca de um entendimento mais profundo de si mesmo, num belo exercício de amor, de fé e compreensão de tudo o que já passamos e que certamente ainda passaremos rumo à eternidade.

Tempo de Amar
A TRAJETÓRIA DE UMA ALMA
MARIA TEODORA RIBEIRO GUIMARÃES
ISBN 85-7618-025-1 • Formato 14 x 21 cm • 256 pp.

Esta não é apenas a história verídica e fascinante das existências de um paciente de terapia de vida passada.

A história de Léo — que se desdobra ao longo de mais de 100 séculos — é a história da humanidade neste planeta. De civilizações perdidas no tempo, que os personagens de Léo ajudaram a soterrar, aos tempos atuais, conhecemos de tudo: homens cruéis, mulheres tolas e fúteis, bárbaros e bruxos de todos os tipos. Da Atlântida à Europa, passando pelo Oriente e pelas américas, ricos representantes da história da humanidade compuseram o quadro dessa vida.

A fantástica vida de um espírito e seus maravilhosos personagens, todos cheios de verdades, de emoções, de defeitos, de paixões e tudo o mais que compõe a vida do homem sobre a Terra. E entre cada vida, ele nos leva em percursos pelo mundo espiritual — um mundo de fantásticas surpresas, mas de uma lógica irretocável, onde cada personagem construía para si o lugar onde ia habitar após a morte.

É a própria evolução das civilizações, na dança do espírito pelos diversos corpos e situações, em seu aprendizado no caminho do amor, única forma de encontrar a felicidade.

A doutora Maria Teodora Guimarães, psiquiatra que trabalha há mais de vinte anos com terapia de vida passada, e um dos expoentes dessa especialidade no Brasil, relata com precisão e riqueza de detalhes, em estilo cativante, essa história que é um dos mais impressionantes depoimentos de TVP já publicados.

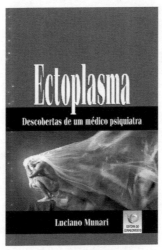

Ectoplasma
LUCIANO MUNARI
ISBN 85-7618-142-2 • Formato 14 x 21 cm • 164 pp.

Ectoplasma é, sem sombra de dúvida, um livro ímpar por relatar a experiência de um médico psiquiatra ao descobrir, após anos de observações e estudos, que a origem de diversos sintomas apresentados por seus pacientes eram decorrentes da influência de uma substância fluídica ainda desconhecida pela medicina clássica, denominada ectoplasma. Mais que um ousado e competente cientista do corpo e da alma, Luciano Munari disponibiliza nesta obra uma efetiva contribuição em favor do estabelecimento de novas fronteiras etiológicas para as doenças, bem como pretende suscitar discussões mais amplas a respeito da bioquímica do ectoplasma, sua origem, produção e influência na saúde do corpo físico, dando continuidade a estudos iniciados por Charles Richet, cientista francês do início do século 20, e interrompidos por seus sucessores há mais de oito décadas.

O autor descreve e analisa patologias como úlcera, artrite, enxaqueca, labirintite, fibromialgia, TPM, depressão, síndrome do pânico, transtorno da somatização (a "bola" na garganta), entre outras, esclarecendo ao leitor de forma clara e objetiva de que maneira o ectoplasma e sua produção excessiva pelo fígado colabora para a formação desses sintomas físicos e psíquicos tão comuns nos dias de hoje. E mais: como a alimentação adequada, o exercício da paranormalidade direcionado para o bem, e uma reformulação do comportamento psíquico podem colaborar para o controle dos sintomas ectoplasmáticos e consequente cura de enfermidades.

Com quase 30 anos de estudos, que incluem experiências em Terapia de Vida Passada, Luciano Munari nos oferece o que há de mais interessante na área. Seu livro trará nova luz à ciência médica, ampliando os horizontes da terapêutica e a mente dos mais ortodoxos, além de esclarecer e orientar pessoas predestinadas a trabalhar com cura espiritual.

SBTVP
Sociedade Brasileira de Terapia de Vida Passada

Sede nacional: Rua Conceição, 230 cjto 1107, centro, Campinas, SP
Fone/Fax : (19) 3234-9315
www.sbtvp.com.br — e-mail: sbtvp@sbtvp.com.br

A SBTVP foi fundada em 1994 por um grupo de pesquisadores interessados no estudo da Terapia de Vida Passada e na hipótese da reencarnação enquanto ciência, promovendo a divulgação desses conhecimentos na população em geral, através de palestras informativas, que podem ser agendas na sede.

Realiza também cursos de formação de terapeutas destinados a médicos, psicólogos e estudantes do último ano dessas profissões, a fim de equipar esses profissionais com teoria e técnicas eminentemente científicas. Os cursos se iniciam a qualquer momento que as turmas são formadas e tem a duração de um ano.

Promove, além disso, cada dois anos, um congresso internacional, onde reúne pensadores de várias áreas comuns, psicólogos, médicos, cientistas, professores, religiosos e o povo em geral, para debater a questão da reencarnação e a terapia de vida passada.

Edita livros e jornais sobre o assunto e disponibiliza vídeos com palestras realizadas em seus congressos.

Outras informações podem ser obtidas na sede nacional ou através de seu site na internet.

OS FILHOS DAS ESTRELAS
foi confeccionado em impressão digital, em setembro de 2024
Conhecimento Editorial Ltda
(19) 3451-5440 — conhecimento@edconhecimento.com.br
Impresso em Luxcream 70g. – StoraEnso